DIE MACHT DER KRÄNKUNG

Reinhard Haller

DIE MACHT DER KRÄNKUNG

ecoWIN

FSC
www.fsc.org
MIX
Papier | Fördert gute Waldnutzung
FSC® C014496

13. Auflage 2024

Gesetzt aus der Sabon

Medieninhaber, Verleger und Herausgeber:
Red Bull Media House GmbH
Oberst-Lepperdinger-Straße 11–15
5071 Wals bei Salzburg, Österreich
info@at.redbullmediahouse.com

Printed by GGP Media GmbH, Germany
ISBN 978-3-7110-0078-1

»Mich kränkt niemand mehr, ich sterbe …«

Aus einem Psychotherapieprotokoll

Leserhinweis

Die Verwendung der maskulinen Sprachform ist nicht als Kränkung der Leserinnen zu verstehen. Vielmehr soll damit eine literarische Kränkung des Leseflusses vermieden werden.
Bei den Fallbeispielen wurden alle personenbezogenen Daten so verändert, dass eine Identifizierung unmöglich ist.

Inhaltsverzeichnis

Einleitung

Am Anfang war die Kränkung. Kein Streit, kaum ein Konflikt und nur wenige Krisen, die nicht auf Kränkungen zurückzuführen sind. Kränkungen trüben das Lebensglück, lösen mannigfaches Leid aus, stoßen den Menschen in Bitternis und bestimmen viele Schicksale. Nichts beeinflusst Stimmung und Motivation, nichts Befindlichkeit und Lebensqualität, nichts unser Selbstwertgefühl so sehr wie manche Kränkung. Ihr Schatten legt sich auf das unbeschwerte Leben und verwandelt die Leichtigkeit des Seins in schwermütiges Existieren. Da Kränkungen das Individuum in seinem Innersten, im Kern der Persönlichkeit treffen, erleben wir sie als Generalangriff auf das gesamte Ich. Sie führen zu einer nachhaltigen Erschütterung des Selbst und seiner Werte. Und so ist kaum jemand ihrer zermürbenden Kraft gewachsen.

Kränkungen stehen am Beginn von Auseinandersetzung und Feindschaft, von Demütigung und Rache, von Krankheit und Leid. Kollektive Kränkungen ziehen sich durch die menschliche Geschichte, ihre destruktive Energie hat Kriege ausgelöst und ist für Völker und Kulturen schicksalsbestimmend geworden. Ihre Botschaft finden wir in der Symbolik von Mythen und Sagen, ihre verheerende Wirkung wird in Dramen und Romanen beschrieben. Kränkungen liefern den Stoff für die besten Werke der Weltliteratur, beginnend mit den gekränkten Helden Homers über das von Kränkungen getragene »Nibelungenlied« bis hin zu den Nobelpreiswerken unserer Zeit. Nach der Botschaft des Alten Testaments finden wir das Motiv für das ganz am Anfang der Menschheitsgeschichte stehende Verbrechen, den Brudermord von Kain an Abel, in nichts anderem als in tiefer Gekränktheit: Kränkung als Urmotiv des Urverbrechens.

Kränkungen sind in unserem Leben universell verbreitet und stellen das zwischenmenschliche Problem schlechthin dar. Sie sind unvermeidlicher Bestandteil unseres Kommunizierens, ob wir wollen oder nicht. Mag man sie noch so sehr verdrängen und tabuisieren, es entrinnt ihnen kein Mensch. Niemand bleibt von Kränkungen verschont, jeder wird tagtäglich mit ihnen konfrontiert. Sie ziehen sich durch unser Leben, von der als erste große Kränkung erlebten Geburt bis hin zur unfassbaren Kränkung des Todes. Das soziale Leben ist durchdrungen von mangelnder Wertschätzung, von psychischen Verletzungen, von Enttäuschungen. Jeder kränkt und wird gekränkt. William Shakespeare hat seine rhetorische Frage, »Wer lebt, der nicht gekränkt ist oder kränkt?«, selbst eindeutig beantwortet: Niemand. Man kann nicht nicht kränken und kann nur schwer nicht gekränkt sein, könnte man in Abwandlung eines berühmten Wortes von Paul Watzlawick, dem bedeutenden Kommunikationswissenschaftler und Psychotherapeuten, folgern.

Kränkung ist mehr als ein Gefühl oder eine negative Stimmung, mehr als eine Emotion oder ein Affekt, ja mehr als beides zusammen. Wenn wir sie genau analysieren, ist sie eine Interaktion zwischen kränkender und gekränkter Person und dem Kränkungsinhalt, der Kränkung an sich. Als einer der wichtigsten sozialen Mechanismen hat sie die Bedeutung einer psychologischen Großmacht – stärker als Ärger und Unzufriedenheit, nachhaltiger als Zorn und Wut, folgenschwerer als Frustration und Trauer. Kränkungen quälen Neurotiker und hetzen Querulanten, sie stacheln Amokläufer und Terroristen an, sie motivieren Kriegstreiber und Diktatoren. Mit aufreibender Wirkung verhindern sie persönliche Weiterentwicklung und beruflichen Erfolg, durch destruktive Kräfte zerstören sie Partnerschaften und Karrieren. Werden sie nicht überwunden, können sie jeglichen Neuanfang ersticken und den Fortschritt unterminieren. An Kränkungen scheitern Wirtschaftsbeziehungen und große Geschäfte, sie sprengen bewährte Verbindungen und verschworene Gemeinschaften, sie sind das Ende sorgsam aufgebauter Vernetzungen. Was verwandelt enge Freundschaft zu jahrelanger Feindschaft, was Verbrüderung zu Ablehnung, was ewige Liebe zu unversöhnlichem Hass? Und was ist die Hauptursache der meisten zwischenmenschlichen Konflikte, was zerschneidet am häufigsten familiäre Bande, was birgt die größten Gefahren für jedes Bündnis und was verwandelt tiefe Zuneigung in kalte Verachtung? Es sind Kränkungen und Gekränktheit.

»Was kränkt, macht krank, was kränkt, löst Krisen aus, Kränkungen führen zu Kriminalität und Krieg« – so lautet die Hauptthese dieses Buches. Anders ausgedrückt heißt das: Kränkungen sind Ursache der meisten Zerwürfnisse, im Kleinen wie im Großen, sie erweisen sich als tieferer Grund vieler psychischer, ja sogar körperlicher Krankheiten. Kränken und Gekränktheit sind die Wurzeln der meisten menschlichen Übel. Kollektive Gefühle der Kränkung, der Erniedrigung und Scham stellen gewaltige soziale Energien dar, die zu generationenübergreifender Feindschaft zwischen den Völkern und kriegerischen Auseinandersetzungen führen können. Unter Historikern besteht kein Zweifel, dass die Demütigung der Verlierer des Ersten Weltkriegs durch die Pariser Vorortverträge – zusammen mit aufkommendem Nationalismus, Wirtschaftskrise und Massenarbeitslosigkeit – entscheidend für den Ausbruch des Zweiten Weltkriegs war. Kränkung macht eben auch Geschichte.

Die auf die große Mystikerin und Universalgelehrte Hildegard von Bingen zurückgehende Weisheit über die krank machende Wirkung der Kränkungen und den Leid bringenden Effekt von Beleidigungen hat auch im Zeitalter der Technomedizin nichts von ihrer Gültigkeit verloren. So resultieren viele psychische Störungen aus nicht überwundenen, verdrängten und nicht bewusst gewordenen Kränkungen. Einen Hauptteil der heute so häufig diagnostizierten psychischen Traumatisierungen und viele reaktive Depressionen stellen nichts anderes dar als Kränkungsreaktionen. Kränkungen lösen neurotische Entwicklungen und Suchtprozesse, genauso wie depressive Störungen und Angstattacken aus. Sie führen den Menschen an den Rand des Wahnsinns, manchmal an jenen des Suizids. Bei tief gehender Ursachenforschung erweisen sich Missbrauch und Abhängigkeit von Alkohol oder Drogen als fehlgelaufene Versuche, psychische Verletzungen zu lindern und innere Kränkungen zu betäuben. Was liegt für gekränkte Menschen denn näher, als die Flucht in die Sucht zu ergreifen?

Wenn man in der psychosomatischen Medizin nach den seelischen Ursachen körperlicher Funktionsstörungen fahndet, stößt man nahezu regelmäßig auf verborgene Kränkungen. Selbst bei scheinbar rein körperlichen Leiden wie Bluthochdruck oder Stoffwechselstörungen können tief verwurzelte Kränkungskonflikte entscheidende Auslöser sein. Und manch einer ist an unheilbarer Kränkung gestorben.

Kränkungen führen als Angriff auf das Selbstbild regelhaft zu Krisen, also zu psychischen Not- und Entscheidungssituationen. Da in einer Krise nichts mehr so ist, wie es war, und viele bisher gültige Regeln und Werte infrage gestellt sind, werden wir verunsichert und beginnen zu zweifeln, vor allem an uns selbst. Ob eine Krise überwunden wird, ob man an ihr zerbricht oder aus ihr gestärkt hervorgeht, hängt maßgeblich davon ab, ob und wie die durch sie ausgelöste Kränkungsreaktion bewältigt wird. Wenn es gelingt, die jeder Krise zugrunde liegende Kränkung zu erkennen und sich ihr zu stellen, können sich daraus sogar ungeahnte Chancen entwickeln – jene der Höchstleistung durch Kompensation, der Weiterentwicklung durch bittere Erfahrung, der Persönlichkeitsstärkung durch Überwindung oder der Souveränität durch Verzeihenkönnen. So widersprüchlich und paradox es klingen mag: Kränkungen können in manchen Fällen auch heilen.

Trotz seiner enormen gesundheitlichen Bedeutung wird das Kränkungsthema in der Medizin weitgehend tabuisiert. Kränkungen haben in der Labor- und Apparatemedizin scheinbar ebenso wenig Platz wie im Selbstbild einer modernen Gesellschaft. In den großen Diagnosekatalogen der Weltgesundheitsorganisation und der psychiatrischen Fachgesellschaften, die sonst jede noch so kleine Störung erfassen, kommt der Kränkungsbegriff gar nicht vor. Bei meiner Ausbildung zum Arzt und Psychiater haben Überlegungen zu Kränken und Gekränktsein so gut wie keine Rolle gespielt, zumindest außerhalb des Karrierekampfs. In der psychotherapeutischen Arbeit mit depressiven, angstkranken und süchtigen Menschen jedoch konnte ich mehr und mehr erkennen, dass vielen psychischen Störungen verborgene Kränkungen zugrunde liegen und zahlreiche psychopathologische Symptome in Wirklichkeit Reaktionen auf nicht verarbeitete Kränkungserlebnisse sind.

Besonders intensiv hat sich mir die Macht der Kränkung in meiner Tätigkeit als Kriminalpsychiater und Gerichtsgutachter gezeigt. Bei zahlreichen Mördern, Räubern oder Attentätern war kein anderes Motiv als tiefe Gekränktheit zu finden. Viele große Verbrecher erwiesen sich im Grunde als gekränkte Genies. Kränkungen sind oft die Wurzel kriminellen Verhaltens, von impulsiven Stehlhandlungen und Brandstiftungen bis zu Beziehungsdelikten und Familientragödien reichend. In neuerer Zeit bilden Kränkungen und Demütigungen die Basis des modernen Terrors. Der im Jänner 2015 die Welt erschütternde Anschlag auf die »Charlie Hebdo«-Karikaturisten hatte seinen Ursprung wohl im Gefühl der Beleidigung und Entwertung und war nichts anderes als eine grauenhafte, fatale Kränkungsverarbeitung. Die sich daran anschließende Debatte um die Grenzen der Karikatur war im Prinzip eine einzige Kränkungsdiskussion. Und wie ist die furchtbare Tat des Germanwings-Selbstmordattentäters, soweit sie überhaupt aufgeklärt werden kann, zu interpretieren? Als Fanal eines Gekränkten.

Dieses Buch kommt im Gegensatz zu seiner eigentlichen Intention nicht umhin, auch ein Psychologieratgeber zu sein, allerdings nicht im üblichen Sinn. Es enthält keine Powerstrategien gegen Beleidigung oder Mobbing und fokussiert nicht auf Antikränkungsmaßnahmen. Wie könnte man auch vermitteln, dass Sie nach der Lektüre nichts mehr kränken kann? Vielmehr will die Schrift das Kränkungsthema enttabuisieren und möglichst intensiv für Kränken und Gekränktsein sensibilisieren: für eigene Verwundungen und die Verletzlichkeit anderer, für einen sozialen und emotionalen Prozess, für eine der wichtigsten zwischenmenschlichen Interaktionen, für das so bedeutende und trotzdem verdrängte Phänomen der Kränkung. Es will vertraut machen mit dem Wesen der Kränkung, mit diesem schillernden und kaum zu beschreibenden sozialen Mechanismus, welcher viel schwerer zu fassen ist als die Beleidigung und viel unterschwelliger – aber auch anhaltender – wirkt als Verärgerung oder Missmut. Das Buch will eine Art »Kränkungsbewusstsein« schaffen, welches die beste Haltung in der unvermeidlichen Konfrontation mit Kränkungen darstellt. Es kann nicht vermitteln, wie man Kränkungen verhindert oder sich gegen diese wehrt, wohl aber, wie man mit ihnen umgehen kann. Wenn wir uns trauen, die Kränkungen in unserem Leben anzuschauen und sie auch ernst nehmen, werden wir besser mit unserer eigenen Empfindlichkeit und der Kränkungsgrenze der Mitmenschen zurechtkommen. Das Gespür für eigene Kränkbarkeit und das Kränken anderer bietet die beste Gewähr für den richtigen Umgang mit Kränkungen.

Um die destruktiven Folgen von Kränkungen zu entschärfen, ist es notwendig, diese zu enttabuisieren und Möglichkeiten der positiven Bewältigung – die gibt es tatsächlich – zu suchen. So kann die Handhabung der Kränkungen zur Entwicklungschance werden und die Selbst- und Fremdkenntnis fördern. Aufmerksames Wahrnehmen der eigenen Verletzlichkeit und behutsames Beachten der Kränkbarkeit unserer Mitmenschen machen uns sensibler und fördern die zwischenmenschliche Kompetenz. Achtsamkeit für Kränkungen vertieft unsere Einfühlungsfähigkeit, die Empathie, die wahrscheinlich wichtigste menschliche Eigenschaft überhaupt.

In diesem Buch werden drei Thesen verfolgt:

1. Kränkungen sind destruktive Energien, die fast jedem menschlichen Übel, von Krisen und psychosomatischen Krankheiten über Partnerschafts- und Berufskonflikte bis zu Terror und Krieg reichend, zugrunde liegen.
2. Kränkungen sind nicht nur eine komplexe Emotion, sondern eine Interaktion zwischen Kränkungsabsender (= Kränker), Kränkungsbotschaft (= Kränkung) und Kränkungsempfänger bzw. -adressaten (= Gekränkter).
3. Kränkungen bieten die Chance, sich selbst und die Mitmenschen besser kennenzulernen sowie die vielleicht wichtigste menschliche Emotion, das Empathievermögen, zu fördern.

Da Kränkungen in der menschlichen Gemeinschaft universell verbreitet sind und bei so vielen sozialen Begegnungen eine bedeutende Rolle spielen, besteht die Gefahr der inflationären Verwendung des Begriffs. Nicht alles und jedes ist eine Entwertung, nicht jede Kritik eine Demütigung, nicht jede Belastung oder Auseinandersetzung führt zur echten Kränkungsreaktion. Will man die Macht der Kränkung realitätsgerecht darstellen, ist eine nüchterne Einschätzung erforderlich. Deshalb wird das Wesen der Kränkung, die diesen Namen verdient, exakt beschrieben und in ihren Grundelementen erfasst. Dass aber neben manch einzigartigen Fällen, die in diesem Buch präsentiert werden, das eine oder andere Beispiel trivial und allzu alltäglich wirkt, ja wirken muss, ist angesichts der Allgegenwart von Kränkungen in unserem Leben nicht zu vermeiden. Auch müssen in einem Sachbuch, das ja kein reines Wissenschaftswerk ist, aufgrund der Konzeption und des beschränkten Umfangs Vereinfachungen vorgenommen werden, besonders in den theoretischen Teilen und den Fallschilderungen. Dies mögen die Leserinnen und Leser ungekränkt und großmütig verzeihen.

Wenn wir heute über die kranke Gesellschaft klagen, übersehen wir, dass sie nicht nur kalt, egoistisch oder unsolidarisch, sondern vor allem gekränkt ist, wahrscheinlich mehr als in anderen Phasen der Geschichte. Dafür gibt es zahlreiche Gründe, etwa die in Zeiten der Globalisierung stärker gewordene Anspruchshaltung, die steigende Zahl an hypersensiblen Charakteren oder die Etablierung des gesellschaftlichen Narzissmus, welcher unweigerlich mit starker Kränkbarkeit verbunden ist. In einer Gesellschaft, die sich wesentlich über Leistungserbringung, hohe Zielsetzungen, permanente Aktivität und Produktion definiert, werden jegliches Scheitern und die nicht zu verhindernden Misserfolge zwangsläufig zu Enttäuschungen und Selbstwertzweifeln führen. Und wenn wir Tätigkeiten, bei denen Produktivität und Erfolge nicht ohne Weiteres sichtbar sind, immer weniger schätzen, bereiten wir den Boden für Frustration und Kränkung vor.

Noch nie aber wurden Geringschätzung, Entwertung, Enttäuschung und Kränkung so sehr verdrängt und tabuisiert wie in unserer modernen Zeit. Das Kränkungsthema passt nicht zum Bild des bestens funktionierenden Menschen und schon gar nicht in unser durchorganisiertes Leben. Wenn wir aber genau hinsehen, müssen wir überrascht erkennen, dass sich hinter der so gern aufgezogenen Maske der Coolness und Unverletzbarkeit, der Korrektheit und äußeren Makellosigkeit etwas verbirgt, was der Mensch heute mehr denn je ist: ein gekränktes und kränkendes Wesen.

I.

Wesen und Ursachen der Kränkung

Was kränkt wen – und wenn ja, wie sehr?

Was ist eine Kränkung? Wenn uns diese scheinbar einfache Frage gestellt wird, reagieren wir so, wie es bei näherer Befassung mit psychologischen Alltagsbegriffen oft geschieht: Wir wissen, wovon gesprochen wird und was gemeint ist, tun uns aber schwer, eine präzise Antwort zu liefern. Psychische Ausdrücke wie Glück, Trauer oder Angst werden mehr erfühlt als mit dem Verstand umrissen und lassen sich viel leichter emotional »begreifen«, als mit Worten beschreiben.

So ist es auch beim Kränkungsbegriff. Obwohl jeder recht genau weiß – oder besser gesagt, genau spürt –, worauf sich der Ausdruck bezieht, ist es gar nicht so leicht, ihn konkret zu fassen und näher zu definieren. Dies hängt wohl damit zusammen, dass der Terminus sehr weit gespannt und auch ziemlich ungenau ist und man Kränkungen weder objektivieren noch quantifizieren kann. Kränkungen sind nicht nur schwer zu beschreiben, sondern sie sind vor allem nicht messbar. Sie lassen sich nicht gewichten, nicht einteilen, nicht durch psychologische Instrumente qualifizieren und kategorisieren. Da die menschlichen Individuen bezüglich Geringschätzung, Missachtung, Entwertung und Verletzungen unterschiedlich anfällig und resistent sind, empfindet jeder etwas anderes in unterschiedlichem Ausmaß als kränkend. Manche erweisen sich als dickhäutig, andere als übersensibel, viele als verletzlich, manche als resilient. Der eine hat hervorragende Bewältigungsmechanismen, der andere ist Kränkungen hilflos ausgeliefert.

Zudem geschehen Kränkungen oft unabsichtlich und unbewusst. Sie können offen und verdeckt, vordergründig oder unterschwellig, direkt oder indirekt ablaufen. Ein Teil spielt sich auf der verbalen oder der Handlungsebene, ein noch größerer ausschließlich im emotionalen Bereich ab.

Als junger Arzt hatte ich einen jugendlichen Drogensüchtigen zu begutachten. 27 Jahre später begegnete ich ihm wieder, er hatte zwischenzeitlich eine lange Kriminalitätskarriere mit vielen Jahren in Haft hinter sich. »Auf Sie habe ich eine Mordswut«, begrüßte er mich. Nicht wegen meiner damaligen Expertise, die für ihn ja positiv gewesen und ihm eine Therapie statt einer Gefängnisstrafe ermöglicht habe, erklärte er mir. Auch nicht wegen der oft stigmatisierend wirkenden Diagnosen und harten Rechtsbegriffe. Weder die Ausdrücke Dissozialität und Verwahrlosung noch die Ausführungen über sein delinquentes Verhalten und die hohe kriminelle Energie hätten ihn gestört. Wohl aber habe ihn maßlos gekränkt, dass darin die Formulierung enthalten war: »Der anfangs verstockt wirkende Jugendliche wird im Verlauf des Untersuchungsgesprächs immer zutraulicher.« Er sei ja kein unkritischer Dummkopf, kein gutmütiger Esel. Zutraulich seien Tiere, nicht Menschen.

Demnach haben wir Probleme mit dem Begriff der Kränkung. Was gilt überhaupt als Kränkung? Ein Schimpfwort, eine Beleidigung, eine Zurückweisung oder eine Entwertung? Meint man mit Kränkung eine Beschämung, eine Bloßstellung oder eine Demütigung? Sind es mangelnde Beachtung und Geringschätzung oder Rücksichtslosigkeit und fehlender Takt?

Dazu kommt, dass in der deutschen Sprache der Ausdruck Kränkung sowohl für die aktive als auch die passive Form, für das Kränken anderer und das eigene Gekränktsein identisch ist. Der Kränkungsbegriff entfaltet seine Wirkung in beide Richtungen, als Fremdaggression und eigene Verwundung. Kränkungen sind Pfeile, die als Angriffswaffe eingesetzt werden oder die eigene Person treffen, ja hin- und herfliegen können. Kränkungen sind nach unserem Sprachverständnis also niemals eindimensional, sondern stets »multifunktional« wirkende Phänomene.

Individuelle Empfindlichkeit

Weiters stellt uns die Frage nach Kränkungen vor das Problem, dass jeder etwas anderes als Kränkung empfindet. Wie kann es sein, dass manche bereits durch die unfreundliche Miene ihres Gegenübers, eine Achtlosigkeit oder eine abwertende Geste gekränkt sind, während sich andere selbst durch gröbliche Beschimpfungen und Verspottungen unberührt zeigen? Für den einen bedeutet ein barsches Wort, der harte Ton in der Stimme oder schlichtweg das Versagen einer Antwort und der nicht erwiderte Gruß eine Kränkung. Der Nächste setzt sich über ironisches Lachen, sarkastische Bemerkungen oder Schimpfworte einfach hinweg. Am Dritten prallt Besserwisserei, Tadel oder Zurechtweisung folgenlos ab und viele erweisen sich gegen Kritik, Zurechtweisung und Schimpferei als resistent. Kränkungen werden selektiv wahrgenommen, sehr individuell interpretiert und höchst unterschiedlich verarbeitet. Die Kränkungsreaktion folgt keinen logischen, oft auch keinen humanen Gesetzen:

> *Laut Medienberichten ließ der nordkoreanische Diktator Kim Jong-un seinen Verteidigungsminister Hyon Yong-chol am 30. April 2015 öffentlich mit einer Fliegerabwehrrakete hinrichten. Sein Verbrechen: Er war einmal während einer Rede des Großen Vorsitzenden eingeschlafen. Dies war für Kim offensichtlich so kränkend, dass er mit einer überdimensionalen Waffe zur Rache schritt und aller Welt demonstrieren wollte, wie sehr ihn diese »Untreue und Respektlosigkeit« – wie es im Urteil hieß – beleidigt hatte.*

Fragt man die Betroffenen, was sie weshalb gekränkt hat, kommen zum Teil völlig gegensätzliche, keiner Systematik folgende Antworten von bunter Vielfalt. Eine Schülerin war anhaltend gekränkt, weil sie beim Klassenfoto nicht in der ersten Reihe stehen durfte. Hingegen versteckte sich ihre Klassenkameradin hinter den Mitschülern, weil sie sich nicht auf dem Bild sehen wollte. Der eine ist gekränkt, wenn er auf einer Versammlung nicht persönlich begrüßt wird, dem anderen wäre es peinlich, öffentlich genannt zu werden. Manch einer kann mitlachen, wenn über seinen extravaganten Krawattengeschmack gespottet wird, manch anderer fühlt sich dadurch verunsichert und beschämt. Als sich zwei ehemalige Schulfreunde nach 40 Jahren begegnen und der eine humorvoll und mit einem gewissen Stolz sagt: »Alt sind wir geworden«, zeigt sich der andere in seiner Eitelkeit tief getroffen. Ein Angestellter aus dem mittleren Management erzählt voll Freude, dass ihn sein Chef jetzt »per Du« anspreche, während sein Kollege dies als Entwertung und Frechheit empfindet. Selbst ein wohlgemeinter Ratschlag oder ein nicht ganz passendes Kompliment kann als kränkend erlebt werden. Völlig neutrale Äußerungen lösen beim einen eine Kränkungsreaktion, beim anderen tiefe Befriedigung aus.

So könnte man die Beispiele unendlich fortsetzen, ohne dass sich ein bestimmtes, für Kränkungen typisches Muster, eine Grundstruktur der Kränkung herauskristallisieren würde. Weil jede Person unter Kränkungen etwas anderes versteht, auf diese unterschiedlich reagiert und ganz individuell damit umgeht, gleicht keine Kränkungssituation der anderen. »Die psychologische Analyse einer Kränkung führt immer zu einzigartigen Befunden«, meinte der deutsche Wissenschaftsautor Julius Schiller.

Wie kann man in dieses Chaos, diesen Wirrwarr von Emotionen und Übertragungen, dieses Durcheinander von normalen und problematischen Reaktionen eine gewisse Ordnung bringen? Lässt sich die Kränkung an bestimmten Eckpunkten festmachen? Sind in ihrem Ablauf einige Gesetzmäßigkeiten zu erkennen, oder handelt es sich beim Kränkungsbegriff um ein verschwommenes Konstrukt, schwerer einzufangen als Quecksilber, das diese Bezeichnung gar nicht verdient? Lässt sich das Unfassbare überhaupt fassen?

Kränkung als Interaktion

Zunächst müssen wir erkennen, dass eine Kränkung keinesfalls über deren Art und Inhalt allein bestimmt wird, sondern ebenso von der Person des Kränkenden und der Sensibilität des potenziell Gekränkten abhängt. Kränkungen sind mehr als eine gerichtete Aggression auf der einen und mehr als eine erlittene Verletzung auf der anderen Seite. Nie kann man sie eindimensional verstehen. Kränkungen sind nicht nur schmerzliche Emotionen oder negative Affekte, sondern Störungen des Gefühlserlebens und des Gefühlsausdrucks zugleich, ja noch mehr als beides zusammen. Kränkungen bilden intra- und interindividuelle Vorgänge, allgegenwärtige soziale Mechanismen, sie stellen zwischenmenschliche Interaktionen dar.

In jeder Kränkung findet ein Prozess statt zwischen jemandem, der kränkt, und jemand anderem, der gekränkt wird. Zwischen diesen beiden Polen steht die eigentliche Kränkung, die wir der Einfachheit halber »Kränkungsbotschaft« nennen. Immer haben wir es bei Kränkungen mit einem höchst diffizilen Zusammenspiel zwischen einem Kränkungsabsender, einem Kränkungsempfänger und der eigentlichen Kränkung mit ihrem Inhalt bzw. ihrer Botschaft zu tun. Alle drei Pole sind sehr unterschiedlich und individuell gestaltet. Es kommt somit stets auf die Kränkungsart und genauso auf den Wert an, den der Kränkende für den Gekränkten hat, sowie auf die sensiblen Stellen des Kränkungsempfängers. Ganz wesentlich wird die Wirkung vom emotionalen Hintergrund bestimmt, vor dem sich der Kränkungsprozess abspielt.

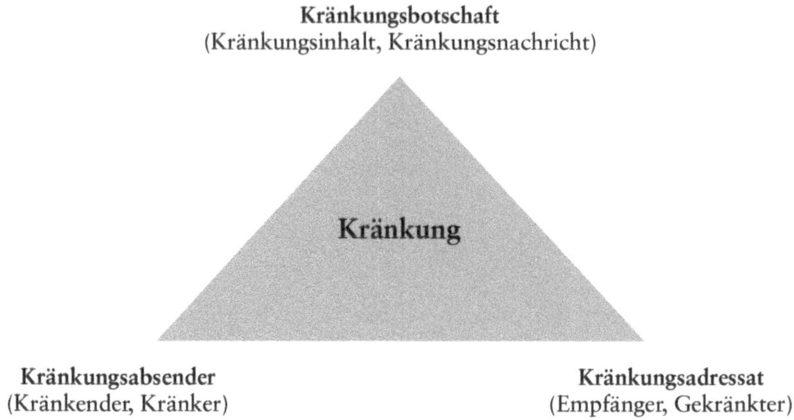

Versucht man Kränkungen zu analysieren, geht es deshalb nicht nur um die Erfassung isolierter Gefühle oder die Bestimmung von Art und Stärke bestimmter Emotionen sowie Affekte, sondern immer um die gesamthafte Beurteilung der Kränkungssituation. Dies ist auch für den Umgang mit Kränkungen ganz wichtig. Der zwischen Kränkungsabsender, Kränkungsbotschaft und Kränkungsadressaten ablaufende Prozess ist das Entscheidende.

Kränkungsempfänger

Beginnen wir – abweichend vom zeitlichen Ablauf der Kränkung, jedoch der Gewichtigkeit der Pole folgend – mit jenem der gekränkten Person. Kein gesunder Mensch ist »unkränkbar«, keine normale Persönlichkeit ist gegen Kränkungen resistent. Höchst unterschiedlich ist jedoch die Vulnerabilität, die Anfälligkeit für Kränkungen, die eigentliche Kränkbarkeit. Diese wird bestimmt durch psychische Konstitution und aktuelle Verfassung, durch Vorerfahrungen, frühere Traumatisierungen, innere Einstellung und äußere Umstände, durch Geschlecht, Alter, soziales Umfeld, durch Stimmung und vieles andere mehr. Typische Vulnerabilitätsfaktoren sind Geburtsschäden und Entwicklungsdefizite, schwierige Temperamentsmerkmale, chronische Krankheiten und Belastungen, andauernde Spannungen, permanente Sorgen oder unsichere Bindungen sowie geringe Fähigkeiten zur Selbstregulation. Hingegen sind Menschen mit hohem Selbstbewusstsein und gesundem Stolz viel weniger kränkbar. Der Stolz ist etwa das Gegenteil von Gekränktheit, nicht umsonst sprechen wir bei Ehrbeleidigungen von »verletztem Stolz«.

Kränkbarkeit ist aber keine fixe Größe und Verletzlichkeit keine sich durch das ganze Leben hinziehende Eigenschaft. Vielmehr handelt es sich bei einer Kränkung immer um ein sich innerhalb gewisser Grenzen bewegendes Reaktionsmuster, welches unter bestimmten Umständen, z. B. durch Training oder therapeutische Maßnahmen, modifizierbar ist. Wenn es schlecht läuft, können daraus neurotische Entwicklungen, psychosomatische Erkrankungen oder ausgeprägte Verhaltensstörungen resultieren.

Einige Persönlichkeitszüge und charakterliche Eigenschaften sind allerdings mit erhöhter Kränkbarkeit verbunden und bedingen eine Verletzlichkeit, die weit über das Durchschnittliche hinausgeht. Besondere Anfälligkeit für Kränkungen zeigen – so kann man pauschal sagen – Menschen mit Selbstwertzweifeln und Minderwertigkeitsgefühlen. Diese nach der psychoanalytischen Theorie auf Frustrationen in der oralen Phase, auf Liebesmangel und -entzug beruhenden neurotischen Störungen führen zum steten Gefühl der Unvollkommenheit, des Versagens, des Nicht-Geliebtseins. Daraus resultieren Angst, Depressionen, Sucht – und Kränkungen.

Neben diesen allgemeinen, generell zu erhöhter Kränkbarkeit führenden Entwicklungsfaktoren gibt es spezielle Wesenszüge oder gar ausgewachsene Persönlichkeitsstörungen mit erhöhter psychischer Verletzlichkeit. Die größte Gruppe bilden Hoch- oder Hypersensible, also Personen, welche viel stärker als der Durchschnitt auf Reize reagieren, diese intensiver wahrnehmen, wesentlich gründlicher bearbeiten und viel länger an ihnen hängen bleiben.

Besonders kränkbar sind narzisstische Menschen. Narzissten sind nicht nur egozentrisch, selbstherrlich, arrogant und entwertend – also kränkend –, sondern vor allem extrem empfindlich. So stark der Narzisst im Austeilen ist, so schwach ist er im Einstecken. So rücksichtslos er mit den Gefühlen anderer umgeht, so sehr ist er um sein eigenes Wohl besorgt. So vereint er in sich ein hohes Maß an Kränkungspotenzial und eigener Kränkbarkeit. Um der Bedeutung von Narzissten als Personifizierung der Kränkung Rechnung zu tragen, ist ihnen ein eigenes Kapitel gewidmet. Schon um sie nicht zu kränken.

Kränkungsabsender

Kommen wir nun zum Gegenpol der gekränkten Person, zu jenem des Absenders von Kränkungen. Generell kann jedermann zum Kränkenden werden. Dies ist gar nicht vermeidbar, da Kränkungen oft unbewusst erfolgen, vom Kränker gar nicht bemerkt werden oder aus alltäglich-normalen Verhaltensweisen entspringen, etwa aus der Art, wie jemand lacht, wie er spricht oder sich vor anderen verhält. Die Wirkung solch scheinbar belangloser, kaum quantifizierbarer Faktoren ist nicht zu unterschätzen. In partnerschaftlichen Schlichtungsgesprächen erweist sich der oft zu hörende Vorwurf des unmöglichen Tons und des sauren Gesichts des anderen als kaum zu überwindendes Hindernis, über das sich trefflich streiten lässt: Selbst- und Fremdwahrnehmung sind nirgends so unterschiedlich und Objektivierungen sind nahezu unmöglich.

Manchen Persönlichkeitszügen und -störungen ist ein hohes Kränkungspotenzial eigen, besonders auf der emotionalen Ebene. Neben den Narzissten neigen auch alle anderen Menschen mit gemütsarmen Charakterzügen, mit der Unfähigkeit zur Empathie, zu kränkendem Verhalten. Rücksichts- und taktlose, exzentrische, emotional instabile, aggressive und sadistisch-zynische Menschen entsprechen am ehesten der Persönlichkeit des Kränkenden. Ein besonderer Prototyp des Kränkers ist der Macho, dem die Gekränkten seine rücksichtslose Art oft nicht einmal übelnehmen, sondern diese gar noch bewundern. Dann sind abermals die Narzissten zu nennen, welche einerseits zu wenig Einfühlungsvermögen besitzen, um die Kränkungsgrenze des anderen zu erfüllen, andererseits stets auf die Entwertung anderer bedacht sind, um mit ihren eigenen versteckten Minderwertigkeitsgefühlen fertigzuwerden.

Noch wichtiger als einzelne Charakterzüge und Verhaltensweisen sind aber Bedeutung und Wert, welche der Kränkungsabsender in den Augen der gekränkten Person hat. Je positiver das Bild von der kränkenden Person und je wichtiger deren Stellung im Leben des Kränkungsadressaten ist, desto ernster werden all ihre Äußerungen genommen. Dazu gilt folgende Faustregel: Je wichtiger, je nahestehender und je vertrauter der Kränkende ist, desto mehr Gewicht kommt seinen kränkenden Äußerungen zu. Je weniger Bedeutung und Wert eine kränkende Person im Leben der Kränkungsempfänger hat, desto weniger Schaden werden seine Pfeile anrichten können. Allerdings gilt immer das Wort der Psychotherapeutin und auf das Kränkungsthema spezialisierten Wissenschaftlerin Bärbel Wardetzki: »Die Rolle des Kränkenden ist uns oft weniger bewusst als die des Gekränkten. Dies liegt möglicherweise daran, weil wir als Kränkende einen größeren emotionalen Abstand zum Geschehen herstellen können, als wenn wir diejenigen sind, die verletzt werden.«

Kränkungsbotschaft

Am schwersten zu fassen ist die eigentliche Kränkung, wir nennen sie die Kränkungsbotschaft oder den Kränkungsinhalt. Praktisch jedes menschliche Verhalten, jede Gefühlsäußerung, jedes Wort eines anderen kann als kränkend empfunden werden. Die Kränkungsbotschaft hat keine spezifischen Kennzeichen und kein typisches Muster. Wir können sie nicht wirklich beschreiben und finden keinen Konsens zu ihrer Art und Schwere. In der psychotherapeutischen Literatur über Kränkungen werden Beleidigungen und Beschimpfungen, Bloßstellung und Beschämung, Hintergehen und Betrug, Demütigung und Degradierung, Entwertung und Enttäuschung, Entehrung und Entwürdigung, Geringschätzung und Missachtung, Diffamierung und Diskreditierung, Miesmachen und Verleumdung, Spott und Hohn, emotionale Abweisung und Distanzierung sowie Ignoranz und Übergangenwerden genannt. Auch gilt es als kränkend, wenn jemand nicht angesprochen wird oder keine Antwort erhält. Als weitere typische Kränkungen gelten Vorenthaltungen von Anerkennung und Lob, Ungerechtigkeit und Benachteiligung sowie Traumatisierung und Mobbing. In einer eigenen Untersuchung, in welcher über 500 Personen in Form eines semistrukturierten Interviews nach der schwersten Kränkung ihres Lebens befragt wurden, hat sich folgende Reihenfolge ergeben (Mehrfachantworten möglich):

Schwerste Kränkungsformen

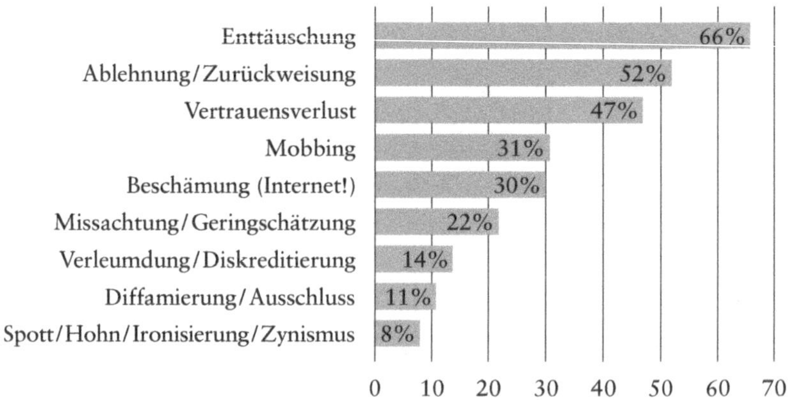

Die Enttäuschung hat ihre traurige Spitzenposition wohl der damit verbundenen Selbstkränkung zu verdanken. Allein erkennen zu müssen, dass man getäuscht worden ist, bereitet Schmerz. Noch viel mehr, wenn man sich in der eigenen Person getäuscht hat und sich das eigene Ich so hinters Licht führen ließ. Bei Fremdkränkungen kann man sich wehren, aber gegen wen soll man bei Eigenversagen ankämpfen? Und wo findet man bei Eigentäuschung einen Schuldigen, auf den man seinen Ärger und seine Frustrationen projizieren könnte? Deshalb treffen die Beschuldigungen und Vorwürfe die eigene Person. Man bezeichnet sich als Dummkopf und Narr, möchte sich am liebsten die Haare ausreißen oder versteigt sich zur totalen Selbstverleugnung: »Das war gar nicht ich …«, »Ich bin völlig neben mir gestanden …«, »So bin ich doch nicht …«. Nichts kränkt so sehr wie die Selbstkränkung.

Ablehnung und Zurückweisung treffen den Menschen wesentlich stärker, als man auf den ersten Blick vermuten würde. Hierbei wird das Opfer nicht durch eine Aggression getroffen oder durch die Agitationen eines anderen verletzt. Vielmehr wird sein »Liebensbedürfnis« nicht angenommen und das Positivpotenzial zurückgewiesen.

Spott, Hohn, Ironie und Zynismus werden heute wahrscheinlich deshalb nicht mehr als so kränkend erlebt, weil die Sprache insgesamt emotionsloser, berechnender und entwertender geworden ist. Sarkastische Bemerkungen gelten als Ausdruck der Intelligenz und unterschwelliger Zynismus wird als »cool« empfunden. Auf solche traditionellen Entwertungsformen reagiert man in unserer Zeit weniger mit Gekränktheit als mit der Aneignung eines ähnlichen Sprachstils. Dadurch verlieren Spöttereien und zynische Bemerkungen einen Teil ihres destruktiven Charakters.

Beschämungen, jahrzehntelang als Ausdruck eines konservativen Erziehungsstils (»Schäm dich!«) außer Mode, sind in Zeiten von Facebook und Co. wieder in den Vordergrund gerückt. Weil die sozialen Medien für junge Menschen so wichtig sind und die virtuelle Darstellung elementare Bedeutung hat, werden Bloßstellungen in diesem Kontext als besonders verletzend erlebt. Mehrere dramatische Fälle der letzten Jahre haben den traurigen Beweis erbracht, dass man Menschen durch Cybermobbing in den Suizid treiben kann.

Laut einer »Independent«-Meldung vom Juni 2015 sei ein 13-jähriges Mädchen mit seinem Vater in Streit geraten. Die Tochter habe ihre Familie zuvor durch »ein paar falsche Entscheidungen« erzürnt. Daraufhin habe der Vater dem Mädchen die Haare abgeschnitten und davon ein Video gedreht. »Wie oft habe ich dich gewarnt«, sagte er in dem Clip, der ins Internet gestellt wurde. Das Kind verließ das Haus und stürzte sich wenig später von einer Brücke in den Tod.

Die Kränkungsbotschaft besteht aber nicht nur aus einem Inhalt, sondern auch aus dem emotionalen Kontext, in welchen sie eingebunden ist. Davon hängt ihre Wirkung ganz entscheidend ab. Ein locker dahingesagtes Schimpfwort oder ein mit lachendem Gesicht ausgestoßener derber Ausdruck wirkt ungleich weniger kränkend als eine leise vorgebrachte zynische Bemerkung. Eine ernste Ermahnung oder Zurechtweisung unter vier Augen ist nie so beschämend wie eine Korrektur vor dem ganzen Team. Brüllt der Chef seinen Mitarbeiter mit »Dummkopf« an, wirkt dies ganz anders als dasselbe Wort, gehaucht zwischen einem kuschelnden Paar. Im Zorn oder auf dem Höhepunkt aufgeschaukelter Emotionen ausgestoßene Beschimpfungen sind viel leichter zu vergeben als ohne Gefühlsregung vorgebrachte Geringschätzungen. In treffender Weise hat Martin Walser, der selbst mit der Kränkung des ihm bisher nicht zuerkannten Literaturnobelpreises fertigwerden muss, den Zusammenhang zwischen Kränkungsinhalt und emotionaler Begleitung auf den Punkt gebracht: »Auch Kränkungen wollen gelernt sein. Je freundlicher, desto tiefer trifft's.«

Schneeball- und Schmetterlingseffekt

Innerhalb der drei genannten Pole entwickelt sich eine eigenständige Kränkungsdynamik. Niemand kann vorher sagen, welche Wirkungen Kränkungen entfalten und welcher Art die Kränkungsreaktion sein wird. Lediglich Hartnäckigkeit und lange Dauer gelten als relativ sicher. In manchen Fällen entfaltet sich ein chronisch wühlender, zermürbender Prozess. In anderen erstarrt die Kränkung in Verbitterung. Zudem fallen die Wirkungen von Kränkungen ebenso wie die Kränkungsreaktionen sehr unterschiedlich aus. Manche als bewusste Kränkung gedachte Boshaftigkeit erweist sich als Rohrkrepierer, während andernorts Nichtigkeiten verheerende Folgen haben können – vergleichbar mit dem Schneeballeffekt. Wie der harmlos dahinrollende Schneeball größer und größer wird, immer mehr Schneemassen mit sich zieht und zu einer mächtigen Lawine mit all ihrem zerstörerischen Potenzial anwächst, kann eine geringschätzige Geste oder ein unbedachtes Wort einen sich endlos dahinfressenden Kränkungsprozess auslösen oder eine Kränkungsreaktion von katastrophenartigem Ausmaß hervorrufen. Bei einem der größten Amokläufe in Deutschland nannte der jugendliche Täter als Motiv seine Gekränktheit, weil bei einer Schulreise vor acht Jahren niemand mit ihm das Zimmer teilen wollte.

Viele Kränkungen sind durch inadäquate Reaktionen gekennzeichnet, d.h. die Antwort auf die Verletzung hat auch inhaltlich keinen Zusammenhang mehr zum Auslöser. Eine mangelnde Beachtung oder geringfügige Benachteiligung, eine kleine Ungerechtigkeit oder ein abschätziges Wort hat Racheaktionen an nur am Rande betroffenen oder gänzlich unbeteiligten Personen zur Folge. Oft kommt es zu demonstrativen oder unbewussten Symbolhandlungen. Diese für den Außenstehenden nicht verständlichen Aktionen lassen sich durch die Brisanz der mit der Kränkung getroffenen Thematik und durch den mit viel negativer Energie beladenen Gefühlsstau erklären. Der schon angesprochene Schneeballeffekt, welcher eine kaskadenartige Ausbreitung der Kränkung bewirkt, trägt zum quantitativen Missverhältnis zwischen Kränkungsauslöser und Kränkungsreaktionen bei.

Solche keinen logischen Gesetzen mehr folgenden Kränkungsentwicklungen scheinen manchmal geradezu den Gesetzen der Chaostheorie zu folgen. Diese vom Mathematiker und Meteorologen Edward N. Lorenz vom Massachusetts Institute of Technology (MIT) entworfene Modellvorstellung, wonach durch einen Flügelschlag eines Schmetterlings in Shanghai ein gewaltiger Wirbelsturm in New York ausgelöst werden könnte, wurde anfangs belächelt. Später wurde die im Volksmund immer schon gebrauchte Weisheit, wonach kleine Ursachen große Wirkungen haben können, zum Gegenstand vieler wissenschaftlicher Forschungen. Diese gehen der Frage nach, wann und wie scheinbar klare und berechenbare Prozesse von einem geordneten in einen ungeordneten Zustand übergehen. Die wissenschaftlich korrekt als »Komplexitätstheorie« oder »Dynamik nicht linearer Systeme« bezeichnete Chaostheorie besagt, dass winzige Abweichungen beim Ausgangszustand zu völlig unerwarteten und nicht vorhersehbaren Folgen führen können. Chaotische Phänomene sind u.a. im Umlauf der Planeten des Sonnensystems und der Entwicklung von Börsenkursen, aber auch im psychiatrischen und neuropsychologischen Bereich zu finden.

Das Gehirn arbeitet viel chaotischer, als bisher angenommen. Das wesentliche Element chaotischer Prozesse liegt somit darin, dass minimale Veränderungen in den Ausgangsbedingungen zu völlig abweichenden Endbedingungen führen können. Psychologisch entspricht das Bild von den verheerenden Folgen der Schmetterlingsbewegung jenem der Kränkung eines Kindes durch eine leichte, aber unerwartete und unverdiente Strafe. Der große Psychoanalytiker und Pädagoge Alfred Adler, einer der Schüler und Weggefährten Sigmund Freuds, hat darauf hingewiesen, dass eine als ungerecht empfundene Ohrfeige das gesamte Lebensschicksal eines Kindes entscheidend beeinflussen könne. Die Kränkung kann eine ungeheure destruktive Energie erzeugen, die sich oft unkalkulierbar und unlogisch entlädt:

Der damals 43-jährige Weltkriegsveteran Walter Seifert stürmte in den Vormittagsstunden des 11. Juni 1964 mit einem aus einer Unkrautspritze selbst gefertigten Flammenwerfer und einer Lanze in die Volksschule Volkhoven bei Köln und tötete sieben Schülerinnen, einen Schüler und zwei Lehrerinnen auf grauenvolle Weise. Weitere 20 Schüler und zwei Lehrerinnen wurden bei seinem Flammenangriff verletzt und leiden teilweise bis heute an den Folgen der schweren Verbrennungen. Anschließend vergiftete sich Seifert mit dem Pflanzenschutzmittel E 605 und verstarb noch am selben Tag.

Als Ursache für seine Wahnsinnstat wurden bei dem als paranoid beschriebenen Mann Kränkungen wegen einer nicht gewährten Rente angenommen. Seifert, der als Wehrmachtssoldat in Kriegsgefangenschaft geraten war, fand nach Kriegsende eine Stelle im Polizeidienst, wurde allerdings wegen einer Tuberkulose-Erkrankung nach zwölf Monaten als untauglich entlassen. In den folgenden Jahren versuchte er vergebens, die Tuberkulose-Erkrankung als Folge der Gefangenschaft anerkennen zu lassen und eine Kriegsrente geltend zu machen. Als seine Frau im Kindbett starb, machte er den behandelnden Arzt für ihren Tod verantwortlich. Ob er deswegen für seine Rache unschuldige Kinder ausgesucht hatte oder sich seine Psychodynamik im Sinne der Chaostheorie ganz anders entwickelte, ließ sich nie klären.

Nachdem Kränkungen von so unterschiedlichen Bedingungen abhängen, so verschiedenartig gestaltet sind und derart selektiv wahrgenommen werden, liegt der einzig mögliche Weg zur konstruktiven Bewältigung von Kränkungen auf der Hand. Da nur jeder individuell bestimmen kann, wer und was ihn in welcher Weise kränkt, muss sich die betroffene Person, dies sei jetzt schon vorweggenommen, zum Herrn über das Kränkungsgeschehen machen. Darin liegt die große Chance.

Vom Wesen der Kränkung

»Was ist die größte Kränkung Ihres Lebens?« Wird Ihnen diese Frage gestellt, so sind Sie in mehrfacher Hinsicht irritiert. Zunächst werden Sie sich darauf gar nicht einlassen, werden abwehren und ausweichen und sich sagen: »Ich doch nicht.« Sie sind kein Sensibelchen, kein Psycho, nicht jemand, den solche Kinkerlitzchen erschüttern können. Kränkungen sind etwas für Zweifler und Neurotiker, für Griesgrämige und Warmduscher. Horchen und fühlen Sie aber näher in sich hinein, so werden Ihnen, Sie müssen es zugeben, doch ein paar Dinge bewusst, die Sie verunsichert haben und heute noch belasten. Ein böses Wort hier, eine barsche Antwort da, eine abweisende Geste dort. Vor Ihrem inneren Auge steigen Zurückweisungen und Ablehnungen, Bloßstellungen und Beschämungen, spöttische Bemerkungen oder offene Beschimpfungen auf. Ein Ärger fügt sich an die nächste Ungerechtigkeit, eine Geringschätzung an die andere Entwertung. Da sind schon ein paar Gemeinheiten, an denen Sie immer noch kauen. Einige Dinge, die Sie stören, an die Sie eigentlich nicht denken möchten, die sich jedoch hartnäckig aufdrängen. Mehr als Ihnen lieb ist, immer und immer wieder. Durchwegs negative Empfindungen, die Sie verunsichern und verletzen. Ob wir wollen oder nicht, schleppen wir ein ganzes Paket von dem, was man wohl als Kränkung bezeichnet, mit uns herum und werden es gar nicht so leicht los.

Obwohl Bedeutung und Stellenwert von Kränkungen in unserem Leben und ihr destruktives Potenzial unübersehbar sind, reagieren wir bei diesem Thema wie bei den meisten psychischen Problemen zurückhaltend und verdrängend. Fragen nach seelischen Verletzungen erleben wir als wenig feinfühlig, eher als taktlos, manchmal als nahezu übergriffig. Es ist uns peinlich, über unsere Gefühle zu sprechen. Schon gar nicht wollen wir eine Schwäche – als solche empfinden wir Kränkungen – zugeben. So etwas behält man lieber für sich. Solch emotionale Barrieren gegenüber Kränkungen rühren wohl daher, dass diese sensible Stellen und wunde Punkte in unserer Innenwelt berühren. Und manche Verletzungen sind noch gar nicht richtig verheilt. Dies zu erkennen und sich selbst gegenüber einzugestehen, ist nicht einfach. Kein Wunder, wenn wir auf Fragen nach unseren Kränkungen fast ein bisschen gekränkt reagieren.

In den gängigen Definitionen wird Kränkung als Verletzung eines anderen Menschen in seiner Ehre, seinen Gefühlen und seiner Selbstachtung oder als Verwundung der seelisch-psychischen Integrität bezeichnet. Im wissenschaftlichen Jargon spricht man von einem »Angriff auf persönliche Gefühle, Vorstellungen und Werte«, auch von einem »Verhalten, welches zur Verletzung bestimmter psychischer Komponenten führt«. Kurz und bündig wird die Kränkung oft als »nachhaltige Erschütterung des Selbstbildes« beschrieben. All diese Definitionen sprechen wesentliche Merkmale einer Kränkung an, erfassen aber nicht deren ganzes Wesen.

Kränkungselemente

Bei genauer psychologischer Analyse lassen sich im Sammelsurium des Kränkungsbegriffs einige spezifische Elemente und Eigenschaften, welche das Wesen der Kränkung ausmachen, herausarbeiten. Im Einzelnen sind dies:

1. Kränkungen haben einen destruktiven Charakter.
2. Kränkungen werden nur wirksam, wenn sie auf eine sensible Stelle treffen.
3. Kränkungen erschüttern unsere Werte, vor allem den Selbstwert.
4. Kränkungen verletzen den Gerechtigkeitssinn.

5. Kränkungen rufen Enttäuschung hervor.
6. Kränkungen werden individuell unterschiedlich wahrgenommen.
7. Kränkungen wirken nachhaltig.

Zunächst gibt es keine wirkliche Kränkung ohne destruktiven Charakter. Oft ist dieser durch die unverblümte Aggressivität, durch Beleidigungen und Beschimpfungen, durch entwertende Äußerungen und Gefühlsverletzungen, durch demonstrative Abwertungen oder unverhohlene Feindschaft gut zu erkennen. Sehr häufig sind die Kränkungen jedoch unterschwellig, versteckt, nicht in Worte gekleidet, eher auf der Gefühlsebene angesiedelt. Auch sachlich vorgebrachte Kritik, ja sogar Lob kann kränkend sein. Wird die große Genauigkeit eines Mitarbeiters betont, sind damit wahrscheinlich dessen Umständlichkeit und langsames Arbeitstempo gemeint. Weist man auf seine Korrektheit und Verlässlichkeit hin, will man möglicherweise den »Dienst nach Vorschrift« anprangern. In der Personalbeurteilung hat sich eine eigene Sprache entwickelt, mit welcher man in einer äußerlich korrekt wirkenden, scheinbar positiven Beschreibung die negative Beurteilung versteckt.

Liebesentzug und Liebeszurückweisung

Blickt man auf den psychologischen Hintergrund dieses destruktiven Charakters von Kränkungen, handelt es sich immer um Liebesentzug oder Liebeszurückweisung. Leidet ein Kind unter Liebesmangel, unter fehlender Zuwendung, Zärtlichkeit und Zeit seiner Bezugspersonen, wird es irritiert und letztlich gekränkt reagieren. Die menschliche Urangst, zu wenig geliebt zu sein, führt zu erhöhtem Verlangen nach positiver Reaktion und zu anhaltender Verunsicherung in diesem Bereich. Auch nach der Kindheit, während des ganzen Lebens.

Umgekehrt können sich Kränkungen auch aus zurückgewiesener Liebe entwickeln. Findet das Bedürfnis nach positiver Zuwendung keinen Abnehmer, ist dies genauso kränkend. Davon ist unser Leben voll, so bei nicht erwiderter Liebe, bei abschlägiger Beantwortung einer Stellenbewerbung, bei ausbleibendem Verkaufserfolg oder negativer Kritik. Überall findet das Positivpotenzial keinen Abnehmer, Begeisterung und Idealismus erhalten keine emotionale Antwort, Anstrengung und Mühe werden nicht beachtet. Wie kränkend ist die Zurückweisung eines vor Liebe überquellenden Herzens, die abschlägige Beantwortung einer Stellenbewerbung trotz bester Qualifikation, die oft so harte Kritik an künstlerischen Darbietungen, der versagte Applaus oder der ungerechte Lohn. In all diesen Fällen sehen wir den Versuch, etwas Positives einzubringen, angenommen und akzeptiert zu sein, etwas Gutes zu tun. Ein von tiefer Resignation gezeichneter, verbittert wirkender junger Schriftsteller mit schweren Alkoholproblemen erzählte mir, dass er sein Romanmanuskript an 48 Verlage verschickt habe. Noch schmerzhafter als die beiden negativen Rückmeldungen seien jene 46 Fälle gewesen, in denen er überhaupt keine Antwort erhalten habe.

Besonders schmerzlich sind Zurückweisungen im Beziehungsbereich, sei es das Gefühl der frühen Ablehnung durch Vater und Mutter oder sei es die resonanzlos gebliebene Verliebtheit. Wenn Liebe als Positivresonanz definiert wird, kann man Kränkung als emotionale Negativantwort bezeichnen. In großem Stil müssen diese Erfahrungen heute besonders Emigranten und Flüchtlinge machen.

Sensible Stellen und innere Wunden

Um tatsächlich eine Wirkung zu entfalten, müssen Kränkungen eine sensible Stelle treffen. Nur an solchen können sie überhaupt andocken. Das müssen nicht unbedingt die berühmten wunden Punkte sein, sondern durchaus Bereiche, welche positiv besetzt sind. Es geht um all das, was uns von besonderer Wichtigkeit ist, mit dem wir uns lange und intensiv auseinandergesetzt haben, was für uns einen hohen emotionalen Wert hat. Oft sind es Narben, die wieder aufbrechen, manchmal schmerzhafte Erinnerungen, an die gerührt wird. Sehr oft handelt es sich um schlimme Erfahrungen, die man wieder und wieder machen muss. Wenn jemand unter dem Gefühl leidet, während des ganzen Lebens benachteiligt worden zu sein, kann eine unvermeidliche Zurücksetzung im Kleinen als sehr kränkend erlebt werden. Hat jemand schon früher öfter als zweiter Sieger das Feld räumen müssen, wird jeder auch noch so unbedeutende Vergleich mit anderen zum Kampf gegen eine beschämende Niederlage. Besonders eindrucksvoll sind die sogenannten »Reinszenierungen«, bei denen eine aktuelle Situation schmerzhaft an belastende Begebenheiten vor Jahren erinnert. Wurde jemand als Kind wegen seines Aussehens gehänselt, wird er bei Bemerkungen über sein äußeres Erscheinungsbild im späteren Leben überempfindlich reagieren.

Bereits Aristoteles, griechischer Philosoph, Schüler Platons und Lehrer Alexanders des Großen, hat erkannt, dass Kränkungen nur zu solchen werden, wenn sie einen wunden Punkt treffen. Er schreibt dazu: »Jeder erträgt diejenigen Kränkungen am schwersten, die den Gegenstand seiner Hauptleidenschaft treffen: der Habsüchtige die, welche seinen Geldkasten angreifen; der Ehrgeizige die, welche ihm Unehre bringen.«

Für unseren persönlichen Umgang mit Kränkungen können wir die sensiblen Stellen als wichtige Helfer in der Selbsterkenntnis nutzen. Die Kränkungen sind Hinweistafeln auf unsere Schwachstellen, auf immer noch nicht verheilte Verletzungen oder auf verdrängte Probleme. Sie zeigen uns aber nicht nur die wunden Punkte, sondern alles, was uns wichtig ist, wofür wir sensibel sind. Also auch unsere Sehnsüchte und Ideale, mit einem Wort: unsere Werte.

Wert und Selbstwert

Zu den sensibelsten Bereichen gehören unsere Werte, besonders der Selbstwert. Werte sind die als erstrebenswert oder moralisch gut betrachteten Eigenschaften von Menschen, Verhaltensweisen, Handlungsmuster und Charaktereigenschaften, aber auch von Ideen, Sachverhalten und Gegenständen. Aus solchen Wertvorstellungen bilden wir unsere Wertesysteme und darauf aufbauend können wir Wertentscheidungen treffen. Werte sind ein wichtiges Element jeglicher Gesellschaft und Kultur, sie werden durch ebendiese Kultur und Gesellschaft weitergegeben. Werte geben metaphysisch-religiöse Orientierung, prägen die soziale Ausrichtung und sind zentraler Bestandteil humanistischen Denkens. Die Wertphilosophie, die ihre Höhepunkte in der Güterethik des Aristoteles und in der »Idee des Guten« von Platon hatte, wurde später von der Moraltheologie aufgegriffen. Die beste Definition stammt von Rudolf Hermann Lotze, welcher den Begriff im Sinne eines »von den Menschen gefühlsmäßig als übergeordnet Anerkanntes, zu dem man sich anschauend, anerkennend, verehrend, strebend verhalten kann« beschreibt.

In der Psychologie werden Werte als Bezugspunkte gesehen, die auf Lebewesen anziehend oder abstoßend wirken. Sie gelten als Richtlinien bei der Planung des Verhaltens. In motivationalen Konzepten haben sie die Funktion als Zielentwurf oder »Korrektiv zur Gestaltung der Welt« und gelten als »umfassende Sinnmöglichkeiten«.

Werte verleihen Menschen Sicherheit und geben ihrem Streben ein Ziel. Auf langen Traditionen beruhend und individuell hart erarbeitet, sind sie wegen ihrer enormen Bedeutung besonders kränkungsanfällig.

Er war sehr mit der Natur verbunden, von Kindheit an. Bei Familienwanderungen erfuhr er ihre Schönheit. Aus ihrer Urgewalt schöpfe er Kraft, sagte er. Er hatte sich in ein Hoch-

tal verliebt. Nein, er liebte es. Ein Wunder seien die Felsen und Tannen, die Matten und Firnfelder, vor allem der Wasserfall – und die Bäche.

Er mochte auch Täler im Süden. In keinem dort höre man aber dieses Rauschen, des Wassers Urkraft, sagte er. An guten und an schlechten Tagen wanderte er zu seinem Tal. Wenn er Trost brauchte oder Inspiration, bei Freuden und bei Sorgen erst recht. Im Aufbruch des Frühjahrs, in der Stille des Winters. Fast immer allein. Was er spüre, könne er keinem vermitteln, sagte er.

Man plante ein Kraftwerk, man wolle saubere Energie. Er begann zu kämpfen. Mit Unterschriften und Protesten. Grünen Fantasten nannten ihn die Wohlmeinenden, Querulanten und Spinner die Gegner. Sie fällten die Tannen, sie leiteten die Bäche um. Einfach abgestellt habe man das Wasser, klagte er. Nie mehr hat er es betreten, das Hochtal.

Jahre später traf ich ihn – auf der Sterbestation. Voll Krebs war sein Körper. Gleichgültig sei ihm dieser und unwichtig. Nicht aber die Tragödie seines Lebens, nicht das tote Tal. Hilflos wollte ich ihn trösten, mit einem alten Bergsteigerspruch: »Denkst du zurück an die goldenen Tage, weine nicht, dass sie vergangen, sondern lächle, dass sie gewesen.« Er winkte ab: »Eine Welt ohne mein Tal verlasse ich leichter …«

In der Psychologie ist der wichtigste Wert das Ego, konkret die Bewertung, die man von sich selbst hat. Wir nennen dies Selbstwertgefühl, Selbstbewusstsein, Selbstachtung oder Selbstwert. Der Selbstwert, welcher wahrscheinlich durch genetische Komponenten beeinflusst, im Wesentlichen aber im Laufe der Entwicklung erlernt oder erworben wird, ist keine fixe Größe. Die Selbstwertschätzung unterliegt während des Lebens zahlreichen Umbrüchen. So in der Pubertät, welche durch die innere Heimatlosigkeit – der Welt des Kindes entwachsen, in jener der Erwachsenen noch nicht zu Hause – und durch die schwierige Suche nach

Identität häufig zu Selbstzweifeln führt. Der Selbstwert bildet die Basis des Selbstbewusstseins und des Selbstvertrauens. Im Kampf um gesundes Selbstbewusstsein bewegen wir uns zwischen neurotischem Minderwertigkeitsgefühl und krankhaft übersteigertem Eigenwert, dem pathologischen Narzissmus.

Ein positives Selbstwertgefühl ist die wichtigste Voraussetzung für psychische Gesundheit. Kaum eine psychische Störung, welche nicht den Selbstwert trifft und zu einer negativen Veränderung des Selbstwertgefühls führt. Auf Selbstwertangriffe reagiert die menschliche Psyche mit Verunsicherung, Zweifeln an sich selbst, Niedergeschlagenheit, Depressivität, Scham und Kränkung. Schon allein aus dieser Logik heraus müsste die Aufarbeitung von Kränkungen zentrales Ziel jeder Psychotherapie sein. Nur so ist die Wiederherstellung eines stabilen Selbstwertgefühls möglich.

Angriffe auf die Wertewelt bilden die Hauptzielrichtung und das entscheidende Wirkelement von Kränkungen, weil das Ich in seinem innersten Kern, im Zentrum der Persönlichkeit, an der empfindlichsten Stelle getroffen wird. In der Psychologie gehört die »Entwertung« zu einem der wichtigsten Begriffe überhaupt. Sie steht für die Geringschätzung einer Person, einer Gruppe, einer Gesellschaft, eines Verhaltens, eines Sachverhalts, einer Ideologie, einer politischen Meinung oder einer religiösen Überzeugung. Aktive Entwertung ist ein psychischer Schutzmechanismus, der durch Abwehr von Neidgefühlen oder Verlustängsten der Stabilisierung des Selbstwertgefühls dient. Passive Entwertung stellt hingegen eine der bedeutendsten Kränkungsformen dar.

Der amerikanische Psychologe und Experte für gewaltfreie Kommunikation Marshall B. Rosenberg hat besonders über die sprachlichen Mittel, derer sich die Entwerter bedienen, geforscht. Nach seinen Erkenntnissen gibt es eine eigene »Wolfssprache«, die dazu führt, dass sich die anderen minderwertig und miserabel fühlen, sich angegriffen sehen und glauben, sich rechtfertigen und wehren zu müssen. Diese aggressiv-entwertende Sprache enthält direkte Kritik, Besserwisserei, Belehrungen, Zynismen, Beurteilungen von oben herab, pseudointellektuelle Analysen, Strafandrohungen und Demonstrationen der eigenen Macht. »Dein Problem ist ...«, »In Wahrheit geht es dir um etwas ganz anderes ...«, »Man muss nur logisch denken können ...«, »Wenn man sich nur halbwegs anstrengt ...«, »Wie konntest du nur?« sind typische Wortbeispiele.

Erwartung und Enttäuschung

Kränkungen resultieren oft aus nicht erfüllten positiven Erwartungen. Deswegen haben sie viel mit Einstellung, Selbstbild, Hoffnung und Wünschen, vor allem aber mit Enttäuschung zu tun. Zufrieden und ungekränkt kann man leben, wenn realistische Ziele angestrebt und unsere Erwartungen erfüllt werden. Geschieht dies nicht, reagieren wir mit Enttäuschung und Kränkung. Wir müssen erkennen, dass sich das von uns selbst gemachte Bild – das Selbstbild – in wichtigen Punkten nicht mit jenem unserer Mitmenschen trifft, dass unsere Einstellung nicht richtig war und dass sich unsere Erwartungen als irreal erwiesen haben. Darauf reagieren wir mit Ärger, Frustration, Enttäuschung und in weiterer Folge mit Kränkung.

Enttäuschung bedeutet zunächst, dass Erwartungen nicht erfüllt und wir getäuscht worden sind. Man fühlt sich unverstanden, abgelehnt und unzufrieden, sowohl mit der Situation als auch mit sich selbst. Man hat uns reingelegt, und – noch schlimmer – wir haben uns hineinlegen lassen. Wir reagieren mit Ärger, Missmut und Frustrationen, in weiterer Folge mit Zorn oder Rachegedanken, landen aber letztlich in der Falle der Hilflosigkeit und des Ohnmachtgefühls. Enttäuschung heißt, dass man sich hat täuschen lassen, von den anderen oder von sich selbst. Darauf antwortet man mit Desillusionierung, Ernüchterung und

Frustration, manchmal mit anhaltender Verbissenheit, immer mit Verunsicherung. Enttäuschungen zwingen zur Revision der eigenen Vorstellungen und Ziele, manchmal zur Überarbeitung des Lebensplans, besonders aber zur Korrektur des Selbstbilds. Enttäuschungen verbessern immer unseren Erfahrungsschatz und schärfen dadurch unsere Persönlichkeitsstruktur. »Liebe Enttäuschungen. Denn sie befreien dich von einer Täuschung«, meinte der deutsche Satiriker Wolfgang J. Reus.

Bei Selbsttäuschungen richten sich Widerstand und Frustration am Schluss immer gegen die eigene Person. Man findet weder einen außen stehenden Schuldigen noch kann man seinen Missmut auf jemand anderen projizieren. Die ganze Wucht der Enttäuschungsreaktion trifft das Selbst. »Alle anderen Enttäuschungen sind gering im Vergleich zu denen, die wir an uns selber erleben«, lautet ein treffender Aphorismus von Marie von Ebner-Eschenbach.

Gerechtigkeitsgefühl und Querulanz

Ein ganz wesentlicher Teil der Kränkungsreaktionen resultiert aus Verletzungen des Gerechtigkeitsgefühls. Für die meisten Menschen ist Gerechtigkeit ein hoher Wert, welcher mit Selbstverständnis, individueller Sicht der Dinge, eigenem Urteilsvermögen und dem Bestreben nach Ausgleich zu tun hat. Gerechtigkeit heißt, seine eigenen Ansprüche in gleichbedeutender Relation mit jenen anderer Menschen zu sehen. Kommt es zu Irritationen dieses sensiblen Empfindens, sind Kränkungsreaktionen und Konflikte fast regelhaft zu erwarten. Besonders eindrucksvoll zeigt sich dies bei den unzähligen Rechtsstreitigkeiten, bei denen es nicht nur um Freispruch oder Verurteilung, um Sieg oder Niederlage geht, sondern vordringlich um die Frage, wessen Gerechtigkeitsgefühl befriedigt worden ist. Bei kaum einem anderen Rechtsstreit zeigt sich die enorme Auswirkung von Kränkungen so sehr wie bei Erbschaftsauseinandersetzungen. Primär wird hinter diesem erbitterten, mit höchstem emotionalem und finanziellem Einsatz geführten Streit wohl Habgier als Hauptmotiv vermutet. Meist geht es aber bei diesen Auseinandersetzungen nicht mehr um Vorteil und Gewinn, sondern um Durchsetzung des eigenen Standpunkts, um die rechte Wertschätzung und Befriedigung des Gerechtigkeitsgefühls. Die Intensität der Auseinandersetzungen, bei denen die Kosten den zu erwartenden Gewinn oft um ein Vielfaches übersteigen, lässt sich nur mit tiefer Gekränktheit, mit Zweifeln am Eigenwert sowie mit Angst vor Liebesverlust verstehen: Ich bekomme nicht das, was mir zusteht, nicht jene materielle Anerkennung, die ich verdient hätte. Dahinter steckt wohl die das Leben dominierende Urangst, von Vater und Mutter – also den Erblassern – nicht genügend Zuwendung, nicht ausreichend Wertschätzung, zu wenig emotionale Belohnung erhalten zu haben. Das materielle Erbe ist zum Symbol für den Gefühlsbereich geworden. Die Auswirkungen solcher Auseinandersetzungen sind verheerend, sie führen zum definitiven Bruch geschwisterlicher Beziehungen, zu oft sich über Generationen hinziehenden Feindschaften zwischen Verwandten, zu Rückzug und Verbitterung. Manchmal entfaltet die Kränkung ihre Wirkung allerdings schon vor der Testamentseröffnung:

Rupert B. war steinreich, verwitwet, 88-jährig, noch sehr rüstig – und kinderlos. Seine Nichten, Neffen und die Verwandten seiner verstorbenen Gattin kümmerten sich sehr um ihn. Sie organisierten Haushaltshilfe und Verpflegung, übernahmen mehr und mehr die Verwaltung seiner Liegenschaften, waren ihm bei behördlichen Angelegenheiten behilflich und erledigten zahlreiche Botengänge. Fast zu viel der Hilfe, wie Rupert B. seinem Arzt in eher missmutigem Ton mitteilte: »Ich könnte das alles selbst, ich bin ja noch topfit.« Die Verwandten holten ihn abwechselnd zum Mittagessen und sonntagnachmittags zum Kaffee. Sie machten mit ihm Ausflüge, luden ihn zu Familienfesten ein und versicherten ihm, wie glücklich sie seien, ihn so gesund bei sich haben zu dürfen. Rupert B. machte immer wieder Andeutungen, dass er sein riesiges Vermögen unter der so fürsorglichen Verwandtschaft gerecht aufteilen werde.

Die Öffnung des Testaments nach seinem Tod brachte einen riesigen Schock. Er hatte niemanden von seinen Verwandten bedacht, sondern den ganzen Besitz einer Kinderhilfsorganisation vermacht. Die enttäuschten Verwandten zweifelten an seinem Verstand und stellten seine Testierfähigkeit infrage, sie konnten sich den Affront nicht erklären. Wohl aber sein Hausarzt. Diesem hatte er wenige Wochen zuvor erzählt, dass er sich noch einen Jugendtraum erfüllt und einen sehr sportlichen Mercedes mit Allradantrieb gekauft habe. Als er diesen der versammelten Verwandtschaft bei einem Familienfest voller Freude vorgeführt habe, seien ihre Reaktionen sehr verhalten gewesen. Außerordentlich gekränkt hätten ihn die Fragen, ob das Auto denn für ihn nicht etwas zu PS-stark sei und sich ein so teurer Neuwagen in diesem Alter überhaupt noch rentiere.

Ein besonders anschauliches Beispiel für Kränkungen aus verletztem Gerechtigkeitsgefühl ist die Querulanz. Der Querulant ist im Prinzip ein Mensch mit hoch entwickelten Gerechtigkeitsansprüchen, dem oft ein kleines Unrecht geschehen ist. Diese Verletzung des Gerechtigkeitsgefühls empfindet er als derart kränkend, dass er einen jahrelangen Kampf führt. Klage folgt auf Klage, Einspruch auf Einspruch, Berufung auf Berufung. Eine Anzeige jagt die nächste, die Verfahren ziehen sich über alle Instanzen. Sein Rechtsempfinden ist das einzig maßgebende, seine Rechtsmeinung die allein richtige. Jede andere Beurteilung betrachtet er als neue Ungeheuerlichkeit. Seine Kränkungsreaktionen reichen bis zu Rachefeldzügen und eigenmächtigem Vorgehen nach dem Faustrecht. Der Querulant ist im Prinzip ein Rechtsnarzisst, ein

Rechtsfanatiker, welcher sein Rechtsurteil über das aller anderen stellt. Der bereit ist, für die Erlangung des Rechtssieges alles zu opfern: sein Vermögen, seine Existenz, seinen Ruf, manchmal das Leben anderer.

Nachhaltige Wirkung

Zum Wesen der Kränkung gehört schließlich deren nachhaltige Wirkung. Kränkungen sind keine unmittelbar einschießenden Emotionen und auch keine akuten Affekte. Sie treten nicht so emporschießend wie Ärger oder Verdruss auf, haben nicht den überkochenden Charakter der Wut und manifestieren sich weniger offen als der Zorn. Kränkungen entwickeln sich schleichend, mehr im Untergrund, vergleichbar mit einer fiebrigen Infektion, einem chronischen Leiden oder einem Gärungsprozess. Da die »reinigende Kraft des Gewitters«, etwa eines Wutausbruchs oder eines Affektsturms fehlt, entfalten sie eine anhaltende Wirkung. Sie führen nicht zu einer vorübergehenden dramatischen Störung, sondern zu einer chronischen Krankheit im wahrsten Sinn des Kränkungsbegriffs. Sie erweisen sich als äußerst hartnäckig und prägen sich tief in das emotionale Gedächtnis ein, manchmal unbewusst:

> *Nach dem Flugzeugabschuss über der Ukraine am 17. Juli 2014 träumte der 74-jährige Ronald K., dass sich unter den 298 Opfern ein ehemaliger Volksschulkollege namens Viktor befunden habe. Diesen habe er seit Beendigung der Schulzeit nie mehr gesehen, habe kein einziges Mal mit ihm Kontakt gehabt und nie mehr an ihn gedacht. Er habe an ihn nur eine Erinnerung: Als er, Ronald, in der ersten Klasse einen Hund auf die Tafel zeichnen musste, habe Viktor unter dem Gelächter der Mitschüler gerufen: ›Der sieht aus wie eine Kuh.‹ Dies habe ihn damals sehr gekränkt.*

Der Traum als unzensurierender und überdimensional agierender Wunscherfüller wollte ihm offensichtlich für die verdrängte Kränkung Genugtuung leisten, noch nach Jahrzehnten.

Neben diesen Punkten, welche obligatorisch Bestandteile einer Kränkung sind, gibt es noch weitere, welche bei vielen, aber nicht allen Kränkungen angetroffen werden. Dazu gehören begleitende Gefühlsreaktionen, mit denen die gekränkten Personen auf die Verletzung reagieren. Diese sind meist unspezifisch und schwer zu beschreiben, aber durchwegs negativ getönt. Manchmal werden sie abgespaltet oder gar dissoziiert. Da der Betroffene versucht, sie zu unterdrücken, entsteht oft eine gewisse Ähnlichkeit mit dem, was man in der psychosomatischen Medizin als Alexithymie oder Gefühlsblindheit, noch treffender als Gefühlslegasthenie bezeichnet. Wird diese Gefühlsabwehr und -unterdrückung nicht durchbrochen, kann sie Basis von Verbitterungsprozessen werden.

Ach ja, da ist noch die anfangs gestellte Frage, was Kränkungen denn seien. Wenn Sie nun nach all dem Aufzählen von Schwierigkeiten und den vielen Überlegungen trotz der Verschwommenheit und Vielschichtigkeit des Kränkungsbegriffs eine pragmatische Definition fordern, kurz und klar, darf ich Ihnen die folgende mit auf die weitere Reise durch dieses Buch geben: »Kränkungen sind nachhaltige Erschütterungen des Selbst und seiner Werte.«

Ursachen und Erklärungsmodelle

Ist Gott kränkbar?

Mit der für Sie an dieser Stelle wahrscheinlich verblüffenden Frage nach der Kränkbarkeit Gottes soll keinesfalls ein theologischer Diskurs eröffnet, sondern vielmehr auf die schillernde Vielfalt in der Erklärung des Kränkungsbegriffs eingegangen werden. Ist Kränkung eine göttliche Eigenschaft? Ist deren Macht so groß, dass sie selbst Gott beeinflussen und über seine Allmächtigkeit gestellt werden kann? Liegt der Ursprung der Kränkung auch im Göttlichen? Kann die Kreatur ihren eigenen Schöpfer überhaupt entehren und verletzen, lässt die Gottesfurcht das zu? Oder projizieren wir unsere eigene Kränkbarkeit, was ihre Wichtigkeit in unserem Wertempfinden unterstreichen würde, in die Gottgestalt hinein?

Bei den griechischen, römischen und germanischen Gottheiten sind diese Fragen leicht zu beantworten. Diese waren durchwegs mit fast allen menschlichen Eigenschaften, mit Liebe und Hass, mit Neid und Eifersucht, mit Wohlwollen und Dankbarkeit ausgestattet. Ihre Kränkbarkeit war gefürchtet und ihre Racheakte haben den Menschen viel Unheil gebracht. Dieses als Anthropomorphismus bezeichnete Zusprechen menschlicher Eigenschaften auf Götter, also deren Vermenschlichung, ist in den heutigen Gottesvorstellungen nicht mehr zu finden.

Auch der alttestamentarische Gott war kränkbar und konnte von sich aus kränken. Seine aus Kränkungen entspringenden Straf- und Rachebedürfnisse zeigten sich in der Sintflut und im Urteil gegen die Stadt Ninive. »Die Rache ist mein; ich will vergelten«, spricht der Herr, so heißt es im Buch Mose (5. Mose 32).

Der Spruch wird vom Apostel Paulus im Brief an die Römer 12, 19 zitiert. Allerdings mit der Aufforderung, sich nicht selbst zu rächen, sondern die Vergeltung Gott zu überlassen. Noch viel mehr als in Rachebedürfnissen zeigt sich die Gekränktheit Gottes bzw. die ihm zugedachte Kränkbarkeit in der immer wiederkehrenden Frage Gottes an das Volk Israel: »Was habe ich dir getan, mein Volk, dass du ...« (Micha 6, 3)

Die Frage der Kränkbarkeit Gottes wurde in der traditionellen christlichen Theologie als Gedanke der Beleidigung Gottes diskutiert, die bis heute als »Blasphemie« in der öffentlichen Debatte steht und immer noch in vielen strafrechtlichen Bestimmungen enthalten ist. Da die Gotteslästerungsparagrafen aber die Verletzung religiöser Gefühle von Menschen verhindern sollen, dienen sie der Aufrechterhaltung der öffentlichen Ordnung und nicht dem Schutz der Ehre Gottes. Sie haben nichts mit der Kränkbarkeit Gottes zu tun. Nach der klassischen Theologie ist Gott in seiner Erhabenheit vollkommen und unveränderlich, also »leidensunfähig«. Der große mittelalterliche Theologe und Philosoph Anselm von Canterbury, der »Vater der Scholastik«, nahm aber ein Betroffensein Gottes durch das Handeln der Geschöpfe insofern an, als Gott in seiner »äußeren Ehre«, d. h. in seiner Schöpfungsabsicht und in der Würde seiner Geschöpfe getroffen werden könnte. Im Anschluss daran versteht Anselm das ganze Inkarnationsgeschehen als die Sühnung und auch die Wiedergutmachung einer Kränkung. Dies geht auf das Wort Christi zurück (Matthäus 25), dass ihn das treffe, was wir den Schwestern und Brüdern antun. Nach Thomas von Aquin könne Gott getroffen werden, wenn dem Geschöpf in seinem Streben nach eigener Vollkommenheit geschadet wird. Gott, der in Solidarität mit den Geschöpfen steht oder selbst Mensch geworden ist, fühlt sich durch die Kränkung der Menschen selbst gekränkt.

In der Mystik, in welcher die Beziehung zwischen Gott und Mensch individualisiert und in erster Linie als eine bis ins Erotische hineinreichende Liebesbeziehung erlebt wird, schlägt dieser Gedanke häufig durch: Durch die eigenen Sünden könnte man Gott als den »Geliebten« gekränkt haben.

Das heutige christliche Gottesbild ist aber ein anderes. Der Theologe und Psychoanalytiker Eugen Drewermann sagt dazu: »Was die Kränkbarkeit Gottes angeht, handelt es sich erkennbar um biblischen Anthropomorphismus und um die Folge eines moralisch-juridischen Denkens, welches die Botschaft Jesu nicht begreift: Gott als Hirte ist über keines seiner Schafe zu beleidigen.«

Was sagt die Philosophie?

Das Thema Kränkung im engeren Sinne spielt in der Philosophie keine große Rolle. Wohl aber hatte diese zu den assoziierten Themen wie Enttäuschung, Verletzung und Demütigung einiges zu sagen.

Der Stoizismus vertritt die Ansicht, dass die Gesellschaft gar nicht demütigen kann, weil eine Person in ihrem Denken autark ist. Im Stoizismus werden rational begründete Gefühle wie Kränkungen gar nicht zugelassen, weil sie das autonome Denken übermannen könnten. Da jede Person in ihrem Denken eigenständig ist, kann sie von anderen gar nicht gekränkt werden. Die stoische Apathie bedeutet aber kein Fehlen von Gefühlen, wie dies bei gemütslosen Psychopathen der Fall wäre, sondern kein Zulassen von rational begründeten Emotionen. Selbst einem Sklaven sei es möglich, seine Gedanken vor dem Herrn zu verbergen und sie ganz allein zu besitzen. Epiktet, einer der wichtigsten Vertreter der Stoa, war Sklave. Und als solcher sei er, so schreibt er, genauso autonom wie der Kaiser. Im Zentrum seiner Ethik stehen innere Freiheit und moralische Autonomie.

Im Anarchismus mit seiner nihilistischen Position wird Demütigung hingegen als Verletzung der Autonomie und Einschränkung der Souveränität des Individuums beschrieben. Daraus wird der Schluss gezogen, dass eine Gesellschaft mit Institutionen nie eine anständige Gesellschaft sein könne.

Sehr intensiv hat sich Arthur Schopenhauer mit Kränkungen befasst, weniger mit der philosophischen Theorie als vielmehr mit deren konkreter Anwendung im philosophischen Diskurs. Kränkungen und Beleidigungen ziehen sich durch seine Schriften. Schopenhauer scheint sich in der Haut des Kränkenden recht wohlzufühlen und sonnt sich manchmal geradezu in seiner »Kunst des Beleidigens«. Bereits in seinem Repetitorium über Kunstgriffe, mit denen man ein schon verloren gegangenes Streitgespräch noch retten könne, erklärt er die Kränkung ganz unverfroren zum letzten Mittel:

»Wenn man merkt, dass der Gegner überlegen ist und man Unrecht behalten wird, so werde man persönlich, beleidigend, grob. Das Persönlichwerden besteht darin, dass man von dem Gegenstand des Streites (weil man da verlornes Spiel hat) abgeht auf den Streitenden und seine Person irgendwie angreift: man könnte es nennen argumentum at personam zum Unterschied zum argumentum at hominem: dieses geht vom rein objektiven Gegenstand ab, um sich an das zu halten, was der Gegner darüber gesagt oder zugegeben hat. Beim Persönlichwerden aber verlässt man den Gegenstand ganz und richtet seinen Angriff auf die Person des Gegners: man wird also kränkend, hämisch, beleidigend, grob. Es ist eine Appellation von den Kräften des Geistes an die des Leibes oder an die Tierheit.«

Ausdrücklich lobt er in einer Abhandlung über die Ehre die Grobheit, also die fehlende Feinfühligkeit und das Missachten der Kränkungsgrenzen anderer: »Die Grobheit ist eine Eigenschaft, die im Punkte der Ehre jede andre ersetzt und überwiegt. Zeigt etwa in einer Diskussion oder sonst im Gespräch ein andrer richtigere Sachkenntnis, strengere Wahrheitsliebe, gesünderes Urteil als wir oder sonst eine geistige Überlegenheit, die uns in Schatten stellt, so können wir diese und jede andre Überlegenheit und unsre eigene dadurch aufgedeckte Dürftigkeit sogleich aufheben und nun umgekehrt selbst überlegen sein, indem wir grob werden.« Resümierend kommt er zu dem Schluss: »Wahrheit, Kenntnis, Verstand, Geist, Witz müssen einpacken und sind aus dem Felde geschlagen von der göttlichen Grobheit.«

Zwar hat Schopenhauer kein Werk mit dem Titel »Kunst zu beleidigen« oder »Hohe Kunst des Kränkens« hinterlassen, allerdings ziehen sich Entwertungen aller möglichen Zustände und Beleidigungen von Philosophen, Schriftstellern, Kollegen, Frauen, ja der ganzen Menschheit durch sein Werk. Deshalb wurden mehrere Zusammenstellungen seiner Aphorismen, Sprüche und Gedanken so tituliert. Daraus zwei kränkende Beispiele:

»Die Welt ist eben die Hölle, und die Menschen sind einerseits die gequälten Seelen und andererseits die Teufel darin ... diese Welt ist die schlechteste unter den möglichen.« – »Die Haupt- und Grundtriebfeder im Menschen wie im Tiere ist der Egoismus, d. h. der Drang zum Dasein und zum Wohlsein ... Alles, was sich dem Streben seines Egoismus entgegenstellt, erregt seinen Unwillen, Zwang, Hass: er wird es als einen Feind zu vernichten suchen. Er will womöglich alles genießen, alles haben; da aber dies unmöglich ist, wenigstens alles beherrschen: ›Alles für mich und nichts für die andern‹, ist sein Wahlspruch. Der Egoismus ist kolossal, er überragt die Welt.«

In der heutigen Philosophie findet man die Kränkungsfrage am ehesten in der Diskussion über die Auswirkungen des technischen Fortschritts und der Globalisierung. Schon Friedrich Nietzsche, jedoch auch anthropologische sowie naturwissenschaftlich-philosophische Autoren stellten die Behauptung auf, dass der Mensch durch den Fortschritt der Wissenschaften in seinem Selbstwertgefühl immer mehr gedemütigt und somit gekränkt werde. Dabei geht es neben der mit dem Nihilismus auftauchenden Angst vor dem Nichts um die Kränkung im Selbstbewusstsein der Menschheit.

Psychologische Theorien

Erstaunlicherweise bekommen wir von den psychosozialen und medizinischen Wissenschaften wenige Antworten auf Wesen, Wirkung und Therapie von Kränkungen. Es überrascht, dass sich gerade jene Disziplinen, die sich ansonsten für das Wohl der Menschen, ihre Befindlichkeit und ihr Sozialverhalten, ihre Werte und ihr Seelenheil zuständig fühlen, mit dem Kränkungsthema nicht so explizit befasst haben. Weder gibt es eine eigene Kränkungsforschung noch besitzt der Kränkungsbegriff wissenschaftliche Relevanz. Mag sein, dass das eher geringe wissenschaftliche Interesse auch mit Verdrängungen eigener Verletzungen und Kränkungen zusammenhängt, gegen die Wissenschaftler und Künstler nicht gefeit sind. Maßgebender scheinen die Breite und Ungenauigkeit des Kränkungsbegriffs, also dessen Unwissenschaftlichkeit zu sein. Zudem lassen sich Kränkungsphänomene nicht mit den in der Wissenschaft gängigen Methoden des Messens und Quantifizierens, des empirischen Vergleichens oder des Experimentierens fassen. Zu Recht hat die deutsche Forscherin Evelin Gerda Lindner (2005) in einer sehr wichtigen Arbeit über die Psychologie der Demütigung darauf hingewiesen, dass es für diese schwerste Form der Kränkung trotz der hohen Relevanz für Anthropologie, Soziologie, Philosophie, Sozialpsychologie, klinische Psychologie und politische Wissenschaften keinen eigenen akademischen Begriff gibt.

So ist als einer der wichtigsten Beiträge der Psychologie nach wie vor das von Sigmund Freud vor hundert Jahren entwickelte Konzept der narzisstischen Kränkung zu bezeichnen. Erstmals beschreibt er in seinem zentralen Werk »Trauer und Melancholie« (1917) Vorgänge und Erkenntnisse, die den Selbstwert einer Person oder einer Gesellschaft infrage stellen und dadurch kränken können. Kränkungen seien frühzeitige Schädigungen des Ich, lautet eine der zentralen Thesen seines Werks »Der Mann Moses und die monotheistische Religion«. Später haben sich zahlreiche psychoanalytische Größen wie Heinz Kohut oder dessen großer fachlicher Gegenspieler Otto F. Kernberg, meist im Zusammenhang mit Arbeiten zum Narzissmus, mit dem Kränkungsthema auseinandergesetzt.

Unbefriedigte Liebesbedürfnisse

Aus den tiefenpsychologischen Wissenschaften lässt sich ableiten, dass Kränkungen aus scheinbar gegensätzlichen psychoenergetischen Strömungen resultieren: aus vorenthaltener bzw. entzogener Liebe, aus einem Zuviel an Zuwendung und Behütung sowie aus zurückgewiesenen eigenen Liebesbedürfnissen. Letzteres kann man als fehlende Positivresonanz bezeichnen. Findet das große Liebespotenzial, das in jedem Menschen vorhanden ist, keinen Abnehmer, werden noch schwerere Kränkungen hervorgerufen als durch Liebesentzug und -verweigerung.

Aus der Urangst, zu wenig von der emotionalen Muttermilch – der Liebe – zu bekommen, entstehen schon im Kind Zweifel, Verunsicherung und Angst vor Ablehnung und Kritik. Die negative Erwartungshaltung und die ängstliche Spannung, die zunehmende Verletzlichkeit und die permanente Dünnhäutigkeit können einen Zustand der erhöhten Kränkungsanfälligkeit oder -bereitschaft erzeugen. Wenn Kinder nicht genug Zuwendung und empathische Unterstützung erhalten, reagieren sie mit Verunsicherung und entwickeln zu wenig Selbstvertrauen. Die dann unausweichliche Angst vor Versagen macht sie im wahrsten Sinne des Wortes »kränklich« oder gar krank. Auch Jugendliche und Erwachsene wird, wenn sie keine positive Zuwendung erfahren, das unerfüllte Bedürfnis nach Anerkennung mehr und mehr kränken. Bleibt das Urverlangen des liebes- und lobesbedürftigen Wesens Mensch unbeachtet, führt dies zu Neurotisierung, zum Verlust des Selbstwerts, ja zur Ablehnung der eigenen Person, zur Selbstkränkung. Ein Mensch, der immer nur darauf bedacht ist, die Erwartungen anderer zu erfüllen und in ständiger Sorge lebt, andere zu enttäuschen, wird Frustrationen lediglich schwer bewältigen und sich das zwangsläufige Versagen niemals verzeihen. Er wird gekränkt sein, vor allem durch sich selbst.

Geradezu gegenteilig, aber in den Folgen nahezu identisch, wirkt ein Zuviel an Zuwendung, Fürsorge und Verwöhnung. Ein überbehütetes Kind, für das die wohlmeinenden Eltern alle Probleme aus dem Weg geräumt haben, wird niemals in der Lage sein, mit alltäglichen Belastungen fertigzuwerden. In der richtigen Erziehung durch »Fordern und Verwöhnen« lernt man, sich Schwierigkeiten zu stellen, Tiefschläge zu ertragen, Krisen durchzustehen und nach Niederlagen wieder aufzustehen. Entwickelt der Mensch nicht eine gewisse Dickhäutigkeit, werden Herausforderungen zu Hindernissen, Krisen zu Katastrophen und Korrekturen für ihn zu hilflos machenden Demütigungen. Übervorsorglichkeit macht den Menschen überaus kränkbar.

In neuerer Zeit gehen, obwohl es nach wie vor keine eigene psychologische Kränkungsforschung gibt, neben der Hirnforschung vor allem von der Traumatherapie wichtige Impulse aus, die in vielen Teilen auf das Kränkungskonzept – Kränkung wird als chronifiziertes Trauma interpretiert – übertragbar wären.

Das Konzept der Affektlogik

Das wahrscheinlich beste und fundierteste Erklärungsmodell für die Auswirkungen von Kränkung auf Wahrnehmung, Gedächtnis, Denken und Handeln liefert das vom Schweizer Sozialpsychiater Luc Ciompi, langjähriger Professor für Sozialpsychiatrie an der Universität Bern, entwickelte Konzept der Affektlogik. Ausgehend von der Erkenntnis, dass Affektivität und Intellekt sich gegenseitig beeinflussen und bei sämtlichen psychischen Leistungen zusammenwirken, schuf Ciompi unter Einbeziehung der psychischen, somatischen und sozialen Grundlagen eine ganzheitliche

Theorie über das Zusammenspiel von Fühlen und Denken. In deren Zentrum steht die allgegenwärtige Wechselwirkung zwischen emotionalen und kognitiven Abläufen. Diese zeigt sich beispielsweise, wenn ein Gedanke ein bestimmtes Gefühl auslöst oder umgekehrt eine Emotion ihrerseits Wirkungen auf das kombinatorische Denken und das Gedächtnis entfaltet. Die affektive Grundstimmung wirkt dabei wie ein Bindemittel auf Wahrnehmung und Denken. Daraus entsteht dann das eigentliche »Denkgebäude«. Emotionen, zu denen auch Kränkungen gehören, sind nach den Vorstellungen der Affektlogik somit denk- und verhaltensbestimmende Faktoren, welche Denkabläufe und Gedächtnisinhalte des Einzelnen genauso beeinflussen können wie jene von kleineren und großen Gruppen. Wenn sich das, was wir denken und tun, von einer durch verschiedene Schalt- und Filterwirkungen der Affekte erzeugten situationsabhängigen Grundstimmung bestimmen lässt, gibt es eine Logik der Wut, der Freude, der Trauer und auch der Kränkung.

Ciompi betrachtet Gefühle wie Neugier, Angst oder Frustration als Energien, die gewaltige psychische Kräfte entfalten können. Er bezeichnet sie als »affektenergetische Motoren«, die hinter allem psychosozialen Geschehen stehen, wohl auch hinter Kränkungen. Die energetische Dimension der Affekte macht auch die plötzliche sprunghafte Veränderung des Denkens und Verhaltens verständlich, etwa den Umschlag von Liebe in Hass oder von Gekränktheit in Wut.

Besonders anschaulich können diese Thesen durch das Modell der modifizierten »Frustrations-Kränkungs-Spirale« dargestellt werden. Maßgebend für eine intakte Psyche ist ein gutes, ausgeglichenes Selbstwertgefühl. Kränkungen schwächen den Selbstwert, worauf mit Verunsicherung, Zweifel, Depressivität und Angst vor neuen Kränkungen reagiert wird. Diese Missgefühle lassen sich meist verdrängen, führen im Sinne der Kompensationen aber bewusst oder unbewusst zu Wut, Hass und Rachebedürfnissen. Während der steigenden emotionalen Spannungen

Die Frustrations-Kränkungs-Spirale

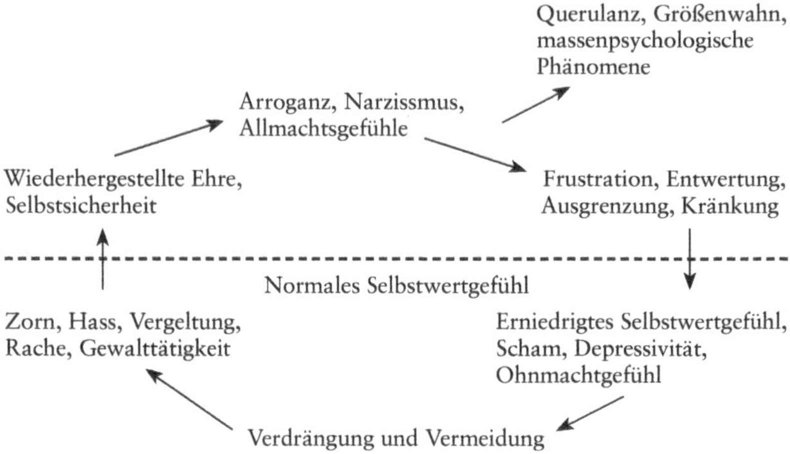

kann dies zu gewalttätigen Ausbrüchen, zu Aggressionen verschiedenster Art führen, die der Wiederherstellung der »verlorenen Ehre« und damit der Aufrichtung des Selbstvertrauens dienen. Wenn die Wiedergutmachung über das Ziel hinausschießt, kommt es zu arrogant abwertendem und narzisstischem Verhalten, was zu neuerlichen Kränkungen führt. Der Zyklus aus Kränkungen und Gekränktsein, die Frustrations-Kränkungs-Spirale, beginnt von vorne, überträgt sich auf andere und nimmt ihren ewigen Gang.

Die Affektlogik lässt sich in den verschiedensten psychosozialen Bereichen, von der Psychologie und Pädagogik über die Psychiatrie und Psychotherapie bis zur Politik und Philosophie, anwenden. Sie dient nicht nur dem Verständnis, etwa von Kränkungen, sondern ist auch in der Therapie hilfreich. Nachdem sie sich in der Psychosomatik, in der Krisenintervention und Traumabekämpfung besonders bewährt hat, wird sie wohl auch in der Bearbeitung von Kränkungen wirksam sein.

Mit der fächerübergreifenden Theorie der Affektlogik werden die Wechselwirkungen zwischen Fühlen und Denken auf der individuellen und auch auf der kollektiven Ebene beschrieben. Ausgehend von der Grundthese, dass es sich bei Emotionen um Energien handle, sowohl um positive als auch negative, konnte Ciompi deren enormen Auswirkungen auch auf das kollektive Denken und Verhalten nachweisen. Daraus wird der Schluss gezogen, dass starke Massenaffekte mit enormer destruktiver Kraft entstehen können. Als einen der wirksamsten kann man wohl das betrachten, was wir als »Kränkung« bezeichnen.

Kann die Hirnforschung Kränkungen erklären?

Die in den letzten Jahren immer wichtiger gewordene neurobiologische Forschung hat sich zögerlich auch mit Kränkungsphänomenen beschäftigt. Bekannt und befruchtend geworden ist ein Experiment einer kalifornischen Forschergruppe um die Sozialpsychologin Naomi Eisenberger. In diesem wurden 13 Personen während des Cyberballspiels mit funktioneller Magnetresonanztomografie untersucht. Die Teilnehmer wurden in drei Gruppen unterteilt. Die Mitglieder der ersten Subgruppe durften richtig mitspielen, jenen der zweiten war dies wegen angeblich technischer Probleme untersagt. Die Spieler der dritten Gruppe durften zwar aktiv teilnehmen, wurden aber von den Mitspielern geschnitten und dadurch diskriminiert. Das jeweilige Stresserleben sämtlicher Teilnehmer wurde über Fragebogen erhoben. Dabei fand sich, dass die durch den Ausschluss negativ gestressten Spieler eine erhöhte Aktivität in einer bestimmten Hirnregion, dem sogenannten »anterior cingulate cortex«, haben. Dieser Hirnteil steht in enger Beziehung zum limbischen System und ist dadurch an der Vermittlung kognitiver und emotionaler Reaktionen beteiligt. Da er eine große Nähe zum Erleben von seelischem Schmerz hat, muss er wohl auch für Kränkungen zuständig sein.

Wesentliche Erkenntnisse zur Entstehung und Wirkung von Kränkungen kommen von dem relativ jungen Forschungsgebiet der Psychoimmunologie oder Psychoneuroimmunologie (PNI). Dieser vom amerikanischen Psychologen Robert Ader in den 1970er-Jahren gegründete Zweig der neuropsychologischen Forschung beschäftigt sich mit den Wechselwirkungen zwischen Psyche und Immunsystem. Basierend auf der Erkenntnis, dass Botenstoffe des Nervensystems auf jene des Immunsystems Einfluss haben, ist der Nachweis der negativen Beeinflussung des Immunsystems durch Kränkungsfaktoren wie Stress, Angst und Depressionen gelungen. Durch akuten Stress wird die Aktivität des angeborenen Immunsystems rasch gesteigert, hingegen hat chronischer »Dysstress« (also schädlicher Stress) eine allgemeine Unterdrückung der Immunabwehr zur Folge. Depressionen jeglicher Art reduzieren zudem ebenso wie Angstzustände die Zahl und Aktivität der Lymphozyten. Diese »natürlichen Killerzellen« haben die Aufgabe, virusinfizierte Zellen oder Tumorzellen abzutöten. Werden diese »NK-Zellen« durch psychische Einflüsse unterdrückt, setzen sich die abnormalen, kranken Zellen durch und nehmen überhand.

Hingegen haben positive Persönlichkeitseigenschaften wie hohes Selbstwertgefühl, gute Selbstwirksamkeit, optimistische Lebenseinstellung und befriedigende soziale Beziehungen einen positiven Effekt auf die Funktionsfähigkeit des Immunsystems. So wurde nachgewiesen, dass optimistische Menschen eine höhere Resistenz gegen Infektionserreger haben und dadurch viel weniger anfällig für Erkältung, Schnupfen, ja sogar für HIV-Infektionen sind. Selbst die Sterblichkeitsrate war bei Personen, welche von sich überzeugt sind und auf die eigene Kompetenz vertrauen, also ein gesundes Selbstbewusstsein besitzen, deutlich reduziert.

Weitere Erklärungen für die Neurobiologie der Kränkungen liefern die Forschungen zur posttraumatischen Belastungsstörung. Diese als verzögerte psychische Reaktion auf ein extrem belastendes Ereignis, eine Situation außergewöhnlicher Bedrohung oder katastrophenartigen Ausmaßes auftretende Störung weist zwar nicht in der Intensität, wohl aber in ihrer Symptomatik große Ähnlichkeiten zur Kränkungsreaktion auf. Als neurobiologische Grundlage dieser durch Symptome des Wiedererlebens, der Nachhallerinnerung, der Angstträume, der Nervosität und der vegetativen Übererregtheit gekennzeichneten psychischen Reaktion steht die als allgegenwärtig erlebte Belastungssituation im Mittelpunkt. Wenn eine Alarmsituation durch eine nicht verarbeitete psychische Verletzung aufrechterhalten wird, löst das einen permanenten Stress mit Anstieg des Blutdrucks und der Herzschlagrate mit Mobilisierung von Energiereserven und Ausschüttung von Kampfhormonen aus. Infolge physiologischer Gegenregulationsprozesse kann diese Reaktion ins Gegenteil kippen, sodass Blutdruck und Herzfrequenz fallen und die vormals gespannte Muskulatur erschlafft. Da der Körper zudem Endorphine, also eigene Opiate ausschüttet, tritt eine Art psychische Anästhesie ein. Auf emotionaler Ebene wird das als Gefühl des »Ausgeliefertseins« empfunden, wie es besonders in der Verbitterung zum Tragen kommt.

Übererregung und anschließende Betäubung stören die Gedächtnisbildungsprozesse im Gehirn. Die Kommunikation zwischen den für das Gefühlsleben zuständigen und den für die rationale Informationsverarbeitung notwendigen Hirnzentren wird unterbrochen, was zur Folge hat, dass es nie zur »Entwarnung« kommt. Die Kränkungssituation bleibt dadurch ständig aktiv und wird auf Dauer so erlebt, als fände sie gerade jetzt statt.

Die vom amerikanischen Psychologen Donald Olding Hebb 1949 in seinem Buch »The Organization of Behavior« erstmals beschriebene Neuroplastizität meint die Fähigkeit der Hirnzellen und der neuronalen Verbindungsstellen, ja ganzer Hirnreale, ihre Eigenschaften zu verändern. Sie können sich an neue Anforderungen anpassen, und zwar bis ins hohe Alter hinein. Das Gehirn ist also nicht, wie dies lange vermutet wurde, ein starres, fix vernetztes Organ, sondern in erstaunlichem Ausmaß veränderbar.

Bei einer Reihe von psychischen Störungen, so bei belastendem Stress, bei Traumatisierungen und Depressionen, wohl auch bei Kränkungen, wird diese Neuroplastizität vermindert. Mittels Magnetresonanztomografie an Überlebenden eines Erdbebens in China ließ sich demonstrieren, dass traumatische Erlebnisse die Gehirnaktivität innerhalb weniger Tage verändern und so den gesamten Zustand des Gehirns umstellen. Neuere Forschungsergebnisse weisen darauf hin, dass Depressionen durch Veränderungen der Neuroplastizität im Bereich wichtiger Hirnstrukturen wie Hirnrinde, Amygdala-Kerne und Hippocampus verursacht sein könnten. Bei Depressionen wurde eine Verringerung des Volumens bestimmter Hirnareale, etwa im Frontalhirn, nachgewiesen. Diese beruht auf einer Störung der bestehenden Zellen, aber auch einer Hemmung der Nervenneubildung und einer Reaktion der Dendriten, jener der Reizaufnahme dienenden Zellfortsätze.

Zwar werden die neurobiologischen Forschungen trotz der enormen Fortschritte das Rätsel Hirn noch lange nicht entschlüsseln. Es ist überhaupt fraglich, ob sich das menschliche Gehirn selbst jemals begreifen kann. Das Modell der fehlenden Neuroplastizität liefert aber wichtige Kenntnisse über die neurobiologischen Grundlagen der Kränkung, vor allem in ihrer erstarrten Form, der Verbitterung.

Gekränkte und kränkende Persönlichkeit

Da Kränkungen, wie in den vorherigen Kapiteln ausgeführt, soziale Mechanismen und Interaktionen sind, gehören sie wegen ihres fließenden Charakters zunächst zu den psychischen Reaktionen und nicht zu den Persönlichkeitsstörungen. Kränkung hat mehr mit änderbarem Verhalten als mit fixiertem Charakter zu tun. Allerdings kann die Persönlichkeitsstruktur durchaus Züge aufweisen, welche vermehrt zu Kränkungen der Mitmenschen führen oder besonders verletzungsanfällig machen. So wird die Wesensart wenig feinfühliger, rücksichtsloser und grober Menschen für andere eher kränkend sein, während weiche, sensible oder harmoniebedürftige Personen viel leichter selbst zu verletzen sind. Ihre erhöhte Vulnerabilität kann neben schlechten Vorerfahrungen, häufigen Traumatisierungen, Selbstwertzweifeln oder aktuellen psychischen Problemen auch in bestimmten Besonderheiten der Persönlichkeit liegen. Besondere Bedeutung haben Kränkungen im Verlauf der Persönlichkeitsentwicklung.

Lebensgeschichtliche Kränkungen

Unser Lebensweg ist voller Verletzungen und das Ringen um die eigene Persönlichkeit ist in vielem ein Kampf gegen Kränkungen. Mit den großen Umbrüchen des Lebens sind zwangsläufig Kränkungen verbunden, denen sich niemand entziehen kann. Wer an diesen nicht scheitert, geht gestärkt und erfahrener daraus hervor. Deshalb hängt die Persönlichkeitsentwicklung ganz wesentlich von der Art ab, wie die großen Krisenphasen überstanden werden. Die viel genannte psychische Reifung ist in mehrerlei Hinsicht nichts anderes als die konstruktive Bewältigung von solchen lebensgeschichtlichen Kränkungen.

Diese beginnen mit dem Geburtsschock. Wenn das menschliche Wesen Wärme, Nähe und Sicherheit des Mutterleibs verlassen und hinaus in die grelle, kalte und laute Welt muss, ob es will oder nicht, wenn die Einheit mit dem mütterlichen Organismus aufgegeben werden muss, wird dies wohl als kränkend erlebt. Geborgenheit, Sicherheit und Eingebundensein in einen Versorgungskreislauf gehen ein Stück weit verloren. Besonders bedrohlich und im wahrsten Sinne des Wortes erdrückend ist für die Leibesfrucht das existenzielle Vernichtungsgefühl während der Geburt, die real lebensbedrohliche Situation im Geburtskanal.

Die ersten drei bis vier Lebensjahre, an welche es keine Erinnerung gibt, sind voll von meist unbewussten Kränkungen. Die psychologische Lehre von den frühkindlichen Phasen beinhaltet mit oralen Frustrationen und analen Zwängen, mit Hass auf den gegengeschlechtlichen und Eifersucht zum gleichgeschlechtlichen Elternteil, mit Rivalität zu den Geschwistern und möglicher Verdrängung aus der Nesthäkchen-Position ein Übermaß an Kränkungen.

Die größte Umbruchsphase, jene der Pubertät, ist eine einzige Phase der Gekränktheit. Der Körper wird unvertraut und fremd, die Kräfte können nicht mehr kanalisiert werden, der Anspruch der Hormone ist nicht zu befriedigen. Plötzlich sind die eigenen Grenzen nicht mehr bekannt und müssen oft sehr schmerzhaft ausgelotet werden. Das bisherige Weltbild gerät ins Wanken, die Ideale gehen verloren, das Identitätsbewusstsein schwindet. Laufende Konflikte mit den Bezugspersonen, Zurückweisungen bei Kontaktversuchen und Partnersuche, Kränkungen in der Gruppe, Zurechtweisungen in Schule und am Arbeitsplatz bedeuten eine Vielzahl von Mikrokränkungen, welche gesamthaft zu schweren Erschütterungen des Selbstwerts führen. Schon die Bezeichnung

»halbstark« für Menschen in der Pubertät ist kränkend. Der Pubertierende fühlt sich verloren, er ist ein Wanderer zwischen zwei Welten, jener des Kindes entwachsen und in jener der Erwachsenen noch nicht aufgenommen. Nirgends ist er zu Hause. Wo sind Selbstverständlichkeit und Geborgenheit der glücklichen Kindheit geblieben?

Auf der anderen Seite erleben nicht nur die Heranwachsenden, sondern auch deren Eltern in dieser Zeit eine Reihe von Kränkungen. Wenn die Kinder autonom werden, sich eigene Meinungen bilden, andere Ideale suchen und die Eltern scheinbar nicht mehr brauchen, sind Konflikte und Entfremdungen unvermeidlich. Nie ist die Distanz zwischen Eltern und Kindern so groß wie in der Pubertät. Die Suche nach dem rechten Abstand ist in vielerlei Hinsicht kränkend. Überfürsorglichkeit und Bevormundung der Eltern werden als ebenso kränkend erlebt wie Desinteresse und radikale Distanzierung von beiden Seiten. Die größte Schwierigkeit im Eltern-Kind-Verhältnis ergibt sich aus der Gefahr des gekränkten Schweigens. Gönnt man sich gegenseitig kein Wort mehr und zieht sich gekränkt zurück, kommt es oft zu jahrelanger Distanzierung.

Im Bewusstwerden der eigenen Endlichkeit, im Nachlassen körperlicher und psychischer Kräfte, im Verlust von Attraktivität und Lebensqualität sowie in der zu Ende gehenden Fortpflanzungsfähigkeit liegen die großen Kränkungsmomente jener Zeit, die man als »Wechselbeschwerden« oder »Midlife-Crisis« bezeichnet. Das Gefühl, nicht mehr gebraucht zu werden, der Verlust von Jugend und Fortpflanzung, das »Empty-Nest-Syndrom« und vieles andere mehr tun ein Übriges, was den Menschen anhaltend und tief kränkt.

Alter heißt Abschiednehmen von seinen eigenen Möglichkeiten und jenen der Welt, bedeutet Verlust und Kränkung auf allen Ebenen menschlicher Gesundheit: Kräfteschwund, Krankheitsanfälligkeit und Siechtum im körperlichen Bereich, Nachlassen von Energie, Aktivität und psychischen Fähigkeiten,

Trauer und Depressivität sind die wesentlichsten Faktoren der Kränkung dieser Zeit. Dazu kommen soziale Belastungen durch das Ausscheiden aus dem Beruf, durch Vereinsamung und Verlust des Partners, oft auch durch Ghettoisierung und sogar Altersarmut.

> *Er hatte seinen Betrieb fest im Griff. Er galt als strenger, aber gerechter Chef, er war angesehen und beliebt. Keiner konnte sich vorstellen, wie es nach seiner Pensionierung weitergehen sollte, am wenigsten er selbst. Er war die Personifizierung der Firma, er war deren Repräsentant und Seele.*
> *Zu seinem Abschied veranstaltete man ein großes Fest – mit schönen Reden, mit Lobeshymnen, mit besten Wünschen, gespickt mit Worten wie unverzichtbar, neuer Abschnitt, stete Verbundenheit und Hoffnung auf häufige Besuche.*
> *Als er zum ersten Mal als Ex-Chef seine Abteilung betrat, setzte man sich zu Kaffee und Kuchen zusammen. Beim zweiten Mal trank seine frühere Sekretärin mit ihm eine Tasse Kaffee, die anderen entschuldigten sich mit wahnsinnigem Termindruck. Beim letzten Besuch nahm er wahr, wie alle eilig auseinanderliefen, als sie ihn kommen sahen.*

Die größte, die unfassbarste, die geheimnisvollste Kränkung aber ist der Tod. Die Last dieser Kränkung ist so schwer, dass sie meistens verdrängt wird. Das Wissen um die Endlichkeit und die Angst vor der Ungewissheit von Sterben und Tod überschatten das menschliche Leben. Hier gibt es für niemanden ein Entrinnen. Der Tod ist die letzte, die ultimative Kränkung.

Persönlichkeit nach dem Kränkungsmodell

Kränkung und Gekränktheit hängen, dies sei betont, nie von der Persönlichkeit allein ab. Auch gibt es nicht die kränkende Charakterstruktur schlechthin, ebenso wenig wie es die idealtypische Persönlichkeit des Gekränkten gibt.

Persönlichkeit ist ein sehr komplexer Begriff, der in der Alltagssprache nicht nur psychologische, sondern auch ethische Aspekte beinhaltet. So sprechen wir von einer großen und starken Persönlichkeit oder einem miesen und asozialen Charakter. Nach psychologischem Verständnis bedeutet Persönlichkeit die Summe aller psychischen Eigenschaften und Verhaltensbereitschaften, die dem Einzelnen seine unverwechselbare Individualität verleihen. Persönlichkeit wird bestimmt durch fixierte Organisationszüge einer Person hinsichtlich Charakter, Temperament, Intellekt und körperlicher Ausstattung.

Mit Charakter meint man die »mehr oder weniger stabile und überdauernde Systematisierung des strebenden Verhaltens«, also auch die moralisch-ethische Einstellung, die Wertehaltung, die Bindung an Normen und Gewissen sowie alle daraus resultierenden Verhaltensdispositionen. Das Temperament bezieht sich auf die Emotionalität und das affektive Verhalten, auf die vitale Aktivität und den Antrieb. Und mit Intellekt bezeichnet man im wissenschaftlichen Verständnis das mehr oder weniger stabile, überdauernde System kognitiven Verhaltens.

Persönlichkeitsstörungen sind keine Krankheiten, sondern Verschärfungen verschiedener Charaktereigenschaften. Misstrauen statt Vorsicht, Geiz statt Sparsamkeit, emotionale Instabilität statt schlechter Laune wären solche Zuspitzungen. Genau genommen sind Persönlichkeitsstörungen extreme Varianten menschlicher Besonderheit und Vielfalt.

Nun kann man, dem Hauptthema dieses Buches folgend, spezifische Persönlichkeitsstörungen bzw. -typen anhand der Merkmale »kränkend« und »kränkbar« bilden. Richtet man Wesen und Verhalten einer Person auf die beiden Kränkungspole aus, ergeben sich folgende Gruppen:

Einteilung der Persönlichkeitsstörungen nach aktiver und passiver Kränkung

	Kränkend	Kränkbar
Narzissten	stark	stark
»Psychopathen«	sehr stark	–
Hochsensible	–	sehr stark
Passiv-aggressiv	mäßig	mäßig
Ängstlich-vermeidende	–	stark
Autistische	–	fraglich

Persönlichkeiten, welche andere Menschen in maximaler Form kränken und dabei selbst extrem empfindlich sind, sind die Narzissten. Verhält sich jemand rücksichtslos und verletzend und ist dabei selbst in keiner Weise empfindlich, hat er also weder ein emotionales Empfinden für sich noch andere, sprechen wir von gemütsloser oder, nach einem alten Ausdruck, von psychopathischer Charakterstruktur. Wenn jemand selbst sehr leicht zu kränken ist, diese Sensibilität aber auch im Umgang mit anderen wahrt, also sich sehr gut in andere hineinfühlen und deren Kränkungsgrenze beachten kann, handelt es sich um hochsensible oder überempfindliche Menschen. Passiv-aggressive Persönlichkeiten sind verhalten kränkend und, oft wenig spürbar, ebenso verletzlich. Hingegen werden ängstlich-vermeidende Persönlichkeiten andere kaum kränken, sind selbst im Gegensatz dazu jedoch äußerst verletzbar. Schließlich gibt es das Störungsbild des Autismus, bei welchem weder andere gekränkt werden noch eigene

Kränkbarkeit erkennbar ist, zumindest äußerlich. Ob autistische Menschen trotz der nach außen hin fehlenden affektiven Resonanz im Inneren nicht doch sehr empfindsam und damit kränkbar sind, lässt sich nicht mit letzter Sicherheit beantworten.

Selbstunsichere Persönlichkeiten

Besonders anfällig für Kränkungen sind Personen mit einer selbstunsicheren oder – wie es in der psychiatrischen Terminologie heißt – ängstlich-vermeidenden Persönlichkeit, also Menschen, welche in ihrem Sozialverhalten ständig irritiert sind und unter sozialen Ängsten leiden. Sie werden beherrscht von übergroßer Empfindsamkeit gegenüber der Ablehnung durch ihre Mitmenschen und stehen in einem dauerhaften Konflikt zwischen Wunsch nach Nähe und der Angst, von anderen zurückgewiesen zu werden. Sie trauen sich kaum, eigene Entscheidungen zu treffen, da sie fürchten, sich der Lächerlichkeit preiszugeben. Wenn sie zwischenmenschliche Nähe suchen, haben sie gleichzeitig extreme Angst vor allzu engem Kontakt. Daraus resultiert ein unlösbarer Konflikt zwischen »Bindungsangst« und »Bindungssehnsucht«.

Innerhalb der ängstlich-vermeidenden und selbstunsicheren Persönlichkeitsstörungen lassen sich zwei Gruppen unterscheiden: Zum Ersten die kühl-distanzierten Menschen, welche aus Angst vor Kränkung nicht in der Lage sind, warme Gefühle auszudrücken und enge Beziehungen einzugehen. Die zweite Gruppe umfasst Personen, welche in der Angst leben, von anderen ausgenutzt oder beschämt zu werden und dadurch zu Sozialphobikern werden. Da sich ihre Angst auf Zurückweisungen und Beschämungen, auf öffentliches Reden oder auf Diskussionen in Gruppen bezieht, meiden sie mehr und mehr solche Situationen.

Alle Formen der Persönlichkeitsstörungen mit sozialen Ängsten werden zurückgeführt auf unbefriedigte fundamentale Bedürfnisse wie Liebe und Selbstsicherheit, auf erlebte Hilflosigkeit und auf Angst vor Kränkungen. Nicht selten treten solch innerlich leicht verletzliche Menschen mit einer schroffen äußeren Maske auf, hinter der man die chronischen Ängste und ihre Gekränktheiten nicht leicht erkennt.

Entwicklungspsychologisch wird für Kränkungen dieser Art fortwährende elterliche Zurückweisung, sei diese aktiv oder unabsichtlich, verantwortlich gemacht. Dadurch sind die natürlichen Psychoenergien und eigenen Möglichkeiten bald erschöpft. Die von außen erfahrene Zurückweisung führt zur Selbstabwertung, durch welche Kontakte und Beziehungen angstbesetzt sind. Im sozialen Kontakt wirken die Betroffenen häufig unzufrieden, gequält und distanziert, auf Außenstehende als zäh und stockend.

Nach Peter Fiedler, einem psychologischen Forscher der Universität Heidelberg, der mehrere Standardwerke zum Thema Persönlichkeitsstörungen geschrieben hat, ist die erhöhte Verletzlichkeit von selbstunsicheren Personen durch fünf Bedingungen charakterisiert:

1. Eine zentrale Angst vor Ablehnung vermeintlicher Mängel
2. Eine übermäßige Neigung zu Selbstkritik
3. Eine zu hohe Erwartung an zwischenmenschliche Beziehungen
4. Eine durchgängige Fehleinschätzung der Bedrohlichkeit der Reaktionen anderer
5. Eine gewohnheitsmäßige Abwertung positiver Informationen

Weil die ängstlich-vermeidende Persönlichkeit durch basale Ängste vor negativen Beurteilungen, durch Schüchternheit und ein durchgängiges soziales Unbehagen bestimmt ist, wird sie auch als selbstunsichere Persönlichkeitsstörung bezeichnet. Damit nimmt man Bezug auf den zentralen Angriffspunkt von Kränkungen, den Selbstwert und das Selbstbewusstsein. Deren Erschütterung führt zu tiefen Zweifeln und Verunsicherungen, die sich in Verlegenheit, leichtem Erröten, Vermeiden von Herausforderungen, ausgeprägten Minderwertigkeitsgefühlen sowie Einschränkung der sozialen Kompetenz äußern. Ihre Aufmerksamkeit und ihr sensibles Wahrnehmen richten sich ganz auf das Urteil ihrer Mitmenschen. Sensible Personen nehmen aber auch die Kränkbarkeit anderer sehr gut wahr, weshalb sie bei Konflikten um Ausgleich bemüht sind, anderen gerne den Vortritt lassen und sich nie in den Vordergrund drängen.

Passiv-aggressive Persönlichkeiten

Eine Gruppe mit mäßig kränkenden und kränkbaren Anteilen sind die sogenannten »passiv-aggressiven« Persönlichkeitsstörungen. Bei diesen sind Kränken und Gekränktsein als neurotische Reaktionen auf Stress jeglicher Art zu verstehen. Kennzeichnend sind Verweigerung sozialer und beruflicher Anforderung, passiver Widerstand und mürrisch-streitsüchtiges – also kränkendes – Verhalten. Ihre negativistische Haltung resultiert aus der Angst, von anderen missverstanden und missachtet zu werden. Die Kränkbarkeit wird durch Neid gegenüber der scheinbar glücklichen Gesellschaft intensiviert. Nach der kognitiv-behavioralen Therapie ist das Wesentliche der passiv-aggressiven Persönlichkeitsstörung »ein spezifisches Muster, Ärger in sozialen Beziehungen auszudrücken, und zwar in einer gereizten verbalen und nicht verbalen Art, die zugleich selten oder nie zu befriedigenden Problemlösungen führt«. Das zentrale Problem sind Kompetenzdefizite im sozialen Kontakt und im Umgang mit Ärger und Wut. Menschen, die in der Durchsetzung eigener Bedürfnisse gehemmt sind und ihre Ärger-Reaktionen nicht offen zeigen, wirken kritisch, zögerlich und skeptisch.

Eine gewisse Nähe zu den passiv-aggressiven und auch den sensiblen Menschen haben die paranoiden Persönlichkeiten. Ein in der Persönlichkeitsstruktur verankertes übersteigertes Misstrauen und Neigungen zu paranoiden Ausdeutungen bedingen erhöhte Verletzlichkeit. Wenn hinter jeder Äußerung ein gefährlicher Gedanke vermutet und hinter jeder Handlung ein bedrohliches Motiv befürchtet wird, wenn dem gesamten Umfeld böse Absichten unterstellt werden und die Betroffenen in steter Angst leben, irgendwie benachteiligt und verfolgt zu werden, nehmen sie überall Dinge wahr, die sie gefährden, verletzen und entwerten könnten. Ihr angstvolles Wähnen kann das Kränkungsgefühl verdichten, manchmal bis zum ausgewachsenen Wahn.

Hochsensible

Die neben dem Narzissmus für Kränkungen anfälligste Persönlichkeitsstruktur ist jene der Hochsensibilität. Diese ist in den letzten Jahren ins Zentrum des wissenschaftlichen Interesses gerückt, da Überempfindlichkeit in einer Zeit, in welcher man sich vor Reizüberflutungen jeglicher Art gar nicht schützen kann, offensichtlich zugenommen hat. Das Konzept der Überempfindlichkeit ist aber keineswegs neu, sondern wurde bereits in der ersten Hälfte des 20. Jahrhunderts von dem mit der Lehre von den menschlichen Konstitutionstypen berühmt gewordenen deutschen Psychiater Ernst Kretschmer in seinen bahnbrechenden Arbeiten über den sensitiven Charakter beschrieben. Zentral ist dabei der Gedanke, dass von solchen Persönlichkeiten Konflikte nicht überwunden oder wie bei Neurosen zumindest verdrängt, sondern im Bewusstsein »verhalten« werden. Damit ist das Nachhaltigkeitselement von Kränkungen angesprochen.

Sensitive Menschen seien intelligent, tief empfindsam, schüchtern, einfühlsam, liebes- und vertrauensfähig auf der einen Seite und menschenfreundlich, ehrgeizig und sozial tüchtig auf der anderen. Wie verletzbar ihr Selbstwert ist, zeigt sich in plötzlich auftretenden Verunsicherungen, Versagensgefühlen, Selbstquälerei und Schuldgefühlen, woraus sich eine paranoide Grundhaltung mit Beziehungsdenken entwickeln kann. Nach dem Philosophen

Kallias, welcher ursprünglich Psychiater war, können Selbstunsichere dem erhöhten Druck nicht mit einer natürlichen Verarbeitung und Gestaltung begegnen, sondern suchen die Schuld bei sich und verzeihen sich nichts. Sie führen ein Leben voll von inneren Beschämungen und Niederlagen, die durch äußere Erlebnisse und deren Ausdeutung veranlasst sind. Die innere Verarbeitung dieser hoch empfindsamen Menschen ist nicht die Verdrängung, sondern der aufreibende Kampf mit sich selbst.

Eine wesentliche Ursache der Hypersensibilität sehen Psychoanalytiker in der fehlenden Vaterfigur während der Kindheit, sei es durch Tod oder Trennung der Eltern oder im übertragenen Sinn durch Desinteresse vonseiten der väterlichen Figur.

In jüngerer Zeit hat sich besonders die US-Psychologin Elaine Aron mit dem Phänomen der Hochsensibilität, auch als Überempfindlichkeit oder Hypersensibilität bezeichnet, beschäftigt. Nach ihren Beobachtungen reagieren etwa 15 bis 20 Prozent aller Menschen empfindlicher auf Reize jeglicher Art, also auch auf psychische Verletzungen und Kränkungen. Sie nehmen, obwohl sich ihre Sinnesorgane durch nichts von denen anderer unterscheiden, Geräusche und optische Eindrücke viel intensiver wahr, verarbeiten diese tiefer und hängen länger daran fest. Hypersensible haben eine überdurchschnittliche Beobachtungsfähigkeit und neigen zu Überstimulation. Sie gelten aber auch als gewissenhaft, genau, zuverlässig und fair. Auch das Innenleben der Hypersensiblen ist sehr differenziert. Sie verfügen über eine subtile Wahrnehmung und ausgeprägte Intuition, eine hohe Empathie, eine tiefe Selbstreflexion. Sie sind kreativ und fantasievoll, können gut zuhören, sind äußerst hilfsbereit und lernbegierig bis ins hohe Alter. Übersensible haben vielseitige Interessen, sie sind begeisterungsfähig, erleben Kunst und Musik sehr intensiv. Auch vermögen sie in größeren Zusammenhängen zu denken. Eine weitere herausragende Eigenschaft ist ihre »psychosoziale Feinwahrnehmung«, mit deren Hilfe sie Befindlichkeit und Emotionen anderer Menschen sehr feinfühlig erfassen können. Alles, was sie erleben, hat aber einen langen emotionalen »Nachklang«. Durch dieses hohe Maß an Empfindsamkeit, welches sich in vielen Bereichen äußerst positiv auswirkt, sind sie besonders anfällig für Kränkungen. Gerade ihr Bedürfnis nach Konfliktfreiheit, nach Harmoniebedürfnis und nach Gerechtigkeit exponiert sie für Kränkungen, auf welche sie gemäß ihrer Grundkonstitution ebenfalls übersensibel reagieren. Hypersensible Menschen leiden deshalb unter ständiger Angespanntheit, welche mit einer chronischen Stressreaktion vergleichbar ist. Daraus resultieren manchmal Stimmungsschwankungen, Nervosität und Verunsicherung, in extremen Fällen auch Burn-out-Zustände und Suchtverhalten.

Hypersensible Menschen fallen schon früh durch ihre blühende Fantasie, ihre komplexen inneren Welten, ihre hohe soziale Kompetenz und ihre Fähigkeit zum Entschärfen von Konflikten auf. Sie eignen sich deshalb besonders für Berufe, die viel Takt und Einfühlungsvermögen verlangen, etwa Diplomaten, Mediatoren – und Psychotherapeuten!

Peter K. war Elitestudent und hatte eine große wissenschaftliche Laufbahn vor sich. Schon während der Universitätszeit bemühten sich internationale Konzerne um ihn.

Er war brillant in Denken, unglaublich kreativ, ehrgeizig, extrem fleißig, im Umgang höflich und – gar nicht zu seiner Karriere passend – rücksichtsvoll, nahezu schüchtern. In seiner neuen Wohnung spürte er einen eigenartigen Geruch, eher chemisch, immer stärker, nie fassbar. Er ließ Bauexperten und Sachverständige kommen, führte zahlreiche Messungen durch, die Wohnung wurde dreimal neu ausgemalt. Der Geruch war immer da. Peter K. spürte gesundheitliche Folgen, er wurde nervös und schlaflos, Therapie und Kur brachten keine Hilfe. Er wechselte die Wohnung.

Die Räumlichkeiten an seinem Arbeitsplatz waren hellhörig, er zuckte bei vorbeifahrenden Autos, bei Lärm auf dem Flur, beim Husten der Kollegen in den Nachbarbüros zusammen.

Er konnte sich nicht mehr konzentrieren. Er beschwerte sich und bekam neue Räume. Dort war nichts besser, er wechselte die Stelle.
So ging es weiter. Fünf Jahre später war er berufsunfähig und musste berentet werden: das überragende Genie als Opfer seiner Hochsensibilität.

Als Ursache der Hochsensibilität werden neben der schon genannten Reizüberflutung erblich bedingte Besonderheiten in der Verknüpfung der Hirnnervenzellen bzw. der neuronalen Systeme diskutiert. Jene Neuronenverbände, welche für die Dämpfung der Erregungspotenziale verantwortlich sind, könnten bei Hypersensiblen unterentwickelt sein. Auch wäre es möglich, dass durch eine Störung der Filterfunktion des Thalamus, des »Tors zum Bewusstsein«, viel zu wenige Reize ausgesondert werden und somit ein Übermaß die Großhirnrinde und damit das Bewusstsein erreicht. Andere Untersuchungen rücken vor allem Stress während der Schwangerschaft, vorgeburtliche Einflüsse auf unseren »Gefühlsregler«, den Hypothalamus, in den Mittelpunkt.

Neuere Forschungen stellen einen Zusammenhang zwischen Hochsensibilität und dem Hyperaktivitätssyndrom her, da ein Teil der Symptome ähnlich ist. Allerdings stehen manche Merkmale Hypersensibler im krassen Gegensatz zum Aufmerksamkeits-Defizits-Hyperaktivitätssyndrom (ADHS), etwa der emotionale Tiefgang und die Nachhaltigkeit in der Verarbeitung von Eindrücken.

Die Prinzessin auf der Erbse

Das Wesen der Hochsensibilität ist in keinem wissenschaftlichen Buch so weise beschrieben wie in Hans Christian Andersens Märchen von der Prinzessin auf der Erbse:

»Es war einmal ein Prinz, der wollte eine Prinzessin heiraten. Aber das sollte eine wirkliche Prinzessin sein. Da reiste er in der ganzen Welt herum, um eine solche zu finden, aber überall fehlte etwas. Prinzessinnen gab es genug, aber ob es wirkliche Prinzessinnen waren, konnte er nie herausfinden. Immer war da etwas, was nicht ganz in Ordnung war. Da kam er wieder nach Hause und war ganz traurig, denn er wollte doch gern eine wirkliche Prinzessin haben.

Eines Abends zog ein furchtbares Wetter auf; es blitzte und donnerte, der Regen stürzte herab, und es war ganz entsetzlich. Da klopfte es an das Stadttor, und der alte König ging hin, um aufzumachen. Es war eine Prinzessin, die draußen vor dem Tor stand. Aber wie sah sie vom Regen und dem bösen Wetter aus! Das Wasser lief ihr von den Haaren und Kleidern herab, lief in die Schnäbel der Schuhe hinein und zum Absatz wieder hinaus. Sie sagte, dass sie eine wirkliche Prinzessin wäre. ›Ja, das werden wir schon erfahren!‹, dachte die alte Königin, aber sie sagte nichts, ging in die Schlafkammer hinein, nahm alles Bettzeug ab und legte eine Erbse auf den Boden der Bettstelle. Dann nahm sie zwanzig Matratzen, legte sie auf die Erbse und dann noch zwanzig Eiderdaunendecken oben auf die Matratzen. Hier sollte nun die Prinzessin die ganze Nacht über liegen. Am Morgen wurde sie gefragt, wie sie geschlafen hätte. ›Oh, entsetzlich schlecht!‹, sagte die Prinzessin. ›Ich habe fast die ganze Nacht kein Auge geschlossen! Gott weiß, was in meinem Bett gewesen ist. Ich habe auf etwas Hartem gelegen, sodass ich am ganzen Körper ganz braun und blau bin! Es ist ganz entsetzlich!‹ Daran konnte man sehen, dass sie eine wirkliche Prinzessin war, da sie durch die zwanzig Matratzen und die zwanzig Eiderdaunendecken die Erbse gespürt hatte. So feinfühlig konnte niemand sein außer einer echten Prinzessin.

Da nahm sie der Prinz zur Frau, denn nun wusste er, dass er eine wirkliche Prinzessin gefunden hatte. Und die Erbse kam auf die Kunstkammer, wo sie noch zu sehen ist, wenn sie niemand gestohlen hat.«

In dieser Erzählung wird die Hyper-Hyper-Sensibilität eindrucksvoll beschrieben und als problematische Eigenschaft dargestellt. Wie kann ein so empfindlicher Mensch im Leben überhaupt zurechtkommen? Man spürt geradezu, wie eine solche Person im normalen Alltag untergehen würde. Die Anspruchshaltung der Prinzessin wirkt abnorm, krankhaft und unsympathisch. Nicht umsonst ist die Prinzessin auf der Erbse im Volksmund zum Synonym für krankhafte Empfindlichkeit geworden. Gleichzeitig ist aber ihre Hochsensibilität Voraussetzung für eine herausragende Rolle in der Gesellschaft und macht sie zu dem, was so viele junge Frauen gern sein möchten: zur Prinzessin.

Narzissmus – der Vater der Kränkung

Sie alle kennen die Geschichte von Narziss, dem schönen Jüngling der griechischen Mythologie, welcher sich in sein eigenes Spiegelbild verliebt hat und an Selbstverzehrung gestorben ist. Generationen von Malern, Dichtern, Philosophen und ab dem Beginn des 20. Jahrhunderts auch Psychiater, Psychologen und Soziologen haben sich mit dem Narzissmus-Thema auseinandergesetzt. Aus der mit hoher Symbolkraft ausgestatteten uralten Erzählung leitete Sigmund Freud das Krankheitsbild des pathologischen Narzissmus ab und hat damit seinen psychoanalytischen Schülern Stoff geliefert. So stammt denn auch die gängigste Definition des Narzissmus von Alexander Lowen, dem Begründer der bioenergetischen Analyse. In seinem Werk »Narzissmus. Die Verleugnung des wahren Selbst« schreibt er: »Als Narzissmus bezeichnen wir sowohl einen psychischen als auch einen kulturellen Zustand. Auf der individuellen Ebene ist er eine Persönlichkeitsstörung, die gekennzeichnet ist durch eine übertriebene Pflege des eigenen Image auf Kosten des Selbst … Auf der kulturellen Ebene kann man den Narzissmus an einem Verlust menschlicher Werte erkennen – an einem Fehlen des Interesses an der Umwelt, an der Lebensqualität, an den Mitmenschen.«

Die fünf »E«

Die wichtigsten psychologischen Elemente, welche das Wesen des krankhaften Narzissmus ausmachen, sind die fünf »E«: Egozentrik, Eigensucht, Empathiemangel, Empfindlichkeit und Entwertung anderer. Der echte Narzisst empfindet und bewertet alles aus der Ich-Perspektive. Nur seine Überlegungen sind interessant und seine Beurteilungen richtig. Was er fühlt und empfindet, ist einzigartig, was er denkt, ist genial, was er tut, ist außergewöhnlich. Die Meinung anderer interessiert ihn nicht, allenfalls empfindet er sie als Bedrohung. Andere Menschen haben für ihn keinen Wert, es sei denn, sie dienen seinen Interessen und seiner Beweihräucherung. Nur für die eigene Person kann er sich begeistern, er ist im Fühlen und Denken ausschließlich auf sich selbst fokussiert. Als ein nach dem Motto »Ich, Icher, am Ichesten« lebender Egozentriker ist er ein Ichling im übelsten Sinne des Wortes, ein Egomaniker schlechthin.

Der Theologe Karl Rahner beschreibt den Narzissten in zutreffender Weise als »Ofen, der nur sich selbst wärmt«. Mit diesem Vergleich spricht er den Umgang des narzisstischen Menschen mit seinen Emotionen, mit Einfühlungsvermögen, Sympathie, Freundschaft oder Liebe an. Diese richten sich nicht an die Mitmenschen und werden mit niemandem geteilt, sondern sind ausschließlich auf sich selbst zentriert. Für die Umwelt wäre es gefährlich, den überhitzten Eigenenergiespender auch nur leise zu berühren. Das würde im wahrsten Sinne des Wortes geradezu reflexartig eine heftige Kränkungsreaktion auslösen.

Der Narzisst ist aber nicht, wie man das meist sagt, in sich selbst verliebt. Weil er überhaupt nicht lieben kann. Niemanden, auch nicht sich selbst. Wirkliche Emotionen wie Freude, Trauer, Mitleid und besonders Liebe sind ihm fremd. Deshalb fehlt ihm die Fähigkeit, sich in andere hineinzufühlen, in die Haut seiner Mitmenschen zu schlüpfen, eine Zeit lang in deren Schuhen zu gehen und auf ihre Gefühle Rücksicht zu nehmen. Vielmehr ist er gierig nach der Zuwendung durch andere, süchtig nach Anerkennung und Bewunderung, unersättlich im Entgegennehmen von Komplimenten. In Wirklichkeit ist der Narzisst nicht eigenverliebt, sondern »eigensüchtig«. Wie jeder Süchtige kann er nie genug kriegen von seiner Droge: der Hochachtung und Verehrung durch seine Mitmenschen. Ohne diese kann er nicht leben, Tag und Nacht giert er danach, er ist unersättlich und niemals wirklich befriedigt. Vor nichts hat er, ganz dem Abhängigen entsprechend, mehr Angst als vor dem Entzug: der zu geringen Beachtung. Wie dem Süchtigen die Droge kein echtes, sondern nur ein oberflächlich-rauschhaftes Gefühl gibt, kann die erzwungene Vergötterung niemals zur wahren, zur tiefen Emotion werden. Alles in der Gefühlswelt des Narzissten ist fassadenhaft und auf »Schein statt Sein« gebaut.

Die fehlende Ausstattung mit echten Emotionen hat beim Narzissten zwangsläufig einen Mangel an Empathiefähigkeit zur Folge. Das macht ihn gefährlich und darin liegt jener Zug, den wir bei Sexualmördern, Serienkillern und Diktatoren finden. Deren bösartiger Narzissmus ist neben Dissozialität, Sadismus und nahezu wahnhaftem Misstrauen insbesondere durch extreme Verletzlichkeit geprägt.

Kränkbarkeit und Entwertung

Das Wesen des echten Narzissten wird, was man meist nicht bedenkt, ganz entscheidend durch seine extreme Kränkbarkeit und die ständige Entwertung der Mitmenschen, also die Kränkung anderer, bestimmt. So unsensibel der Narzisst für Persönlichkeit und Gefühlswelt anderer Menschen ist, so empfindlich ist er für sich selbst. Jede andere Meinung empfindet er als Verletzung seiner Ehre, jeden Widerspruch als ungeheuerliche Frechheit, jede konstruktive Kritik gleicht einer Majestätsbeleidigung. Rücksichtslos und grobklotzig im Austeilen, mimosenhaft im Einstecken. Weil der Narzisst in ständiger Angst vor einer als existenzielle Bedrohung empfundenen Kränkung lebt und in jeder noch so kleinen Kritik eine nahezu schicksalhafte Katastrophe sieht, kann er nicht vergessen.

Zur Kränkbarkeit des Narzissten gehört seine Unfähigkeit zu verzeihen. Selbst kleine Verletzungen sitzen beim Narzissten so tief, dass die Wunde nie verheilen kann und es über Jahrzehnte hinweg zu keiner Vernarbung kommt: »Gott verzeiht, nicht aber der Narzisst.« Nirgendwo ist das Element der Nachhaltigkeit von Kränkungen so stark ausgeprägt wie beim Narzissten.

Diese geradezu »krankhafte Kränkbarkeit« finden wir in einer weniger bekannten der insgesamt mindestens sieben Versionen des Narziss-Mythos, die wir dem griechischen Reiseschriftsteller, Geografen und Historiker Pausanias Periegetes verdanken:

> *Narkissos, wie der altgriechische Name lautet, entstammte einer flüchtigen Verbindung eines Flussgottes und einer Wassernymphe. Ersterer hatte sie in eine Bucht gedrängt und mit seinen Mäandern umschlungen, tat ihr Gewalt an und floss einfach weiter. Die Nymphe brachte einen Knaben zur Welt, ein betörend schönes Kind, das von Geburt an die Bewunderung aller auf sich zog. Die besorgte Mutter, alleinerziehend, suchte den »blinden Seher« Teresias (nach einem mythologisch-philosophischen Grundgedanken sind die Sehenden blind und die Blinden können sehen) auf und fragte ihn nach der Zukunft des Neugeborenen. Der geheimnisvolle Spruch beschied dem Knaben ein langes Leben, »sofern er sich selbst nicht erkennen wird«. Der Junge wuchs heran, wurde von allen bewundert, verehrt und umworben. Alle begehrten ihn und wollten ihn für sich haben, Jungfrauen und Jünglinge gleichermaßen. Narkissos war aber nicht in der Lage, die Zuwendung zu erwidern, er hatte keine Emotionen und war zu Beziehungen gar nicht fähig. So wies er alle Verehrerinnen und Verehrer kaltherzig zurück. Lediglich der Bergnymphe Echo gelang es, näher an ihn heranzukommen. Warum? Weil Echo ja nur nachhallt, nur zustimmend nachplappert, nie eigene Gedanken oder Meinungen von sich gibt, schon gar nicht fordert oder kritisiert. Echo aber verliebte sich in den Schönling. Als sie diesem jedoch ihre Liebe gestand, schrie er: »Lieber tot sein, als jemanden zu lieben.« Die Nymphe verfiel*

in schweren Liebeskummer, sie wurde depressiv, nahm keine Nahrung zu sich, zog sich zurück in die Wälder und Berge. Dort verfiel sie mehr und mehr und löste sich schließlich auf in Schall. Bis heute lebt sie als das Echo weiter.
Ein anderer Verehrer, der Jüngling Ameinios, ließ sich nicht abweisen und kämpfte entschlossen um die Gunst des Vielbegehrten. Der kränkende und wegen der Zudringlichkeit gekränkte Narkissos aber ließ ihm, kaltherzig und entwertend, ein Schwert zukommen, damit er sich umbringe. Im Sterben flehte Ameinios die Götter um Rache an. Und diese erfüllten seinen Wunsch …
Als Narkissos eines Tages von der Jagd ermüdet aus einem unberührten Waldquell trinken wollte, sah er ein Bild gespiegelt, das ihn sofort faszinierte: sein eigenes. Erstmals lernte er ein Gefühl kennen, das ihm bis dahin versagt war, jenes des Begehrens und Verliebtseins. Nicht in einen anderen Menschen, nicht in ein Wesen aus Fleisch und Blut, nein, in ein oberflächliches, imaginiertes Ego. Von diesem konnte er sich nicht mehr lösen, er verfiel dem Trug, verzehrte sich in unstillbarem Verlangen nach sich selbst und war süchtig auf die Droge Ich. Niemals aber wurde seine Sehnsucht befriedigt, er konnte sich mit dem Spiegelbild nicht vereinen.
Und nun besiegelte sich das Schicksal des Narzissten durch die krankhafte Empfindlichkeit, durch seine eigne Gekränktheit. Durch göttliche Verfügung fiel ein Blatt in den Teich und die Wellen trübten das makellose Bild des vergötterten Jünglings. Dies versetzte Narkissos in Panik. Er sah sich in seinem Wesen bedroht, er ertrug die Vergänglichkeit seiner Schönheit und die Enttäuschung durch den Trug nicht mehr. Die Kränkung machte ihn krank und er verstarb …

In dieser Version der Erzählung (übersetzt und psychologisch erweitert durch den Autor) vom außerirdisch schönen, aber in seinem Selbstbezug gefangenen Jüngling werden besonders die

Kränkungselemente, die eigene Empfindlichkeit sowie die Entwertung der Mitmenschen hervorgehoben. Da ist der egozentrische, gefühlsunfähige, beinahe autistische, bildhaft schöne Narziss, der aber innerlich kalt und emotional analphabetisch ist. Weil er jegliche Emotion als fremd und bedrohlich erlebt, weist er alle Gefühlszuwendungen rücksichtslos ab. Die kalte Abweisung ihrer überschäumenden Liebe trifft die arglose Nymphe so tief, dass sie schwer depressiv und anorektisch wird, ja an Liebesleid schließlich zugrunde geht.

Der kämpferische junge Mann wird in extremster Weise gedemütigt, indem er nicht nur zurückgewiesen, sondern in den Selbstmord getrieben wird. Die rücksichtslose Entwertung der liebenden Mitmenschen steht zur eigenen Kränkbarkeit des Narzissten in extremem Kontrast. Für ihn ist eine auch nur vorübergehende Trübung seines perfekten Selbstbilds unerträglich. Die Kränkung ist tödlich. Eindringlich besagt der Mythos, dass die Kränkung genauso zum Narzissmus gehört wie Egozentrik und Eigensucht und ihre Macht das Leben zerstört.

Unter den verschiedenen Spielarten narzisstischer Störungen finden wir diese extreme, pathologische Kränkbarkeit unter den »ewig Beleidigten«. Bei diesen wird das narzisstische Verhalten von ständiger Gekränktheit dominiert. Die Betroffenen demonstrieren ihre Einzigartigkeit nicht durch äußerliche Grandiosität, sondern durch die Ungeheuerlichkeit ihres Verwundetseins. Solche Menschen reagieren auf alles und jedes mit überdimensionaler Gekränktheit. Es genügt schon, wenn die Mitmenschen anders sind, als es ihren Vorstellungen entspricht, wenn diese anders sprechen, anders lachen oder gar anders denken. Ohne ein Wort vermögen es gekränkte Narzissten, ihre Betroffenheit zu demonstrieren. Die Aura des ewig Gekränkten löst bei den Mitmenschen dadurch Verunsicherung und Betroffenheit aus. Diese haben das diffuse Gefühl, irgendwie schuldig zu sein und dem Narzissten etwas angetan zu haben, ohne den Grund zu wissen.

Narzissten sind aber, auch das können wir dieser Version des Mythos an mehreren Stellen entnehmen, nicht nur extrem empfindlich und in pathologischer Weise kränkbar, sondern geradezu Meister im Kränken anderer. Sie geben sich nicht damit zufrieden, ihre eigene Großartigkeit zu betonen, ihre Überlegungen als genial und ihre Handlungen als einzigartig darzustellen, sondern haben ein obsessives Bedürfnis nach Entwertung ihrer Mitmenschen. Diesem destruktiven Trieb liegen neben Machtansprüchen und sadistischen Zügen tief verankerte Minderwertigkeitsgefühle zugrunde. Der Narzisst ist ja nicht wie der Charismatiker eine auch innerlich gefestigte Persönlichkeit, sondern leidet unter permanenten Versagensängsten und Selbstwertzweifeln. Deshalb ist für ihn die äußere Bewunderung so wichtig. Im Kern seiner Persönlichkeit bleibt er aber unsicher, schwach und verletzlich. Um sich trotzdem eine herausragende Stellung zu sichern, drückt er die anderen nieder. Er verspottet, verlacht, verachtet und beschämt sie, er führt einen einzigen Feldzug der Entwertung. Psychodynamisch gesehen trägt er so dafür Sorge, dass er trotz seiner Einäugigkeit König unter den von ihm blind gemachten Mitmenschen bleibt.

Narzisstische Wut

Heinz Kohut, ein aus Wien stammender US-amerikanischer Psychoanalytiker, glaubt sogar, der Narzisst sei nur befriedigt, wenn er den Kränkenden bis zur völligen Vernichtung entwerten könne: »Der narzisstisch Gekränkte aber kann nicht ruhen, bis er den unscharf wahrgenommenen Beleidiger ausgelöscht hat, der wagte, ihm entgegenzutreten, nicht mit ihm übereinzustimmen oder ihn zu überstrahlen. ›Spieglein, Spieglein an der Wand, wer ist die Schönste im ganzen Land?‹, fragt das grandios-exhibitionistische Selbst. Und wenn ihm erwidert wird, jemand anderes sei schöner, gescheiter oder stärker, dann kann es wie Schneewittchens böse

Stiefmutter keine Ruhe mehr finden, weil es den Zeugen nicht beseitigen kann, der der Überzeugung, einmalig und vollkommen zu sein, widersprochen hat.«

Hinter all dem stehe als psychodynamische Triebkraft der Neid. Der Neid auf alle, denen es scheinbar besser geht oder die überlegen sind, könne nur durch die totale Entwertung dieser als höchst bedrohlich erlebten Konkurrenten abgewehrt werden.

Auf narzisstische Kränkungen reagieren manche mit narzisstischer Wut. Deren für die Mitmenschen oft nicht nachvollziehbare Heftigkeit erklärt sich daraus, dass Narzissten jegliche Art von Kritik als totale Ablehnung ihrer Person, als existenzbedrohende Niederlage, als persönliches Desaster erleben. Kritik wird, sei sie noch so wohlmeinend und konstruktiv, als Feindseligkeit ersten Ranges empfunden. Das Gefühl einer einmal erlebten Niederlage ist so heftig, dass es niemals vergessen werden kann. Der Narzisst erinnert sich vielleicht gar nicht an solche Situationen, aber innerlich durchlebt er sie immer und immer wieder, manchmal sogar mit steigender Schärfe. Für die Mitmenschen scheint es unerklärlich, weshalb ein Narzisst wegen Kleinigkeiten mit Wutausbrüchen und Hasstiraden reagiert, da sie den Bezug zu seinen tief verwurzelten, aktuell wieder aufgebrochenen Kränkungsängsten gar nicht herstellen können.

Franz T., 44-jährig, verheiratet, war als Kunsttischler erfolgreich. Er galt als ausgezeichneter Handwerker und hatte einen weitum angesehenen Qualitätsbetrieb mit 30 Mitarbeitern aufgebaut. An einem Samstagabend kam es zu einem Ehekrach, bei dem der sonst als ruhig und kontrolliert geltende Meister völlig ausflippte. Er holte aus der Werkstatt eine Motorsäge, zerlegte mit dieser das ganze Mobiliar des Wohnraums, der Küche sowie des Schlafzimmers und schleuderte schließlich das noch laufende Gerät der auf ihn zustürzenden Gattin entgegen. Von der herbeigerufenen Rettung musste ein Polizeisonderkommando hinzugezogen werden, um den to-

benden Mann zu überwältigen. Er wurde auf eine psychiatrische Notfallstation eingeliefert, wo er nach Beruhigungsspritzen und tiefem Schlaf am nächsten Tag völlig normalisiert war. An die Vorkommnisse der Nacht, bei denen er mit 1,5 Promille höchstens eine mittelstarke Berauschung aufgewiesen hatte, konnte er sich erst allmählich erinnern.

Der Streit hatte sich an seinem Handwerksstil entzündet. Dieser sei nicht mehr zeitgemäß, hatte die Gattin gemeint, damit werde er den Geschmack der Kundschaft nicht mehr treffen. Als das Wort »kitschig« gefallen sei, habe es ihm »abgeschaltet« und er habe durchgedreht.

In der weiteren Analyse stellte sich heraus, dass der kleine Franz von seiner Mutter ständig kritisiert, mit den Geschwistern und anderen Kindern häufig zu seinem Nachteil verglichen und nie gelobt worden sei. Die Mutter habe sich öfter über seine »linken Hände« lustig gemacht. Trotzdem (oder gerade deshalb) habe er sich nach der Pflichtschule für eine Handwerkslehre entschieden. Diese absolvierte er mit Bravour und machte große berufliche Karriere.

In den analytisch orientierten therapeutischen Gesprächen ließen sich nicht nur seine tief verwurzelten Ängste vor der strengen Mutter und dem erlebten Liebesentzug, sondern vor allem die Verletzungen, die diese durch ihre Kritik verursacht hatte, herausarbeiten. Dagegen musste er sich wehren, der Mutter wollte er es beweisen, durch handwerkliche Tüchtigkeit wollte er ihre Liebe erzwingen: Ehrgeiz im Beruf als kompensatorische Bewältigung der elementaren Kränkung. Seine sensible Stelle, die er durch den Erfolg als Handwerker nur überdecken, nicht aber ausheilen konnte, waren die angeblich »linken Hände«. Als seine Frau in der sich emotional aufschaukelnden Situation durch die Bemerkung, dass die durch diese Hände geschaffenen Werke »Kitsch« seien, die alte Wunde wieder aufriss, reagierte er mit einem narzisstischen Wutanfall.

Der bereits zitierte Analytiker Heinz Kohut, der den Begriff der narzisstischen Wut geprägt hat, erklärt deren Unterschied zu anderen Formen der Aggressivität mit dem einzigartigen Rachedurst. Das Bedürfnis, ein Unrecht zu korrigieren, eine Beleidigung auszumerzen, mit welchen Mitteln auch immer, sei wie ein tief verwurzelter unerbittlicher Zwang bei der Verfolgung all dieser Ziele. Allen, die eine narzisstische Kränkung erlitten haben, lasse dieser niemals mehr Ruhe.

Der Narzissmus nimmt in der Kränkungsproblematik, das kann man ohne Übertreibung sagen, eine absolute Sonderstellung ein. Keine andere psychische Störung ist derart eng mit Kränken und Gekränktsein, mit Selbsterhöhung und Entwertung anderer verbunden wie der Narzissmus. Narzissten sind auf der einen Seite extrem empfindlich und in einer bis zur lebenslangen Unverzeihlichkeit reichenden Weise kränkbar, sie sind dünnhäutig, nachtragend und in nahezu schutzloser Weise verletzlich. Auf der anderen Seite sind Narzissten die »Kränker« schlechthin, weil sie sich überhaupt nicht in andere Menschen einfühlen können und ihren Selbstwert rücksichtslos aus der Erniedrigung und Entwertung anderer schöpfen. Ein ganz auf sich und sein Wohl zentrierter Narzisst ist gar nicht in der Lage, die Kränkungsgrenze des anderen zu erkennen und dessen Kränkbarkeit zu respektieren. So könnte man den Narzissmus als »Vater der Kränkung« oder die narzisstische Störung als deren Mutter bezeichnen, als den Urgrund der Kränkbarkeit und den Ursprung vieler Kränkungen. Narzissten sind die Meister der Kränkung, aktiv und passiv.

Die narzisstisch gekränkte Gesellschaft

Höchst wahrscheinlich ist die an verschiedenen Parametern zu beobachtende Zunahme des Narzissmus in jüngerer Zeit mitverantwortlich für die steigende Kränkbarkeit der modernen Gesellschaft. So belegen mehrere Jugenduntersuchungen, wie wichtig die eigenen Bedürfnisse, das Durchsetzen seiner Ansprüche gegenüber anderen und die Selbstdarstellung – Stichwort Castingshows – geworden sind. Epidemiologische Untersuchungen belegten ein starkes Ansteigen der sogenannten »Narzissmusparameter«. Globalisierung und Vernetzung fördern diese Entwicklung. Etablierung des Raubtierkapitalismus, Finanzcrashs infolge von Spekulationen mit (narzisstischen) Scheinwerten, Vergrößerungen der Kluft zwischen Arm und Reich oder Zerstörung der Umwelt auf Kosten künftiger Generation sind nur einige stichwortartige Belege für diese These. Selbst Papst Franziskus hat kurz vor seiner Wahl im Konklave den Narzissmus für die Krise der Kirchen und Religionsgemeinschaften verantwortlich gemacht.

Der Narzissmus, welcher über Jahrhunderte hinweg als Sünde und Makel gegolten hat, dann mit Etablierung der Psychiatrie als medizinische Wissenschaft zur krankhaften Störung – zur narzisstischen Persönlichkeitsstörung – geworden ist, hat sich in den letzten Jahren als gesellschaftliches Ideal etabliert. In Zeiten der Globalisierung und Vernetzung, des Wohlstands für alle und des medizinischen Fortschritts konnte sich der ursprünglich nur den Mächtigen vorbehaltene Narzissmus demokratisieren. Gleichzeitig sind alte Tugenden wie Demut und Bescheidenheit vom Bestreben, sich selbst zu verwirklichen und die eigene Person in den Mittelpunkt zu rücken, verdrängt worden. Tatsächlich hat der Mensch heute allen Grund, narzisstisch zu sein, und die allgemeine Verbreitung eines gesunden Narzissmus ist keinesfalls etwas Schlechtes. Aber die Dosis macht das Gift. In manchen Bereichen spüren wir zu viel des Narzisstischen. Denn wenn Egozentrik und Empathielosigkeit überhandnehmen, wird es kalt in unserer Gesellschaft. Mitmenschlichkeit und Solidarität bleiben zwangsläufig auf der Strecke. In einer immer narzisstischer werdenden Gesellschaft, in welcher eigene Verletzlichkeit und Entwertung anderer Menschen wichtige Elemente sind, ist ein Anstieg der kollektiven Kränkung unvermeidlich.

Ständige Kränkungen und eigene Gekränktheiten der Narzissten sind am ehesten zu ertragen, wenn man ihnen mit einem Schuss Humor begegnet. Dies hat offensichtlich auch eine Qualitätszeitung in einem trefflichen Kommentar zur inflationären Verwendung psychiatrischer Diagnosen so gesehen. Es ging um die Frage, ob die narzisstische Persönlichkeitsstörung als eigenständige Diagnose in das im Jahr 2014 in fünfter Auflage erschienene »Diagnostische und Statistische Manual psychischer Störungen« (DSM 5) aufgenommen werden soll. Die Herausgeber dieser »Bibel der Psychiatrie«, in der sonst jede noch so kleine psychische Abweichung und Besonderheit enthalten ist, führten damals eine heftige Diskussion, ob narzisstisches Verhalten heutzutage schon so normal sei, dass es nicht mehr als Störung bezeichnet werden könne. Lange Zeit schien es, als würden sich jene Kräfte durchsetzen, welche Narzissmus nicht mehr als deklariertes Störungsbild in das große Buch aufnehmen wollten. Daraufhin titulierte das Blatt: »Ultimative Kränkung für Narzissten: Es gibt sie gar nicht!«

Kollektive Kränkungen

In keinem anderen Bereich zeigt sich die Wirkungskraft der Demütigung deutlicher als bei den kollektiven Kränkungen. Denn Demütigungen wirken sich stärker als alle anderen Emotionen auf das Fühlen, Denken und Handeln von Gruppen oder ganzen Völkern aus. Sie setzen mächtige soziale Energien frei, die zu verhängnisvollen gesellschaftlichen und politischen Entwicklungen führen können. Zu diesen kollektiven Kränkungen sind auch jene zu zählen, welche die Menschheit in ihrer Gesamtheit treffen, wenngleich hier keine gruppendynamischen Prozesse ablaufen.

Die großen Kränkungen der Menschheit

Sigmund Freud, der Urvater aller Psychodisziplinen, schrieb in seinem Werk »Eine Schwierigkeit der Psychoanalyse« (1917) über drei Kränkungen, welche die ganze Menschheit betreffen: die Kopernikanische, die Darwinsche und die Freudsche. Er meinte damit, dass die Philosophie, die Geisteswissenschaften, die Religionen, die politischen Systeme, die Gesellschaft, ja die ganze Menschheit durch neue Erkenntnisse in ihren bisherigen Vorstellungen und in ihrem Glauben zutiefst erschüttert würden. Auf die Notwendigkeit, sich von den alten Werten verabschieden und auf ganz neue Denkweisen einlassen zu müssen, reagiere die Menschheit gekränkt.

Die erste elementare Kränkung dieser Art habe Nikolaus Kopernikus verursacht. In einem mehrbändigen Werk war dieser wahrscheinlich 1509 zu seiner berühmten Erkenntnis gekommen, dass sich nicht die Sonne um die Erde bewege, sondern umgekehrt, die Erde um die Sonne kreise. Mit dieser als »Kopernikanische Wende« bezeichneten revolutionären Idee wurde das auf den griechischen Mathematiker, Geografen und Philosophen Ptolemäus zurückgehende geozentrische Weltbild, nach welchem die Erde der Mittelpunkt des Universums sei, durch das heliozentrische – die Sonne als Mittelpunkt – abgelöst. Kopernikus wurde wegen dieser »kosmologischen Kränkung« verlacht, angefeindet und ausgegrenzt. Selbst Martin Luther beschimpfte ihn als »Esel«.

Die zweite Kränkung der Menschheit erfolgte durch die Lehre von Charles Darwin, den englischen Biologen und Geologen, welcher in seinem Buch »Über die Entstehung der Arten durch natürliche Selektion« die Theorie vertrat, dass der Mensch mit den Tieren verwandt sei. Seine zur »biologischen Kränkung der Menschheit« erklärte These vertrat er in dem 1859 erstmals publizierten Werk »On the Origin of Species«, mit dem er die Grundlagen der modernen Evolutionsbiologie schuf.

Die dritte große Kränkung der Menschheit, die psychologische, sieht Freud gar nicht bescheiden in seinen eigenen Entdeckungen über die Macht des Unbewussten. Ein wesentlicher Teil unseres Seelenlebens entziehe sich dem bewussten Willen, sodass verdrängte Gedächtnisinhalte, unbewusste Triebe und Impulse der eigentliche Herr in unserem Hause seien.

In der Folge wurden von kulturphilosophischer und anthropologischer Seite zahlreiche weitere Erkenntnisse und Fortschritte als Kränkungen der Menschheit tituliert, so die Entschlüsselung des genetischen Codes, die Erkenntnisse über die Grenzen des Wachstums sowie die Begrenztheit der natürlichen Ressourcen. Die geologische Erkenntnis, wonach die Erde wesentlich älter ist, als in den Schöpfungsberichten überliefert, sei ebenso kränkend wie die ökologische Erkenntnis über die Begrenztheit der Rohstoffressourcen und die Belastbarkeit unserer Umwelt. In der Physik gilt die durch die Kernspaltung induzierte Horrorvorstellung von der Möglichkeit, die Menschheit durch Waffen zu zerstören, ebenso als universell kränkend wie die Quantenmechanik, durch welche sich die Realität dem menschlichen Vorstellungsvermögen entzogen habe.

In jüngerer Zeit sieht man die Menschheit durch Ergebnisse der Genetik und der Hirnforschung gekränkt: Wenn die Menschen durch die biologische Vererbung ungleich sind, relativieren sich die Möglichkeiten der Erziehung und des sozialen Handelns. Wenn Maschinen denken und in ferner Zukunft vielleicht auch Gefühle entwickeln können, ist der Mensch kein »Homo sapiens«.

Als »digitale Kränkung« bezeichnet man die durch die NSA-Spionagen bewusst gewordene Erkenntnis, dass das uns Freiheit und Macht verheißende Internet letztlich zur Überwachung, zum Bild des »gläsernen Menschen« geführt habe und wir in Wirklichkeit nicht Beherrscher, sondern Gefangene des großen Netzes seien.

Als wahrscheinlich größte Kränkung der Menschheit werde sich, so die Wissenschaft, die Aufklärung des Gehirns erweisen. Sollte das menschliche Gehirn tatsächlich in der Lage sein, sich selbst zu begreifen und den Geist zu entschlüsseln, werde auch das Leib-Seele-Problem auf nicht göttliche Weise gelöst.

Massenpsychologie

Um das Phänomen der kollektiven Kränkungen zu verstehen, ist ein Blick auf die Psychologie der Massen erforderlich, welche sich von jener der Individuen erheblich unterscheidet. Die erste wissenschaftliche, in ihren Grundzügen bis heute gültige Theorie zum kollektiven Verhalten stammt vom französischen Soziologen Gustave Le Bon. In seinem 1895 veröffentlichten Hauptwerk »Psychologie der Massen« versucht er, das landläufig bekannte Phänomen des oft irreal erscheinenden Verhaltens von Menschenansammlungen wissenschaftlich zu fundieren. In der Anonymität der Menschenmenge fühlt sich der Einzelne geschützt, gibt seinen individuellen Willen auf und unterliegt den ansteckenden Gefühlen der Masse. Daraus entwickelt sich eine eigene Dynamik, welche irrationales Handeln intendiert, etwa panisches Agieren bei geringen Auslösern. Le Bon, welcher die Massen und ihr Verhalten eigentlich zu verachten scheint, weist bereits auf die zentrale Rolle des Unbewussten hin und beklagt, dass man darüber so wenig wisse. In der Masse verliere der Einzelne seine Kritikfähigkeit, unterliege der enormen Suggestion, lasse sich affektiv aufschaukeln und reagiere barbarisch-primitiv. Die »Massenseele« sei von Führern leicht zu lenken und zu manipulieren.

Le Bon hält eine Masse für grundsätzlich impulsiv, irritierbar, suggestibel, leichtgläubig, intolerant und besessen von übertriebenen Ideen. Die Mitglieder einer Masse verlieren ihre individuelle Kritikfähigkeit und ihre spezifische Persönlichkeit. Die Masse sei unintelligent und denke einseitig, unlogisch und vorschnell. Führer erhalten rasch einen charismatischen Nimbus, haben großes demagogisches Talent und herausragende rhetorische Fähigkeiten. Sie bedienen sich zur Beeinflussung der Masse dreier Methoden: der Behauptung, Wiederholung und Übertragung.

Neben dieser Ansteckungstheorie hat in der Massenpsychologie jene der Annäherung an Bedeutung gewonnen. Diese besagt, dass das irrationale Verhalten nicht von der Masse ausgehe, sondern von den Einzelnen in diese hineingetragen werde. Personen, die ähnlich denken oder dasselbe Anliegen haben, schließen sich zur großen Interessengruppe zusammen. Die Annäherungstheorie gewinnt in Zeiten der Immigration vermehrt praktische Bedeutung. Mit ihrer Hilfe lässt sich erklären, wie sich alteingesessene, starre Gesellschaften von Zuzüglern bedroht fühlen. Individueller, schon lange schlummernder Fremdenhass führt zur Annäherung von Menschen mit denselben Interessen und Bedingungen. Nach dieser Konvergenztheorie handelt die Masse nicht irrational, sondern verdichtet die individuell bereits seit Langem vorhandenen Gefühle.

Mit der schon bei der Erklärung von individuellen Kränkungen herangezogenen Theorie über den Zusammenhang zwischen Fühlen und Denken lässt sich auch die Psychologie von Gruppen und Menschenmassen erklären. Hinter kollektiven Kränkungen stehen letztlich immer »affektenergetische Motoren«, welche vor allem auf Gruppen eine enorme denk- und verhaltensregulierende Kraft entwickeln können.

So entfalten vergangene und aktuelle Emotionen eine gewaltige Wirkung auf die kollektive Aufmerksamkeit, das kollektive Gedächtnis und das kollektive Denken. Daraus können kollektive Angst-, Wut-, Freude-, Trauerlogik usw. entstehen, aus denen sich gruppen- oder kulturspezifische »Mentalitäten« oder »Ideologien« bilden. Wenn sich durch demagogische Reden die emotionalen Spannungen einer kritischen Grenze nähern, können sich die vorherrschenden kollektiven Fühl-, Denk- und Verhaltensmuster plötzlich sprunghaft verändern. Die Stimmigkeit dieser Erklärung über Entstehung und Entwicklung von Massenemotionen und -affekten zeigt sich bei jedem Protest, bei jedem Fußballspiel, bei jeder politischen Versammlung und im Vorfeld vieler Kriege.

Krieg durch Kränkung

Bei manchen Kriegen bleiben die Ursachen ein Rätsel. Die sonst üblichen Gründe wie Herrschaftsinteressen, Territorialansprüche, ethnisch-kulturelle Heterogenität, soziale Ungerechtigkeiten oder Machtkonkurrenz liefern keine stimmige Erklärung. In vielen Fällen wird man bei Demütigungen und Kränkungen fündig, die vielleicht nicht das ganze Drama verursacht, aber zumindest ausgelöst und den letzten Ausschlag gegeben haben.

Das Beispiel schlechthin finden wir in der griechischen Mythologie, im Trojanischen Krieg, den Homer in seiner »Illias« schildert. Dessen mythologische Wurzeln sind Kränkungen und sich nach dem Schneeballprinzip ausbreitende Kränkungsreaktionen. Am Anfang steht die Gekränktheit der Göttin der Zwietracht Eris, welche als Einzige von den Olympiern nicht zur Hochzeit des Helden Peleus mit der Göttin Thetis – den Eltern des Achilleus – eingeladen war. Darüber tief verletzt, warf sie einen goldenen Apfel mit der Aufschrift »für die Schönste« in die Hochzeitsrunde und traf ins Volle. Sie löste einen erbitterten Streit zwischen der Göttermutter Hera, der Weisheitsgöttin Athene und Aphrodite, der Gottheit der Liebe, aus. Jede wollte die Schönste sein und beanspruchte den Apfel für sich. Da sie sich nicht einigen konnten, sollte Paris, der verstoßene Königssohn Trojas, entscheiden. Das berühmte »Urteil des Paris« fiel zugunsten der Liebesgöttin aus, nachdem ihm diese Helena, die schönste Frau auf Erden, versprochen hatte, die jedoch mit dem spartanischen König Menelaos verheiratet war. Mit ihr flüchtete er dann nach Troja. Der gehörnte Gatte rief die Eidpflichtigen zu Kampf und Rache auf, und so zog das griechische Heer unter dem Führer Agamemnon zur Freude der gekränkten unterlegenen Göttinnen gegen Troja.

Kränkungen ziehen sich durch die ganze »Illias«. Kränkungen geben Anlass für neue Feindschaften, für den Streit der Helden untereinander, für den Untergang der Sieger und Besiegten.

Historiker können die Ursachen von Kriegen differenziert beurteilen. Kränkungen, besonders massenpsychologischer Natur, spielen aber innerhalb des komplexen Bedingungsgefüges eine bedeutende Rolle.

So hat eine Stimmung aus geschichtlich gewachsener Rivalität, Eifersüchtelei, gegenseitigen Demütigungen, unausgesprochenen Drohungen und zum Teil irrealen Befürchtungen wesentlich zum Ausbruch des Ersten Weltkriegs beigetragen. Das allgemein als Auslöser des Krieges geltende Attentat von Sarajevo auf den habsburgischen Thronfolger Franz Ferdinand und seine Gattin durch einen bosnischen Serben war eine schwere Demütigung der mächtigen K.-u.-k.-Monarchie. Der kränkende Funke, der 17 Millionen Tote zur Folge haben sollte, war gezündet.

Als Paradebeispiel für die Demütigungshypothese von Kriegen wird immer wieder die »Schmach« des Friedens von Versailles und St. Germain für die Verlierer des Ersten Weltkriegs genannt. Das Gefühl der Kränkung des gesamten deutschen Volkes durch die Siegermächte gilt als wesentliche Wurzel des deutschen Nationalsozialismus, welcher zu Rassenverfolgung, Holocaust und Zweitem Weltkrieg geführt hat. Die Enttäuschung nach dem verlorenen Krieg von 1914 bis 1918 war bei der deutschen Bevölkerung umso größer, als dass die Mobilisierung mit Beschwörungen der »nationalen Einheit« und der »deutschen Sendung« zu einem überschwänglichen Nationalstolz geführt hatte. Statt des versprochenen kurzen Krieges mit raschen Erfolgen kamen vier entbehrungsreiche Jahre, die in der totalen Niederlage gipfelten. Am Ende hatte das Deutsche Reich 10 Prozent seiner Bevölkerung, 13 Prozent des Territoriums und je 15 Prozent seiner Industrieanlagen sowie der landwirtschaftlichen Nutzflächen verloren. Das Habsburgerreich ging unter und zerfiel in zahlreiche kleine Nationalstaaten. In den genannten Verträgen wurden die Verlierer durch Feststellung der alleinigen Kriegsschuld und überzogene Reparationsforderungen gedemütigt. Hitler gelang es, diese Gefühle aufzugreifen und zu instrumentalisieren. Mit seinen von polarisierender Sichtweise, Schuldzuweisungen, Hass und Größenfantasien vollgeladenen Reden stachelte er die emotionale Dynamik des tief gekränkten, verunsicherten Volkes an. Seine Appelle an Stolz, Ehre und Überlegenheit sowie die Übertragung seiner Allmachtsgefühle auf das Deutsche Reich mit Prophezeiung der tausendjährigen Weltherrschaft gaben ihm bei dem von Demütigungsgefühlen gepeinigten Volk den Nimbus eines Erlösers.

Zumindest indirekt kann man aus Holocaust und Zweitem Weltkrieg die israelische Staatsgründung, die Vertreibung der Palästinenser und den bis heute anhaltenden Israel-Palästina-

Konflikt mit all den Kränkungen und unaufhörlichen gegenseitigen Demütigungen ableiten.

Die Beispiele ließen sich bis zu den Irak-Kriegen fortsetzen. Das Gefühl der Demütigung des amerikanischen Volkes durch die Anschläge vom 11. September 2001 wurde genutzt, um Stimmung für die »Präventivkriege« gegen Afghanistan und den Irak zu machen. Nach Meinung mancher Historiker könnte die letzte Motivation für den zweiten Irak-Krieg 2003, dem wir das ganze heutige Desaster im Nahen und Mittleren Osten einschließlich der Gründung des IS-Staates und der Flüchtlingsströme verdanken, in einer unbewussten Kränkung des damaligen US-Präsidenten George W. Bush liegen. Dieser habe es nicht verwunden, dass es seinem Vater George Bush als Kriegsherr im Kuwait-Irak-Krieg 1991 nicht gelungen sei, den damaligen Gegner, den irakischen Präsidenten Saddam Hussein, zu stürzen. Die Kränkung als kleiner Funke mit ungeheurer Wirkung.

II.

Erscheinungsformen und Folgen der Kränkungen

Gefolgschaft der Kränkung

Die Gefolgschaft der Kränkung bildet eine Reihe von abwertenden, ausgrenzenden und entwürdigenden sozialen Interaktionen, denen alle Kränkungselemente eigen sind. Dazu gehören Diffamierung und Diskreditierung, Verleumdung und üble Nachrede, besonders aber die Diskriminierung. Letztere bedeutet soziale Benachteiligung aufgrund von Faktoren wie ethnische Zugehörigkeit, Geschlecht, Alter, Behinderung, religiöses Bekenntnis oder sexuelle Präferenz. Heute versucht man, diesen mit gesetzlichen Regelungen zur Gleichbehandlung, Gleichberechtigung und Gleichstellung entgegenzutreten. Aktuell erleben wir sie neben den scheinbar zeitlosen systematischen Diskriminierungen auf allen Ebenen des sozialen Bereichs in erster Linie im Umgang mit Kriegsflüchtlingen, Asylanten und Migranten. Diskriminierungen, die sowohl einzel- als auch gruppen- und massenkränkende Phänomene sein können, stellen ein so großes Kränkungsthema dar, dass es den Rahmen dieses Buchs sprengen würde und einer eigenen Darstellung bedarf.

Andere Formen der Kränkung von großer individueller oder gesellschaftlicher Bedeutung sind Beleidigung, Beschämung und im weiteren Sinn auch die Eifersucht.

Beleidigung

Die Beleidigung ist die offene, fassbare, durch die Allgemeinheit anerkannte Form der Kränkung. Als unmittelbar Verwandte der krank machenden Kränkung bringt sie, wie ihr Name schon sagt, dem Menschen Leid. Was als Beleidigung zu verstehen ist, liegt nicht allein in der individuellen Empfindlichkeit, sondern in der Wertung durch die Gesellschaft. Während normale Kränkungen selektiv wahrgenommen und in erster Linie vom Adressaten als solche definiert werden, besteht bei dem, was als Beleidigung gilt, ein gewisser gesellschaftlicher Konsens. Vereinfacht könnte man auch sagen: Die Beleidigung ist jene Form der Kränkung, die auch von der Allgemeinheit als solche empfunden wird.

Im Gegensatz zur Kränkung lässt sich die Beleidigung recht konkret beschreiben oder zumindest normieren und ist Tatbestand der meisten Strafgesetzbücher. Zu den Straftaten gegen die Ehre zählt neben der Verleumdung und der üblen Nachrede auch die Beleidigung. »Unter einer Beleidigung ist der rechtswidrige Angriff auf die Ehre durch vorsätzliche Kundgabe der Missachtung bzw. Nichtachtung zu verstehen«, heißt es im Deutschen Strafgesetzbuch. Im Österreichischen lautet die entsprechende Formulierung: »Wer öffentlich oder vor mehreren Leuten einen anderen beschimpft, verspottet, am Körper misshandelt oder mit einer körperlichen Misshandlung bedroht ...« Während eine Kränkung bereits durch eine Geste, einen als abwertend empfundenen Blick, durch mangelnde Beachtung oder fehlende Zuwendung ausgelöst werden kann, kommt es bei der Beleidigung auf die böse Absicht an.

Obwohl der Ehrbegriff heute nicht mehr viel gilt und die Gesetzgebung der westlichen Demokratien die Ehre immer weniger schützt, fühlen sich mehr Menschen denn je beleidigt, besonders im Internet. Da Beleidigungen gleichsam einen offiziellen Status haben, ist es viel leichter, sich zu ihnen zu bekennen. »Du hast mich beleidigt« oder »Ich bin beleidigt« kommt viel leichter über die Lippen als das Eingestehen einer Kränkung, die oft beinahe peinlich ist. Beleidigung ruft beim Durchschnittsmenschen Empörung hervor, Kränkung eher Bedauern und Mitleid. Gegen Beleidigung, so der gesellschaftliche Konsens, soll und muss man sich wehren. Sie wird assoziiert mit Wehrhaftigkeit, Stärke und Achtung. Kränkung hingegen wird eher mit Empfindlichkeit und

Schwäche in Zusammenhang gebracht. Ob der Rücktritt des früheren deutschen Bundespräsidenten Horst Köhler am 31. Mai 2010 eher als staatstragende Reaktion auf eine nicht tolerierbare Beleidigung des höchsten Repräsentanten der Republik oder als persönliche Kränkung zu interpretieren ist, kann jeder für sich aus der Rücktrittserklärung erschließen:

> *»Meine Äußerungen zu Auslandseinsätzen der Bundeswehr am 22. Mai dieses Jahres sind auf heftige Kritik gestoßen. Ich bedauere, dass meine Äußerungen in einer für unsere Nation wichtigen und schwierigen Frage zu Missverständnissen führen konnten. Die Kritik geht aber so weit, mir zu unterstellen, ich befürwortete Einsätze der Bundeswehr, die vom Grundgesetz nicht gedeckt wären. Diese Kritik entbehrt jeder Rechtfertigung. Sie lässt den notwendigen Respekt für mein Amt vermissen. Ich erkläre hiermit meinen Rücktritt vom Amt des Bundespräsidenten – mit sofortiger Wirkung.«*

Ehre und Ehrenmord

Beleidigung hat viel mit Ehre und mit dem Ehrbegriff zu tun. Zwar ist der Ehrbegriff in Zeiten der Pluralisierung und des Wertewandels in der westlichen Welt in eine Krise geraten. In anderen Kulturen wird die Ehre in ihrer Wertigkeit höher angesiedelt als die Rechtsgüter Leib, Leben und Freiheit. Obwohl laut dem deutschen Rechtshistoriker Gerd Tellenbach bereits mehr als 60 Versuche unternommen worden sind, den Ehrbegriff zu definieren, gibt es keine einheitliche Beschreibung. In einer altmodischen Formulierung wird die Ehre als »Achtungswirklichkeit« oder »verdienter Achtungsanspruch« bezeichnet. Der britische Philosoph und Staatstheoretiker Thomas Hobbes betrachtete Ehre als Anerkennung der Macht durch andere. In der Brockhaus-Enzyklopädie wird sie als »durch Worte und Handlungen bekundete

Achtung gegenüber einer Person« und »Angesehensein aufgrund einer geschätzten Tugend« beschrieben. Es bleibt umstritten, ob es sich bei der Ehre um einen inneren Wert, vergleichbar der Menschenwürde, oder um etwas, das von außen beschädigt werden kann, handelt. In modernen neueren Definitionen wird zwischen dem eigenen Bezug zu Werten und Unwerten – dem Ehrgefühl – und den durch das eigene Handeln bewirkten Werten – dem Verantwortungsgefühl – unterschieden.

In manchen Kulturen wird das Ansehen der Familie, der ethnischen Gruppe oder des religiösen Kollektivs über das individuelle und sogar das staatliche Wertesystem gestellt. Angriffe darauf können dramatische Kränkungsreaktionen bis hin zum sogenannten »Ehrenmord« zur Folge haben. Aus Tätersicht ist ein solches Schwerverbrechen zur Wiederherstellung der Ehre, insbesondere jener der Familie, gerechtfertigt. Allein der Begriff wirkt bei uns befremdlich, da einem Mord schon definitionsgemäß nichts Ehrenhaftes abzugewinnen sein sollte. Das, was man wegen Fehlens eines befriedigenden Alternativausdrucks als Ehrenmord bezeichnet, ist aber ein soziales und kein religiöses Phänomen. Verlust der Ehre bedeutet für alle Gesichtsverlust.

Am besten wird der Ehrenmord durch die deutschen Rechtswissenschaftler Dietrich Oberwittler und Julia Kasselt (2011) beschrieben. Demnach sind Ehrenmorde »vorsätzlich begangene versuchte oder vollendete Tötungsdelikte, die im Kontext patriarchalisch geprägter Familienverbände oder Gesellschaften vorrangig von Männern und Frauen verübt werden, um die aus Tätersicht verletzte Ehre der Familie oder des Mannes wiederherzustellen. Die Verletzung der Ehre erfolgt in jedem Fall durch einen wahrgenommenen Verstoß einer Frau gegen Verhaltensnormen, die auf die weibliche Sexualität im weitesten Sinne bezogen sind.« Das Bundeskriminalamt sieht in Ehrenmorden »Tötungsdelikte, die aus vermeintlich kultureller Verpflichtung heraus innerhalb des eigenen Familienverbandes verübt werden, um der Familienehre gerecht zu werden.«

Ehrenmorde kommen vornehmlich, aber nicht ausschließlich in der islamischen Welt vor, hierzulande fast nur bei Familien mit Migrationshintergrund. Laut einem UNO-Bericht werden jährlich mindestens 5000 Frauen und Mädchen Opfer dieses schlimmsten Verbrechens, das im Namen der Ehre geschieht. Da die Dunkelziffer sehr groß ist, sind die jährlichen Opferzahlen auf 10.000 bis 100.000 zu schätzen. Weltweit am meisten Fälle gibt es mit über tausend Opfern pro Jahr in Pakistan. In der Türkei wurden in einem Fünfjahreszeitraum fast 1100 Tötungen im Namen der Ehre registriert. In Deutschland sind laut Erkenntnissen des Bundeskriminalamts zwischen 1990 und 2005 gesamthaft 55 Morde zur Wiederherstellung der Ehre begangen worden.

Ehrenmorde werden vornehmlich in traditionell geprägten, patriarchalisch strukturierten Familien und Gesellschaften verübt. Es sind also typische Straftaten einer »Väterherrschaft« mit einem archaischen Verständnis der männlichen Ehre, schreibt der Kulturwissenschaftler Werner Schiffauer. Diese hat so hohen Wert, dass es nach Ansicht der Täter besser ist zu sterben, als ohne Ehre zu leben.

Die Verletzung der Ehre kann durch Überschreiten der Grenze im innerfamiliären Bereich oder durch das Verhalten weiblicher Familienmitglieder erfolgen: durch voreheliche Beziehungen, durch Verlust der Jungfräulichkeit vor der Ehe, durch eheliche Untreue, aber auch durch Annehmen des westlichen Lebensstils. Die Jungfräulichkeit der Mädchen vor der Ehe wird als höchstes Gut angesehen. Um die Unversehrtheit des Hymens bis zur Hochzeitsnacht zu beweisen, werden große Anstrengungen unternommen, beispielsweise die Präsentation des blutverschmierten Bettlakens nach der Hochzeitsnacht, die Überprüfung der Bräute nach selbst zugefügten Schnittwunden, ärztlich ausgestellte »Keuschheitszertifikate« oder Versuche der chirurgischen Hymenrekonstruktion. In Jordanien wurden Jungfräulichkeitstests im großen Stil durchgeführt. Allerdings konnte selbst die Forderung von Familien nach einer solchen Überprüfung als Grund für einen Ehrenmord reichen. Jene Frauen, denen der Nachweis ihrer Jungfräulichkeit nicht gelungen ist, haben eine Bestrafung durch die eigene Familie zu befürchten.

Aber auch schon die Unterhaltung mit einem Mann, bloßes Anlächeln, spätes Heimkommen oder Telefonate können zur Eskalation führen. In der Türkei wurde nach einem Bericht von Myria Böhmecke eine Frau Opfer eines Ehrenmordes, weil sie sich in einer Radio-Publikumssendung ein Liebeslied gewünscht hatte.

Die Ehrenmorde werden von männlichen Familienmitgliedern, meist von Brüdern oder Vätern, nach einem Familienrat durchgeführt. Oft werden jugendliche Familienangehörige mit der Tat beauftragt, da diese unter das Jugendstrafrecht fallen und dadurch mit strafmildernden Umständen zu rechnen ist. In dem vorwiegend aus Männern zusammengesetzten Familienrat, an dem aber auch Mütter oder Großmütter ein Mitspracherecht haben können, wird über die Art der Bestrafung entschieden. Zwar ist über die Rolle der weiblichen Ratsmitglieder wenig bekannt, vereinzelt wurde aber berichtet, dass selbst die Mütter einer Ahndung durch Ehrenmord an ihren Töchtern großes Verständnis entgegengebracht und in singulären Fällen sogar mitgewirkt hätten. Im Familienrat wird das genaue Vorgehen beschlossen. In der Regel soll die Tötung an einem öffentlichen Ort erfolgen, da damit die Wiederherstellung der Ehre allen demonstriert und gleichzeitig eine Warnung an andere Mädchen und Frauen öffentlichkeitswirksam ausgestoßen wird.

Am 7. Februar 2005 wurde die damals 23-jährige Hatun Aynur Sürücü, eine deutsche Staatsangehörige kurdischer Herkunft, von ihrem jüngsten Bruder Ayhan auf dem Weg zur Bushaltestelle mit drei Kopfschüssen ermordet. Zuvor hatte sie dieser in ihrer Wohnung besucht und ihr Vorwürfe wegen der westlichen Lebensführung gemacht. Auf dem Weg zur Haltestelle fragte er sie: »Bereust du deine Sünden?« Daraufhin erschoss er sie.

Hatun, die zusammen mit drei Schwestern und fünf Brüdern in Berlin-Kreuzberg aufgewachsen war, wurde im Alter von 16 Jahren mit einem Cousin in Istanbul zwangsverheiratet. Nachdem sie mit ihm und dessen strenggläubiger Familie in Streit geraten war, kehrte die bereits schwangere Frau allein nach Berlin zurück und brachte dort einen Sohn zur Welt. Sie zog aus der Wohnung ihrer Eltern aus, übersiedelte in ein Wohnheim für minderjährige Mütter, absolvierte eine Lehre zur Elektroinstallateurin und wollte ein Fachabitur nachmachen. Hatun, die sich seit der Pubertät gegen die Familie aufgelehnt und ihr Kopftuch abgelegt hatte, fürchtete um ihr Leben und suchte wiederholt Hilfe. Von den Therapeuten und Betreuern wurde sie als selbstbewusst, eigenständig, immens freundlich, als liebende Mutter und gläubige Muslimin beschrieben.

Im Prozess gegen die bald nach der Tat verhafteten drei Brüder der Getöteten nannten diese gekränkte Familienehre als Motiv. Sie hätten sich für den westlichen Lebensstil ihrer Schwester geschämt und befürchtet, dass sie ihren Sohn nicht traditionsgemäß erziehe. Der als Täter identifizierte Sohn Ayhan erhielt wenige Wochen nach dem Mord vom Vater als besondere Auszeichnung eine goldene Armbanduhr geschenkt. In der Haftanstalt wurde er als Held und Märtyrer verehrt, bei vielen jungen Türken sei er zum Idol geworden. Ayhan wurde am 13. April 2006 zu einer Jugendstrafe von neun Jahren und drei Monaten verurteilt und im Sommer 2014 nach verbüßter Haft in die Türkei abgeschoben. Seine mitangeklagten Brüder, die die Waffe besorgt und ihm bei der Tat »Beistand« geleistet hätten, wurden wegen Mangel an Beweisen vom deutschen Gericht freigesprochen. Allerdings wurden sie in der Türkei laut Behördenangaben am 10. März 2015 von der Generalstaatsanwaltschaft Istanbul, die 2013 ein eigenes Strafverfahren eingeleitet hatte, wegen Mordes angeklagt.

Welch unterschiedlichem kulturellen und moralischen Verständnis der Ehrenmord unterliegt, zeigten die Reaktionen im Tötungsfall der Deutsch-Afghanin Morsal Obeidi. Diese wurde nach jahrelangen Misshandlungen im Alter von 16 Jahren durch ihren damals 24-jährigen Bruder Ahmad am 15. Mai 2008 in Hamburg auf offener Straße mit mehr als 20 Messerstichen ermordet. Nach der Verurteilung des Täters zu lebenslanger Haft drohte die Mutter von Täter und Opfer, sich aus dem Fenster zu stürzen. Ein Verwandter protestierte lautstark dagegen, dass der Angeklagte »wegen so einer Selbstverständlichkeit« zu lebenslanger Haft verurteilt worden sei.

In unserem Kulturkreis wurden Ehrenstreitigkeiten über Jahrhunderte hinweg ebenfalls blutig ausgetragen, und zwar im Duell, das auf eine lange Tradition zurückblickt. Schon in der griechischen Mythologie und der deutschen Sagenwelt sind viele Duelle beschrieben. Berühmt ist jenes um die schöne Helena, das zum Trojanischen Krieg führte. Ursprünglich ging es bei Duellen um ein Gottesurteil und Richtsprüche, später um Genugtuungen für tatsächliche oder vermeintliche Ehrbeleidigungen. Wichtig war dabei nicht der Ausgang des Duells, sondern die Demonstration der Duellanten, sich um ihrer Ehre willen dem Kampf auf Leben und Tod zu stellen. Besonders bei Adeligen und in gutbürgerlichen Kreisen war der gesellschaftliche Druck zur Ehrverteidigung sehr hoch. Im heutigen Deutschland haben sich nach Schätzungen mehr als 25 Prozent der männlichen Adeligen zumindest einmal im Leben einem Duell gestellt. In Frankreich sollen im 16./17. Jahrhundert jährlich über 500 Offiziere und Adelige in diesem Ehrenkampf ihr Leben verloren haben. Im 19. Jahrhundert wurden Duelle in den meisten Ländern verboten. Schopenhauer hat zwar im Duell ein Mittel zur Wiederherstellung der Ehre gesehen, aber auch gemeint, dass man damit der Ehre zu viel der Ehre erweise.

Nach dem Zweiten Weltkrieg hat bei uns der Ehrbegriff aus verschiedenen Gründen wie Änderung des Familienbildes, Wertewandel oder Pluralisierung der Gesellschaft an Bedeutung verloren. Relevanz hat er noch bei Beleidigungsdelikten, viel mehr aber im positiven Sinn bei diversen Ehrungen von verdienten Persönlichkeiten.

Scham und Beschämung

Scham, Schämen und Beschämung gehören zum großen Kreis dessen, was die Kränkung erfasst. Wenn man sich schämt oder beschämt wird, leidet man an einem Zustand des Unwohlseins, der Peinlichkeit, der Unruhe, der Depressivität. Man fühlt sich unsicher, schuldig und bloßgestellt, man ist gekränkt. Die Auslöser dieser Kränkungsreaktion sind in Mängeln, Fehlern oder Peinlichkeiten, im Verletzen basaler Gebote oder in gesellschaftlich nicht akzeptierten Verhaltensweisen zu sehen. Wenn aufgezeigt wird, dass persönliche Ziele nicht erreicht, Erwartungen der Mitmenschen nicht erfüllt und gesellschaftliche Normen nicht eingehalten worden sind, fühlt man sich beschämt. Kränkungen können völlig unbewusst, ohne eigenes Zutun und ohne wesentliche Fehler ausgelöst werden. Schämen hat immer einen fassbaren Grund, welcher aber nicht unbedingt mit Schuld zu tun haben muss. Durch die Scham wird das Individuum infrage gestellt und sieht sich in der sozialen Wertschätzung, in seiner Akzeptanz und Anerkennung bedroht. Scham ist stets mit den Gefühlen des Bedrohtseins und der Angst verbunden.

Scham ist ein tief verankerter Instinkt, den es wie Gekränktheit auch im Tierreich gibt, wenn etwa ein im Wettkampf unterlegenes Tier mit gesenktem Haupt das Weite sucht, wenn ein geschlagener Hund den Schwanz einzieht. Wie sehr Scham aber mit dem Menschsein verbunden ist, zeigt ihre frühe Erwähnung im Alten Testament. In der im Buch Genesis enthaltenen Geschichte von der Vertreibung aus dem Paradies wird die ganze Psychologie der Scham in wenigen Sätzen beschrieben. Am Beginn steht die

Übertretung eines Verbots bzw. die persönliche Schwäche, einer Versuchung nicht widerstanden zu haben. Die Scham öffnet die Augen und liefert neue Erkenntnisse, indem man zwischen Gut und Böse unterscheiden kann. In erster Linie macht sie aber die eigene Verletzlichkeit bewusst und motiviert dadurch letztlich zu einer zivilisatorischen Leistung. Sie erfordert Rechtfertigung und wird mit der Vertreibung aus dem Paradies geahndet.

Im menschlichen Erleben wird Scham als »peinlich«, demütigend und kränkend empfunden. Scham fühlt sich für den Betroffenen wie eine unerwartete Bloßstellung, wie die Aufdeckung eines Defizits oder einer Schuld an. Man sieht sich in seiner Intimität verletzt und den Blicken des anderen wie unter einem Vergrößerungsglas ausgesetzt. Scham tritt auch auf, wenn man in der persönlichen oder gesellschaftlichen Entwicklung gleichsam auf eine frühere Stufe zurückfällt. Deshalb sind auch animalische Vorgänge wie Nahrungsaufnahme, Verdauung, Ausscheidung oder Sexualität mit Scham besetzt, selbst wenn sie in kultivierter Form erfolgen.

Scham kann auch »stellvertretend« auftreten, indem man sich für nahe Angehörige oder sonst nahestehende Personen schämt. Der Ausdruck Fremdschämen wurde in Österreich im Jahr 2010 sogar zum »Wort des Jahres« gekürt. Andere Ausdrücke für Scham sind Peinlichkeit, Verlegenheit, Scheu oder Verschämtheit. Scham wird zur Zurechtweisung und Verhaltenskorrektur eingesetzt, was im Tadel »Schäm dich!« zum Ausdruck kommt. Der Inhalt des Schämens ist stark von Zeitgeist und Kultur abhängig. Während sich Scham früher besonders auf sexuelle Dinge bezogen hat, stehen heute Aussehen und Leistung, Besitz und Statussymbole im Mittelpunkt.

Scham wirkt ernüchternd, anfangs oft schockierend, immer reduzierend und deprimierend. Primär reagiert man auf Scham defensiv und mit Rückzug. Der Beschämte gerät in die Defensive, er entschuldigt sich und betont seine Betroffenheit: »Ist mir das peinlich …«, »Ich schäme mich furchtbar …«, man würde sich am liebsten verstecken oder »im Boden versinken«. Dieses niederdrückende Gefühl kann in extremen Fällen bis zur völligen Unterwerfung und Hilflosigkeit führen, was erklärt, weshalb Opfer von Vergewaltigungen oft keine Anzeige erstatten.

Scham erfasst stets die ganze Person, Scham spielt sich meist vor anderen ab, manchmal schämt man sich – und dies zeugt von tiefer Betroffenheit – vor sich selbst. Das kann sich steigern bis zur Selbstablehnung, zum Selbsthass, ja sogar zum Suizid.

Schamgefühle treten wie solche der Angst unmittelbar ein und erfassen sofort den ganzen Menschen. Sie überfluten geradezu das gesamte Ich und breiten sich schneller aus als die meisten anderen Affekte, schneller auch als die übrigen Kränkungsreaktionen. Scham bedeutet negativen Stress und tiefe Krise. Selbst beim Zuschauer, sofern er nicht voyeuristisch oder sadistisch veranlagt ist, lösen Scham und Beschämung unangenehme Gefühle aus, die man in milderer Form als Peinlichkeit kennt. Dies ist wohl auch auf die Funktion der Spiegelneuronen zurückzuführen, jener Hirnzellen, die dafür verantwortlich sind, dass »ich fühle, wie du fühlst«.

Die öffentliche Beschämung, welche in Zeiten des Internetprangers in großem Stil zelebriert wird, galt als Schandstrafe schlechthin. Beschämung wurde und wird als »Erziehungsmethode« eingesetzt. Beschämende Berichte ergeben sich aus den diversen Protokollen über die Missbrauchshandlungen in verschiedenen staatlichen und kirchlichen Institutionen.

»Einmal in der Woche war Wäschetausch. Perverses Ritual war das Kontrollieren der benutzten Unterhose. Da wir die Strafe fürchteten, versuchten wir die Kotbeistriche mit Spucke zu entfernen. Natürlich hat das nicht funktioniert und wir bekamen die Strafe. Die Erzieherin nahm uns in den Schwitzkasten und stopfte uns die dreckige Unterhose in den Mund, wobei die Unterhose umgedreht wurde. Anschließend kam die Schlagstrafe mit dem Bambusstock. Die Stockschläge erfolgten auf den Handrücken bei ausgestreckten Armen auf

die Fingernägel, was besonders wehtat. Ab diesem Zeitpunkt war mir bewusst, dass ich für niemanden etwas wert bin. Ich fühlte mich wertlos. Schutzlos und als minderwertiger Mensch. Und voller Schuldgefühle.« (Aus dem Bericht der Klasnic-Kommission)

Kann das Gefühl der Scham nicht überwunden werden, treten in weiterer Folge chronische Schuldgefühle, vermehrte Selbstbeobachtung, Schüchternheit, Angst und Depressionen auf. Dies kann bis zur Aufgabe der eigenen Persönlichkeit und zur Unterordnung der individuellen Rolle unter die tatsächlichen oder vermuteten Vorstellungen der Mitmenschen führen. Erhöhtes Schamgefühl, auch als Skrupelhaftigkeit bezeichnet, ist Ausdruck von Ängstlichkeit, von geringem Selbstvertrauen, von Versagensbefürchtungen und gesellschaftlichen Adaptionsschwierigkeiten. Oft sind diese neurotischen Schamgefühle hinter Depressionen, süchtigem Verhalten oder verschiedenen Verhaltensstörungen verborgen. Recht treffend werden diese als die »Masken der Scham« beschrieben. Es entsteht ein »neurotischer Panzer«, durch welchen sich die anderen zurückgewiesen fühlen, der aber auch die Annahme von Hilfe verhindert. Beschämte Menschen tun sich ausgesprochen schwer, therapeutische Unterstützung in Anspruch zu nehmen. Wenn es doch dazu kommt, ist ein sehr behutsames Vorgehen erforderlich, um den in seiner nackten Scham dastehenden Menschen nicht zu entwürdigen und bei ihm noch schwerere Schamgefühle hervorzurufen.

Scham hat aber auch noch zwei andere Funktionen: jene des Warnens und Schützens. Scham, vom mittelhochdeutschen »skham« kommend, heißt ursprünglich »sich bedecken, sich verhüllen«. »Scham schützt und Beschämung verletzt«, lautet eine alte Redensweise. Der Schweizer Psychiater Daniel Hell bezeichnet Scham als »Türhüter des Selbst«. Scham ist Wächterin der Grenzen bzw. der Intimität, wenn man etwa sagt: »Die Scham verbietet mir ...« Wenn aber Scham als Gefühl empfunden wird, etwas Falsches zu tun, nimmt sie einen destruktiven Charakter an. In treffenden Volksworten heißt dies »vor Scham vergehen« oder »sich in Grund und Boden schämen«. Damit will man wohl die Nähe zum Sterben andeuten.

Scham hat also bei genauer Betrachtung mindestens drei Funktionen: Sie dient der Regulierung unseres Verhaltens und damit der sozialen Anpassung. Sie beschützt unsere Individualität und persönliche Integrität. Sie wird eingesetzt als Erziehungsfaktor, als Strafe und oft auch als Demütigung.

Scham gehört somit zu den menschlichen Grundgefühlen, zu den emotionalen Basisausstattungen, die unserem Wesen in allen Zeiten und in allen Kulturen gegeben sind. Scham hat eine hohe soziale Bedeutung. Scham wird dann zum Problem, wenn sie nicht oder wenn sie im Übermaß vorhanden ist. Entscheidend ist auch hier die rechte Dosis. Schamgefühle sind aber auch unverzichtbare Voraussetzung für Empathie, für Verantwortung, für sozial verträgliches Verhalten. Muss sich eigentlich nicht schämen, wer keine Scham hat?

Eifersucht

Eifersucht ist eine mit der Kränkung eng verwandte, komplexe Emotion von schmerzhaftem Charakter. Im Wesentlichen resultiert sie aus Angst: Angst vor wenig Zuwendung und vorenthaltener Liebe, Angst vor Verlusterlebnissen, Angst vor eigener Schwäche. Bereits König Salomon, der in Sachen Eifersucht ja nicht unerfahren war, hat gemeint: »Ein gelassenes Herz ist des Leibes Leben, aber Eifersucht ist Eiter in den Gebeinen.«

Das Wort Eifersucht birgt in seinem Wortstamm die Begriffe Feuer (ai = Feuer), Bitterkeit (eiver = das Bittere) und Krankheit (Sucht = Seuche). Damit sind bereits im Ausdruck die wesentlichen Elemente einer Kränkung enthalten. Friedrich Nietzsche postuliert, die Eifersucht gehöre wie der Neid zu den Schamteilen der menschlichen Seele. Max Frisch betont die Verbindung mit dem Selbstwert, wenn er Eifersucht als »Angst vor dem Vergleich« bezeichnet. Eifersucht ist nie, wie dies oft missverstanden wird, ein Ausdruck leidenschaftlicher und verzehrender Liebe, sondern von Selbstwertzweifeln und hohen Besitzansprüchen, hat also sehr viel mit Machtausübung zu tun: »Eifersucht zeugt nicht von Liebe, sondern von Angst vor dem Verlust der Liebe«, sagt Rolf Merkle.

Bereits Charles Darwin beobachtete das Eifersuchtsphänomen in frühester Kindheit. Sein Sohn William habe, so geht aus seinen Aufzeichnungen aus dem Jahr 1877 hervor, schon im Alter von 15 Monaten eifersüchtig reagiert, sobald sich der Vater intensiv mit einer großen Puppe befasst habe. Diese Beobachtung wurde in jüngerer Zeit durch systematische Studien bestätigt. Forscher der Texas Tech University in Lubbock wiesen nach, dass Babys schon im Alter von sechs Monaten weinerlich reagieren und die Aufmerksamkeit der Mutter auf sich lenken wollen, wenn diese ein lebensechtes Püppchen hätschelt. Blätterte die Mutter hingegen in einem Bilderbuch und beachtete dabei das eigene Kind nicht, ließen sich die Sprösslinge nicht irritieren. Kinderpsychologen folgern aus dem frühen Auftreten der Eifersucht, dass es sich bei dieser nicht um eine Charaktereigenschaft, sondern um eine angeborene Strategie handle. Darin könnte auch die Ursache für Eifersüchteleien unter Erwachsenen liegen, wie eine Forschergruppe an der Florida Atlantic University in Boca Raton aufgezeigt hatte. Diese konnte bei Hirnstromuntersuchungen (EEG) an eifersüchtigen Kindern und Erwachsenen dieselben Aktivitätsmuster nachweisen.

Die US-Psychologinnen Amy Rauer und Brenda Volling ermittelten in einer Befragung von 200 jungen Erwachsenen Folgendes: Jene Probanden, die rückblickend von ihren Eltern gleich viel Aufmerksamkeit erhalten hatten wie ihre Geschwister, verfügten über ein stärker ausgeprägtes Selbstwertgefühl als jene, deren Elternhaus von Ungerechtigkeit und Eifersüchtelei geprägt war.

Evolutionsbiologisch wird Eifersucht mit dem Überlebenskampf beschrieben. In Zeiten der Nahrungsmittelknappheit – auch der geistigen – stellen Geschwister eine Bedrohung dar und Eifersucht dient dazu, sich die Zuwendung der Eltern zu sichern. Nach einer anderen evolutionsbiologischen These sei Eifersucht bei unseren Vorfahren erforderlich gewesen, um die Weitergabe der eigenen Gene zu sichern. Deshalb sei die Eifersucht bei Männern und Frauen unterschiedlich ausgerichtet. Während Männer besonders die sexuelle Untreue der Partnerin befürchten, kämpfen Frauen aus ökonomischen Überlegungen gegen die emotionale Zuwendung ihrer Männer zu Nebenbuhlerinnen. Männer leiden immer unter der Angst, dass sie ein Kuckuckskind aufziehen, während Frauen sehr wohl wissen, dass ihr Kind das eigene ist und deshalb eher befürchten, dass auch die wirtschaftliche Sicherheit verloren geht, wenn sich der Ernährer für eine andere Frau interessiert.

In einer als klassisch geltenden Studie hat der Psychologe David M. Buss (2003) von der Universität Austin, Texas, nachgewiesen, dass eifersüchtige Frauen vor allem die emotionale Untreue fürchten, während Männer Angst vor den sexuellen Aktivitäten ihrer Partnerin haben. Diese Studie wurde in der Folge vielfach bestätigt und zum Teil variiert. Zusammenfassend geht daraus hervor, dass emotionale Untreue bei weiblichen Personen wesentlich stärkere Reaktionen hervorruft als bei Männern. Mit höherer Schulbildung gleicht sich die Einstellung der Geschlechter allerdings an.

Eifersucht entfaltet eine enorme psychische Energie, welche zu Misstrauen, ständig kontrollierendem Verhalten, schweren Auseinandersetzungen, ja sogar Tötungsdelikten führen kann. Für junge Frauen in gebärfähigem Alter ist Ermordung aus Eifersucht eine der wichtigsten Todesursachen. Umgekehrt stellt Eifersucht für tötende Frauen das Hauptmotiv dar. Interessanterweise richten sich die Aggressionen eifersüchtiger Männer bei etwa 50 Prozent gegen die Rivalen, während eifersüchtige Frauen fast nur den Partner angreifen.

Eifersucht als eine »Leidenschaft, die mit Eifer sucht, was Leiden schafft« ist in vielerlei Hinsicht mit Verunsicherung, Zweifeln an sich selbst und den Mitmenschen, mit Beschämung sowie Kränkung verbunden. Wie jede Kränkung setzt Eifersucht drei Pole voraus: den des eifersüchtigen Menschen, jenen des geliebten »Objekts« und den der konkreten Bedrohung. Übertragen auf die Kränkungsinteraktion tritt also anstelle der Kränkungsbotschaft ein »Eindringling« in die Zweierbeziehung. Eifersucht ist die Angst, etwas zu verlieren, was man braucht oder liebt. Hingegen entspricht der Neid einem nahezu quälend wirkenden Wunsch, das zu haben, was andere besitzen. Bei beiden geht es aber um Vergleich, um Macht, um Selbstwert. Will man die Eifersucht bekämpfen, ist es immer ratsam, die Gründe für diese Reaktion bei sich selbst zu suchen, den Selbstwert zu stärken und Unabhängigkeit zu entwickeln. Wird man in den gewaltigen Sog der Eifersucht gezogen, soll man versuchen, sich zu distanzieren und das Geschehen so gut wie möglich »leidenschaftslos« zu betrachten. Wie bei jeder Form der Kränkung.

Demütigung – die tiefste Kränkung

Wer kann sie aus seinem Gedächtnis löschen, die Bilder der Demütigung irakischer Kriegsgefangener durch amerikanische Soldaten? Die im Internet verbreiteten und von mehreren Fernsehanstalten ausgestrahlten Fotografien aus dem Gefängnis Abu Ghraib zeigen verängstigte, in Pyramidenform zusammengepferchte oder an die Wand gestellte Menschen, wehrlos gefesselte Männer mit Kapuzen über dem Kopf. Auf einer Kiste stehende Gefangene mit Drähten an den Händen, durch welche ihnen ein tödlicher Stromstoß verabreicht wird, wenn sie sich aus ihrer hilflosen Position befreien wollen. Dahinter triumphieren die mit Militäruniformen bekleideten Bewacher, darunter auch Frauen, in martialischen Siegesposen.

Wer erinnert sich nicht an die sexuellen Demütigungen Terrorverdächtiger im US-Gefangenenlager Guantanamo? Mit den als »bessere Verhörmethoden« bezeichneten sexuellen Entwürdigungen verletzte man ganz bewusst muslimische Tabus. Haben die Täter dabei bedacht, dass nichts stärkere Gegenreaktionen, nichts so viel an Hass, Wut, Unversöhnlichkeit und Rachebedürfnissen hervorruft wie Demütigungen? Wie sehr durch diese Demütigungen die Spirale aus Hass, Rache und noch schlimmeren Grausamkeiten in Gang gesetzt wurde, zeigten die nicht minder brutalen Gräueltaten an amerikanischen Gefangenen im Irak. Als in Falludscha bei einem Überfall auf Zivilfahrzeuge mehrere Amerikaner ums Leben kamen, wurden die verkohlten Leichen von einer johlenden Menge mit Tritten und Stangen verstümmelt, die blutigen Körper durch die Stadt geschleift und anschließend an einer Brücke kopfüber aufgehängt. Demütigung bis über den Tod hinaus.

Und wer spürt kein nacktes Grauen in seinem Herzen, wenn er an die Enthauptung unschuldiger Journalisten und freiwilliger Sozialhelfer durch die IS-Terroristen denkt? Für die Schergen ist die barbarische Hinrichtung nicht genug. Vielmehr nehmen sie in ihrem sadistischen Machtrausch unschuldigen Menschen die letzte Würde, die Intimität der Todesstunde. Die ganze Welt soll durch technisch perfekte, realistisch kalte Videoaufnahmen erfahren, was Rache und was Grausamkeit ist. Aus all den vielen Entsetzlichkeiten des immer sinnloser werdenden Krieges ragt eine heraus, die die Spirale aus Entwertung, Wut und Rache unaufhörlich prolongiert: die Demütigung.

Bösartigste Kränkungsform

Die Demütigung ist die tiefste, die bösartigste und folgenschwerste Form der Kränkung. Sie ist Entwertung, Verletzung, Beschämung und Diffamierung in einem. Sie ruft Gefühle der Scham und Hilflosigkeit, der ohnmächtigen Wut und Verzweiflung, ja der totalen Erniedrigung hervor. Im Gegensatz zum sonstigen Kränken, welches dem Kränkenden unbeabsichtigt passieren kann, ist sie Ausdruck einer gezielten Aggression, einer bewussten Bloßstellung, einer geplanten Entwürdigung anderer. Dahinter steht immer eine böse Absicht, nicht nur eine Nachlässigkeit oder Unbedachtheit. Demütigungen sind offen und auf die äußere Person gerichtet, Kränkungen sind versteckter und entwickeln sich eher nach innen. Demütigungen haben aggressiv-sadistischen Charakter, Kränkungen sind subtiler und verhaltener.

Nach der Definition von Evelin Gerda Lindner (2005), die sich als eine von wenigen Wissenschaftlern mit der Demütigung befasst hat, ist diese eine »erzwungene Erniedrigung eines Menschen oder einer Gruppe, ein Prozess der Unterwerfung, der den Stolz, die Ehre und Würde der Opfer verletzt oder vollständig raubt«. Das Kernelement der Demütigung sieht Lindner im erniedrigenden Verhalten gegenüber anderen, im »nach unten drücken« und »nach unten halten«. Nach einer anderen Auffassung wird die Demütigung in einer anarchistischen Definition als Einschränkung der individuellen Autonomie, nach stoischer Auffassung als Einschränkung einer Person in ihrem Denken beschrieben.

Das Wesen der Demütigung liegt im bewussten Hinunterdrücken und Niederhalten eines anderen, im Hineinzwingen des Opfers in einen Zustand der Wehrlosigkeit und Passivität. Die Demütigung bringt den Menschen in eine hilflose Position, in der er einem übermächtigen Feind völlig ausgeliefert ist. Gegen Kränkungen kann man sich wehren, kann man mit Gegenaggressionen oder Rache reagieren. Bei der Demütigung ist man ohne Chance. Sie verletzt nicht nur Stolz, Ehre und Würde, sondern bringt die Opfer in eine Situation, welche tiefer angesiedelt ist, als dies je erwartet wurde. Demütigung ist die durch Hilflosigkeit potenzierte Kränkung, ein beschämendes Ausgeliefertsein, eine ultimative Traumatisierung. So gibt es für den Gedemütigten nur noch zwei Gefühle: jenes der Scham und der ohnmächtigen Wut. »Wer keine Demütigungen kennengelernt hat, weiß nicht, was es heißt, auf der untersten Stufe seiner selbst anzukommen«, lautet eine Erkenntnis in den »Syllogismen der Bitterkeit« des rumänischen Philosophen Emil M. Cioran.

Der Code des Bösen

Die Demütigung gehört zur psychischen Konstellation des Bösen. Versucht man die wesentlichen Elemente des Bösen zu beschreiben oder – um es etwas geheimnisvoller auszudrücken – den Code des Bösen zu entschlüsseln, so erweisen sich sadistische Aggressionen, maligner Narzissmus, Empathiemangel, einseitige Machtverteilung, Planungsgrad der bösen Tat, Folgen für das Opfer und Missachtung des Moralinstinkts als die wesentlichen Komponenten. Vieles von dem ist in der Demütigung enthalten, vor allem die aggressiv-sadistische Motivation, die fehlende oder unterdrückte Empathie sowie die die Ohnmacht des Opfers und den Machtrausch der Täter bedingende Hierarchie.

Bei Demütigungen werden die Opfer auf oft sehr beschämende und schmerzhafte Weise in eine aussichtslose Situation der Erniedrigung gebracht. Die Täter setzen sich über den jedem Menschen zu jeder Zeit und in jeder Kultur innewohnenden Moralinstinkt hinweg. Gleichzeitig wird die Schamgrenze aufseiten des Opfers massiv überschritten. In der kriminologischen Sexualforschung wird auf den Aspekt der Demütigung bei Vergewaltigungen, tätlichen Sexualdelikten und sexuellen Tötungen hingewiesen. Den Tätern gehe es, so die überraschende Erkenntnis der Wissenschaftler, in erster Linie nicht um die Befriedigung sexueller Bedürfnisse, sondern um die Erfüllung ihrer Machtansprüche. Dabei werden Demütigungen gezielt als Machtinstrumente eingesetzt. Das Beherrschen des durch und durch gedemütigten Opfers ist für die Täter der primäre Reiz, noch vor jenem des Auslebens sadistischer und sexueller Triebe.

Ein Beispiel extremer Demütigung finden wir in der Passion Christi. Die wahrscheinlich allen bekannte Bibelstelle (Matthäus 27, 27–31) liest man unter dem Aspekt der grenzenlosen Entwürdigung vielleicht anders:

»Da nahmen die Soldaten des Statthalters Jesus, führten ihn in das Amtsgebäude des Statthalters und versammelten die ganze Kohorte um ihn. Sie zogen ihn aus und legten ihm einen purpurroten Mantel um. Dann flochten sie einen Kranz aus Dornen, den sie ihm aufs Haupt setzten, und gaben ihm einen Stock in die rechte Hand. Sie fielen vor ihm auf die Knie und verhöhnten ihn mit den Worten: ›Heil dir, König der Juden!‹ und sie spuckten ihn an, nahmen den Stock und schlugen ihm damit auf den Kopf. Nachdem sie so ihren

Spott mit ihm getrieben hatten, nahmen sie ihm den Mantel ab und legten ihm seine eigenen Kleider an. Dann führten sie ihn zur Kreuzigung ab.«

In vormodernen (und leider auch wieder heutigen) Gesellschaften wurden die Menschen durch Strafen nicht nur gequält, sondern in ihrer Würde zutiefst verletzt und auf grauenhafte Weise gedemütigt. Mit allen nur erdenklichen Methoden wurden die Verurteilten in aller Öffentlichkeit mit Kreuzen, Pfählen, Folterrädern oder auf Scheiterhaufen langsam zu Tode gequält. Die Verurteilten wurden durch die Straßen getrieben, dabei verlacht, bespuckt und geschlagen. Bevor man sie tötete, wurden sie grausam gequält und aufs Tiefste gedemütigt. Dann wurden sie geköpft, geteilt und verbrannt. Selbst der Leichnam wurde in perversesten Formen geschändet.

Die Demütigungen bei öffentlichen Strafritualen wurden durch symbolische Aktionen vertieft, durch Abhacken der Hände oder Herausreißen der Zunge. All das geschah leider nicht nur in unaufgeklärten und unzivilisierten Zeiten, sondern – man kann es nicht fassen – erst in jüngster Zeit:

Pressemeldung vom 25. August 2015 (Palmyra, Damaskus): Die Nachricht von der Zerstörung des Tempels kommt wenige Tage, nachdem IS-Soldaten den 81 Jahre alten früheren Chefarchäologen der antiken Stätte, Khaled al-Asaad, enthauptet haben. Dieser hatte 40 Jahre lang die archäologischen Stätten in Palmyra geleitet, sich aber trotz des IS-Vormarsches geweigert, die Stadt zu verlassen.
Nach Angaben seines Sohnes Mohammed wurde al-Asaads Leiche nach dem Mord geschändet. Augenzeugen hätten berichtet, dass eine Gruppe von IS-Kämpfern die Leiche »in Stücke schnitt«, nachdem sie einen Tag lang an einem Pfosten aufgehängt gewesen war.

Demütigung und Macht

Demütigungen spielen sich im mikro-, meso- und makrozialen Kontext, also auf allen Ebenen des menschlichen Zusammenlebens, ab. Im individuellen Bereich haben sie die Wirkung von schweren Traumen, die jedoch viel schmerzlicher erlebt werden als Naturkatastrophen oder sonstige Unglücksfälle. Sie sind zu den sogenannten »man made disasters« zu zählen, also zu den von Menschen bewusst herbeigeführten Übeln, die von den Opfern nur schwer zu verkraften sind. Demütigungen sind für die Betroffenen komprimierte Kränkungen mit enorm destruktivem Potenzial und langer zeitlicher Wirkung.

Wenn es in Partnerschaften und familiären Verbänden zu Demütigungen kommt, bedeutet dies jedenfalls eine schwere Krise, wenn nicht das Ende von Beziehungen. Mehrere Forscher, die sich mit Demütigungen in Paarbeziehungen befasst haben, vor allem der amerikanische Psychiater James Gilligan, gelangen zu dem nicht überraschenden Schluss, dass Demütigung eine wesentliche Wurzel von Gewalt in Partnerschaft und Familienleben sei. In »Gesellschaften der Ehre« wie Jugendgangs oder mafiösen Gruppierungen nutzt man die destruktive Potenz der Demütigung zur Disziplinierung und Aufrechterhaltung der Hierarchie. Bei verweigerter Gefolgschaft und Versagen, besonders bei Abtrünnigkeit oder Verrat, erfolgt die Demütigung in ritualisierter Form.

Demütigungen sind seit jeher fester Bestandteil der Machtausübung, der Unterdrückung und Sklaverei, der Kriegsführung und des Verbrechens. Sie wurden über Jahrhunderte gleichsam institutionalisiert, um Frauen patriarchalischer Gewalt zu unterwerfen, um Menschen anderer Rasse und Hautfarbe zu unterjochen, um den Abstand zwischen Arm und Reich zu wahren und um religiöse oder kulturelle Barrieren aufrechtzuerhalten.

In den meisten geschlossenen autoritären Systemen versucht man, durch Demütigungen autonome Persönlichkeiten zu zerstören, Ruhe und Ordnung zu sichern, alte Werte zu erhalten oder

Terrorismus zu bekämpfen. Demütigungen in Form von Haarabschneiden, Genitalverstümmelungen, öffentlichen Auspeitschungen, ritualisierten sexuellen Übergriffen, Scheinexekutionen und ähnlichen sadistischen Machenschaften waren und sind institutionalisierte Elemente vieler Lagersysteme.

Die Geschichte lehrt, dass Gefühle der Demütigung in den meisten Kulturen einen zentralen Aspekt gewalttätiger Konflikte darstellen und durch nichts die Konfliktlösungen mehr behindert werden als durch diese zugespitzte Form der Kränkung. Die Dynamik der Demütigung kann zum Abreißen sozialer Beziehungen, zu generationenüberschreitenden Auseinandersetzungen, ja bis zum Krieg führen.

Die schon zitierte Psychologin Evelin Gerda Lindner fand in der Auswertung von 216 persönlich geführten Interviews in Somaliland, Ruanda, Burundi, Kenia, Ägypten sowie einigen europäischen Ländern heraus, dass es mindestens drei größere Zusammenhänge gibt, in denen sich Demütigung in jeweils unterschiedlicher Form zeigt: im Kontext des Stolzes, der Ehre und der Würde.

In Gesellschaften, welche von Stolz gekennzeichnet sind, wird Demütigung zwar sehr gefürchtet, aber sofort abgewehrt. Unter den noblen, stolzen und freien Nomaden gelte sogar das Sprichwort: »Ein Mann verdient es, getötet zu werden, nicht gedemütigt.«

Hingegen bedeute Demütigung in Kulturen, in welchen die Ehre des jeweiligen Standes oder der hierarchischen Ordnung bedeutsam ist, einen Angriff von unten. Von niederen Rängen werde ein gewisses Maß an Demut erwartet. Untertanen müssen Unterdrückungen demütig ertragen, weshalb diese als legitim, als natürliche Ordnung oder Gotteswille aufgefasst würden.

Schließlich erfolge Demütigung in modernen Gesellschaften im Kontext der Würde, einem eher auf das Individuum ausgerichteten Begriff. Die Gesellschaft gesteht jedem Menschen die gleiche Würde zu, wie das übrigens im ersten Artikel der Menschenrechtskonvention von 1948 festgehalten ist. Gerade in unserer globalen Informationsgesellschaft, in der die Menschenrechte respektiert werden, bedeute deren Verletzung eine schwerere Erniedrigung als Verstöße gegen Stolz und Ehre. Der Begriff der Demütigung orientiert sich also an den Menschenrechten, an der Verletzung menschlicher Würde. Diese Auffassung ist nicht neu, denn bereits der römische Redner und Staatsmann Marcus Tullius Cicero hat festgestellt: »Nichts ist quälender als die Kränkung menschlicher Würde, nichts erniedrigender als die Knechtschaft. Die menschliche Würde und Freiheit sind uns natürlich. Also wahren wir sie oder sterben mit Würde.«

Demütigung als Erziehungsmethode

Demütigungen gehörten über Jahrhunderte zu den Kernmethoden der Erziehung, teilweise sind sie das heute noch. Bewusste Bloßstellungen, Beschämungen und Erniedrigungen wurden instrumentalisiert, um »den Willen des Kindes zu brechen«. Die in der Aufarbeitung des sexuellen Missbrauchs von Kindern in kirchlichen und staatlichen Institutionen verfassten Protokolle belegen, mit welcher Menschenverachtung und mit welch hohem Maß an Sadismus die Demütigungen systematisch angewendet wurden. In einer Aufarbeitung der Heimerziehung im Tirol der Nachkriegszeit – das 2010 veröffentlichte Buch trägt den treffenden Titel »Im Namen der Ordnung« – schildert der Autor Horst Schreiber die Methoden, mit denen ein offensichtlich leicht retardiertes und verhaltensgestörtes Mädchen malträtiert wurde:

»Doch das Charakteristische der vielen Jahre, die A. im Kinderheim … verbringen muss, sind Schläge, Demütigungen, Abwertungen und Strafen. Stundenlang wird sie in den lichtlosen Keller gesperrt oder auf den für Kinder dunklen, schier endlosen und furchterregenden Gang in der Nacht verbannt. Dabei leidet sie an Platzangst, doch alles Schreien fruchtet nichts ... In eine Zwangsjacke gesteckt sei sie wie ein Hund an ein Tischbein angehängt worden ... Die Zwangsjacke kommt bei A., die nicht aufhört aufzubegehren, häufig zum Einsatz. Für jedes Widerwort habe es eine auf den Mund gegeben. Der Gummipracker malträtiert das Gesäß so lange, bis das Sitzen zur Qual wird.« Als beliebte Erziehungsmethoden werden eiskaltes Duschen und Aufessen von Erbrochenem genannt. Am schlimmsten aber seien die ständigen Entwertungen und Verunglimpfungen gewesen: »Du taugst nichts, du bist nichts wert, deine Mutter ist auch nichts wert. Du bist ein schlimmes Kind, deswegen bist du hier gelandet. Wir müssen aus dir ein braves liebes Kind machen, damit du später in der Gesellschaft bestehen kannst.«

In diesem und vielen anderen wissenschaftlichen Werken wird klar nachgewiesen, wie Demütigungen psychische Störungen auslösen, kriminelle Karrieren induzieren und die Menschen aus geordneten Bahnen hinausdrängen können. In Japan, wo die Erziehung stark auf die Aufrechterhaltung der Ehre ausgerichtet ist, ergeben sich Demütigungen der Kinder durch narzisstische Wutanfälle der Erzieher. Deshalb, so folgert die Psychoanalytikerin Ruth Benedict, dürfe man sich nicht wundern, dass in Japan Leute manchmal in höchst aggressiven Handlungen explodieren. Sie werden zu diesen Aggressionen nicht angereizt, wenn ihre Prinzipien oder ihre Freiheit auf dem Spiel stehen, sondern wenn sie sich der Beleidigung oder Herabsetzung in der Kindheit bewusst werden.

Klarer als manche psychologischen und pädagogischen Professionalisten hat die Macht der Demütigung der Physiker Albert Einstein erkannt, wenn er sagt: »Demütigung bzw. geistige Unterdrückung durch verständnislose und egozentrische Lehrer tut schweren, untilgbaren Schaden im kindlichen Gemüte, der gar oft das spätere Leben verhängnisvoll beeinflusst.«

Demütigungsfolgen

Die Folgen für die Gedemütigten werden maßlos unterschätzt, vor allem die Tatsachen, dass Demütigung äußerst schwer vergeben werden kann und ihrerseits bei den Opfern gefährliche Reaktionen auslöst. Durch nichts wird die Scham-Wut-Spirale derart angestachelt wie durch Demütigungen, die schwersten Formen der Kränkung. Durch die Dynamik der Demütigung werden soziale Beziehungen zerrissen und jahrelange Auseinandersetzungen hervorgerufen. Gefühle individueller Demütigung sind Wurzeln von erweiterten Suiziden und erweiterten Tötungshandlungen, von Familientragödien und Terroranschlägen. Jene der kollektiven Demütigung führen zu Feindschaft und Krieg. Aus der Geschichte können wir lernen, dass Gefühle der Demütigungen zu allen Zeiten und in den meisten Gesellschaften den zentralen Aspekt gewalttätiger Konflikte darstellten. Nichts behindert die Konfliktlösungen mehr als Demütigungen, wie man beispielsweise am endlosen Israel-Palästina-Konflikt oder anhand des syrischen Bürgerkriegs sieht. Individuelle oder kollektive Erlebnisse der Demütigung können nur äußerst schwer vergeben werden.

Die schon mehrfach genannte Wissenschaftlerin Evelin Gerda Lindner konnte in einer Feldarbeit nachweisen, dass die stärksten Gefühle der Demütigung in jenen Opfern aufkommen, welche ihre Demütiger bewundern. Wenn dann solche Opfer die Möglichkeit zur Rache für die erlittenen Kränkungen erhalten, wird diese oft mit besonderer Brutalität, bis hin zum Völkermord, durchgeführt. Die ehemals verehrte First Lady von Somalia, Edna Adan Ismail, die Opfer besonders brutaler Racheakte durch ihre früheren Bewunderer geworden ist, schreibt – zitiert nach Lindner – dazu: »Demütigung ist, wenn jemand versucht, dich auf sein Niveau herabzuziehen. Sie glauben, dass du über ihnen stehst, und sie wollen dich verletzen, dich demütigen, sodass du keinen Respekt mehr hast für dich selbst, dass du den Respekt verlierst, den du für dich selbst hast, und dass auch andere den Respekt verlieren, den sie für dich haben.«

Die innovativen Forschungen über Demütigung stellen das aus demütigenden Erniedrigungen resultierende Bedürfnis nach Uneinigkeit und Rache in den Mittelpunkt. Die alte Weisheit, dass Interessenkonflikte am besten durch Reden und Kooperieren gelöst werden, gehe ins Leere, wenn Auseinandersetzungen für manche Konfliktparteien geradezu ein durch die Entwürdigung hervorgerufenes psychologisches Bedürfnis seien. In Verhandlungen müsse deswegen vor allem das Gefühl der Demütigung beider Seiten in das Zentrum gerückt werden, ansonsten sei eine Vermittlung von vornherein aussichtslos.

Man müsste in unserer Gesellschaft mit Demütigungen anders umzugehen lernen und sie wissenschaftlich viel besser erforschen. Vielleicht könnte man sich dann wenigstens dem vom israelischen Politphilosophen Avishai Margalit (1996) entworfenen Bild einer Gesellschaft nähern, welche keine demütigenden Institutionen enthält. Der Weg dorthin scheint aber noch sehr weit.

Der Demütigung ist nichts Gutes abzugewinnen. Vermögen Kränkungen unter Umständen konstruktive Kräfte zu wecken und positive kompensatorische Leistungen anzuregen, ist dies bei den nach dem Prinzip der »verbrannten Erde« funktionierenden Demütigungen fast nie möglich. Sie haben alles zerstört, es ist nichts mehr da, was den Boden für neue Entwicklungen bilden könnte. Lindner kam nach elfjähriger Tätigkeit als klinische Psychologin mit Klienten unterschiedlichster Kulturkreise zu dem Schluss, dass Demütigungen zu allem Übel äußerst schwer vergeben werden können. Nicht einmal zum Erzwingen von Geständnissen bei Kriegs- und Terrorgefahr sind sie geeignet. Der als Anwalt von Guantanamo-Gefangenen bekannt gewordene Jurist Clive Stafford Smith hat eindrücklich darauf hingewiesen, dass Geständnisse mit verwertbaren Informationen nur von respektvoll behandelten Menschen erwartet werden können. Demütigungen sind bei Einvernahme und Verhören somit nicht nur illegitim, sondern führen nicht einmal zu verwertbaren Aussagen.

Demütigungen sind viel mehr als ein Wind, den man sät, ihre Ernte ist schlimmer als ein vorübergehender Sturm. Sie wirken verheerend und setzen destruktive Prozesse in Gang, deren zerstörerisches Potenzial nicht absehbar ist. Demütigungen setzen sich fort. In unserer vernetzten Gesellschaft gewinnen sie in virtualisierter Form – Stichwort Cybermobbing – eine neue Qualität: Demütigung vor der ganzen Welt und auf unbeschränkte Zeit. So kann man denn alles, was es zur Demütigung zu sagen gibt, auf den Punkt bringen: Demütigung ist die extremste Form der Kränkung – auch die gefährlichste, die unkalkulierbarste.

Verbitterung – die unheilbare Kränkung

Wenn eine Kränkungsreaktion allmählich erstarrt, sich in ihrer krank machenden Form gleichsam fixiert, wenn sie chronisch wird und sich nur noch wenig ändert, sind die Aussichten auf Heilung schlecht. Fühlt sich dann der gekränkte Mensch in einer Sackgasse ohne Vor und Zurück, sieht er sich in einem Kerker mit Mauern aus Ungerechtigkeit, Erniedrigung, Enttäuschung und Wehrlosigkeit gefangen, so spricht man mit einem treffenden Ausdruck von Verbitterung. Man braucht diesen Begriff gar nicht zu übersetzen oder zu erklären, er ist selbstredend: Der Mensch und sein Leben werden bitter durch und durch. All seine Emotionen sind von einem negativen, nicht wegzubekommenden Geschmack durchdrungen. Die Süße des Lebens ist verloren, Fühlen und Denken sind in ihrer ganzen Breite und Tiefe negativ getönt. Ein düsterer Schleier liegt über allem, was Freude machen könnte. Selbst das Denken ist nicht mehr frei, sondern wird von unsichtbaren Schranken auf ein Thema eingeengt, auf die große Ungerechtigkeit und Enttäuschung. Verbitterung ist eine diabolische Mischung aus Frustration und Resignation, aus Ohnmacht und Wut, aus Verletztheit und Aussichtslosigkeit.

Fast jeder Verbitterung geht ein langer, aufwühlender, letztlich verlorener Kampf voraus. Sie ist Folge eines zermürbenden Prozesses mit Hoffen und Verzweifeln, mit kurzfristigen Erfolgen und groben Rückschlägen, mit entschlossenem Widerstand und nachlassenden Kräften. Am Schluss steht die Resignation: Die bittere Erkenntnis, dass der Kampf verloren ist und nichts mehr gutgemacht werden kann. Nichts mehr ist so, wie es war, das Leben hat einen entscheidenden Bruch erfahren.

Im Gegensatz zur Antrieb hemmenden, lähmenden Depression wühlt die Bitterkeit innerlich auf. Unter einem erstarrten äußeren Panzer brodeln selbstzerstörerische Gefühle. Das Denken ist ganz auf erlittene Benachteiligungen, Ungerechtigkeiten und Traumatisierungen fokussiert. In der Fantasie drängen sich die negativen Erinnerungen und Bilder in zwanghafter Weise auf, die Betroffenen haben keine Chance, sich dagegen zu wehren. Verbitterte Menschen sind tief enttäuscht vom Leben, von den scheinbar verständnislosen Mitmenschen, auch von den Therapeuten, ja von sich selbst. Sie können nicht mehr an das Gute im Menschen glauben, halten Widerstand und Kampf für aussichtslos und verfallen in Selbstaufgabe. Sie fühlen sich zutiefst verletzt und sehen sich nicht mehr in der Lage, etwas dagegen zu tun. Verbitterte Menschen befinden sich in einem »Seelengefängnis«, in einem psychischen Kerker, aus dem sie keinen Ausweg mehr finden. Das Wissen um die Ohnmacht trotz enormer innerer Kraft, das ist am bittersten.

Josef K., 53-jährig, ledig, als zwanghaft und ungesellig geltend, hatte einen Bereich, in dem sein Leben aufging: seinen Beruf als Finanzprüfer. Allen war klar, dass die von Fleiß, Verlässlichkeit, Loyalität und Unbestechlichkeit gekennzeichnete Karriere durch Berufung zum Amtsleiter ihren Höhepunkt finden werde. Als die Führungsstelle zur Besetzung gelangte, wurde Josef K. einfach übergangen. Statt seiner wurde ein »junger Schnösel« bestellt. Von diesem fühlte sich Josef K. von Anfang an nicht gemocht, geschnitten, benachteiligt und letztlich gemobbt. Es kam zu versteckten und offenen Auseinandersetzungen, Dienstbeschwerden und Aussprachen, zu gegenseitigen Klagen und Vermittlungsversuchen, zu immer länger dauernden Krankenständen, schließlich zur Frühpensionierung. Der schwer depressiv gewordene Mann hatte resigniert.

Die psychischen Beschwerden des bis dahin stets gesunden Mannes, der während 30 Jahren Diensttätigkeit keinen einzi-

gen Tag krank gewesen war, nahmen auch nach der Pensionierung nicht ab, im Gegenteil: Er zog sich völlig zurück, mied nach Möglichkeit jeglichen sozialen Kontakt, verlor an Gewicht und wies, als er endlich in psychiatrische Behandlung kam, eine schwere Verbitterungsstörung auf. Sein kritischer Zustand machte eine stationäre Therapie mit Vitaminen, Infusionen und »Aufpäppeln« erforderlich. Bei der körperlichen Durchuntersuchung wurde nichts Auffälliges gefunden, die Computertomografien und die Laborwerte waren weitgehend normal. Im psychischen Bereich, in der Verweigerungshaltung und im fehlenden Lebenswillen müssen die Ursachen liegen, waren sich die Ärzte einig. Die psychotherapeutischen Gespräche, in denen sich die den Patienten durchdringende Verbitterung in ihrer ganzen Schwere zeigte, brachten keinen Fortschritt. Josef K. wurde schwächer und schwächer, sein Zustand verschlechterte sich, die Ärzte fühlten sich hilflos. »Er will nicht mehr«, meinten sie.

An einem Mittwochvormittag, zur selben Zeit, zu der in seinem früheren Amt die Sitzungen des Leitungsgremiums stattgefunden hatten, fand man ihn tot in seinem Bett. Durch die geöffneten Lippen des Verstorbenen konnte man die zusammengepressten Zähne sehen. »Als ob er lachen würde«, meinte der Totenbeschauer. »Nein, als ob er immer noch verbissen sei«, sagte der behandelnde Arzt. Bei der Obduktion wurde keine organische Todesursache gefunden. Josef K. war an unheilbarer Kränkung gestorben, an Verbitterung.

Verbitterung hat sehr viel mit Unversöhnlichkeit zu tun. Der Verbitterte findet keinen Frieden mit sich, schon gar nicht mit seinem Schicksal und zuallerletzt mit jenen, die er für seine Verbitterung verantwortlich macht. Bei keiner anderen Form der Kränkung ist das Kriterium der Nachhaltigkeit so ausgeprägt wie bei der Verbitterung. Trifft man mit verbitterten Menschen zusammen, werden diese meist bald auf das sie belastende Thema, auf die ihnen widerfahrene Ungerechtigkeit, auf ihr unverdientes Schicksal zu sprechen kommen. Finden sie anfangs noch Gehör und Interesse für ihr Problem, gehen sie den Mitmenschen damit allmählich auf die Nerven. Weil sie immer dasselbe erzählen und das Gefühl vermitteln, sich nicht helfen zu lassen, meidet man die Verbitterten und will möglichst wenig mit ihnen zu tun haben. Dies vertieft beim Verbitterten das Gefühl des Unverständnisses und der Ungerechtigkeiten, er fühlt sich abgewiesen und allein gelassen, er zieht sich noch mehr zurück. In seiner Abgeschiedenheit entwickelt er einen zunehmenden Hass auf die verständnislose, scheinbar heile Welt. Er brütet Fantasien der Rache, der Genugtuung und Gerechtigkeit, des letzten Triumphs aus.

Nikomachische Ethik

Bereits Aristoteles hat in seiner »Nikomachischen Ethik«, die seinem Sohn Nikomachos gewidmet war und von diesem nach dem Tod seines Vaters publiziert wurde, die Verbitterung und deren Folgen für den verbitterten Menschen beschrieben: »Verbittert ist der schwer zu Versöhnende, der lange den Zorn festhält; er verschließt die Erregung in seinem Innern und hört damit erst auf, wenn er Vergeltung geübt hat. Denn geübte Vergeltung beschwichtigt die Erregung, indem sie das Gefühl des Schmerzes durch ein Gefühl der Befriedigung ersetzt. Geschieht das nicht, so wirkt der Druck weiter. Denn da die Erregung nicht offen heraustritt, so kann einem solchen auch keiner gut zureden; innerlich aber die Erregung zu verarbeiten, dazu braucht es der Zeit. Diese Art von Menschen ist sich selbst und den vertrautesten Freunden die schwerste Last.«

Aristoteles hat schon vor 2500 Jahren die wesentlichen Punkte der Verbitterung erkannt: das Vordringen negativer Gefühle bis in das Innerste, die Unzugänglichkeit der abgekapselten kränkenden Emotion, den chronischen Stress durch anhaltenden Druck, die nachhaltige Wirkung und die schwere Bewältigung. Aristoteles weist darauf hin, wie belastend Verbitterung für den Betroffenen ist und wie schwer erträglich verbitterte Menschen für ihre Umgebung sind. Der große Philosoph, der auch ein großer Psychotherapeut war, zeigt aber auch Lösungsmöglichkeiten auf: in negativer Form durch Vergeltung, also Rache, in positiver durch offenes Ansprechen und durch Verzeihen.

Die Verbitterung wird nicht durch einen aggressiven Affekt, durch Zorn oder Wut entladen. Auch geht sie nicht nach einiger Zeit vorüber wie die normale Kränkung. Und sie ist noch schwerer als diese zu behandeln. Sie frisst sich gleichsam fest, hat sich fixiert. Es ist wie die Situation vor dem Gewitter: Die Luft ist schwül und schwer, die Atmosphäre geladen, der reinigende Blitz und der befreiende Regen wollen nicht und nicht kommen. »Diese Menschen ... verbohren sich in ihr Leid und fühlen sich dabei nicht wohl. Aus dem ständigen Hadern mit dem widerfahrenen Schicksal können sich lang anhaltende psychische Krankheiten entwickeln. Indem der Verbitterte stets einem anderen die Schuld an seinem Zustand gibt, drängt er sich selbst in die Rolle des handlungsunfähigen Opfers. Seelische Wunden können nicht verheilen, wenn sie stets aufs Neue aufgerissen werden. Wer sich Kränkungen immer wieder in Erinnerung ruft, blutet ewig«, stellt der Wiener Psychiater und Psychotherapeut Raphael Bonelli fest.

Symptome der Bitternis

Die Symptome der Verbitterung ähneln jenen der Depression, sind aber wesentlich aggressiver und selbstzerstörerischer. Während die Depression lähmt, regt die Verbitterung auf. »Die Depression ist ein starrer, dunkler Klumpen. Die Bitterkeit schwingt, sie bewegt sich wie ein zirkulierendes Gift und ist leicht abzurufen«, sagt der Berliner Psychiater Michael Linden, und weiter:

»Die Verbitterung ist eine Mischung aus Aggressivität und Resignation, aus Rachegefühl und Selbstzerstörung.«

Im Vordergrund der Beschwerden stehen Missmut und Freudlosigkeit, Gefühle von Hilflosigkeit, Schuldvorwürfe gegen andere und sich selbst, aggressive und suizidale Fantasien, innere Unruhe, Schlafstörungen, psychosomatische Symptome wie Magen- und Gallenleiden, Rückenschmerzen sowie Druck auf der Brust. Verbitterte meiden zunehmend den sozialen Kontakt, sie erleben die Umwelt als verständnislos und kaltherzig. In vielen Fällen entwickeln sie Neid und Wut auf die scheinbar sorglose, fröhliche, sie alleinlassende Gesellschaft. Im Gegensatz zum depressiven Menschen sind aber ihre Affekte nicht erstarrt. Während bei der klassischen Depression die Antriebshemmung als Hauptsymptom zu sehen ist und der lähmende Aspekt der Störungen im Vordergrund steht, leidet der Verbitterte an einer agitierten Form der Depressivität.

Verbitterung belastet aber nicht nur die Psyche, sondern auch den Körper. Wie bei jeder chronischen Stressreaktion sind durch chronische Verbitterung die somatischen Funktionen wie Herzschlag, Blutdruck, Stoffwechsel, Hormonhaushalt oder Muskelverspannung indirekt mitbetroffen. Die anfänglich vorübergehenden vegetativen Begleitsymptome des Ärgers werden gleichsam organisch fixiert. Dies heißt, dass der erhöhte Blutdruck hoch bleibt und sich so zum Hochdruck entwickelt, dass die anfangs vorübergehend angestiegene Herzfrequenz zu Rhythmusstörungen wird und durch Ärger ausgelöste Muskelspannungen chronische Schmerzsyndrome verursachen. Kanadische Forscher von der Concordia University haben nachgewiesen, dass Verbitterte ein erhöhtes Risiko für Herz-Kreislauf-Erkrankungen und für verschiedene andere Leiden aufweisen. »Kümmern Sie sich jetzt um Ihre Bitterkeit, sonst wird sie Sie in fünf Jahren in Form von chronischen Kopfschmerzen, Erschöpfung oder Rückenschmerzen heimsuchen«, meint der Psychosomatiker Frederic Luskin von der Stanford University.

Die posttraumatische Verbitterungsstörung

Der deutsche Wissenschaftler und Psychiater Michael Linden hat nach vieljähriger Forschung zu den Themen »Verletzung – Verbitterung – Vergebung« das Störungsbild der posttraumatischen Verbitterungsstörung (»posttraumatic embitterment disorder«, PTED) beschrieben. Er ist damit einer der wenigen, die sich wissenschaftlich eingehend mit dem Thema Kränkung im weiteren Sinne beschäftigt haben. Linden beobachtete, dass lebensübliche Belastungen wie Kündigungen, Partnerschaftsprobleme, zwischenmenschliche Konflikte oder Verlusterlebnisse, welche als verletzend, entwertend und ungerecht erlebt werden, eine ähnliche Symptomatik hervorrufen wie die posttraumatische Belastungsstörung. Die Folgen von »kleinen« Entwertungen, Verletzungen und Ungerechtigkeiten sind also gleich schwer wie jene singulärer lebensbedrohlicher Ereignisse, etwa von Naturkatastrophen, Terroranschlägen oder Vergewaltigungen. Während bei der posttraumatischen Belastungsstörung ein einzelnes Trauma mit Todesangst vorausgegangen ist, ist der Auslöser bei der Verbitterungsstörung objektiv viel weniger dramatisch, wird aber subjektiv als ähnlich bedrohend erlebt.

Da das Konzept der Verbitterungsstörung wie erwähnt innerhalb der Psychiatrie und Medizin eigentlich das Einzige ist, das sich mit wissenschaftlichen Ansprüchen des Kränkungsthemas annimmt, sei es im Folgenden in trockener wissenschaftlicher Definition erörtert. Die diagnostischen Kriterien der Verbitterungsstörung (PTED) werden von Linden in Anlehnung an die posttraumatische Belastungsstörung nach der WHO-Definition wie folgt beschrieben:

A) **Die folgenden drei Kriterien müssen erfüllt sein:**
Die Betroffenen haben ein einschneidendes persönliches Ereignis erlebt bzw. eine einschneidende persönliche Erfahrung

gemacht, die sie äußerst gekränkt, herabgewürdigt oder verbittert hat.
Das kritische Lebensereignis wird als ungerecht erlebt mit dem Gefühl, dass das Schicksal oder der Verursacher nicht fair mit ihnen umgegangen ist.
Das Ereignis ist den Betroffenen bewusst und hat ihre psychische Befindlichkeit deutlich und anhaltend negativ verändert.

B) **Von den folgenden drei Kriterien müssen mindestens zwei vorliegen:**
Die Betroffenen erleben rezidivierend sich aufdrängende und belastende Erinnerungen und/oder
Gedanken oder Träume an das kritische Lebensereignis und/oder zeigen heftige emotionale Reaktionen, wenn sie an das Ereignis erinnert werden.
Die ausgeprägte affektive Reaktion wird von den Patienten häufig als Verbitterungsgefühl wahrgenommen.

C) **Von den folgenden acht Kriterien müssen mindestens vier erfüllt werden:**
Tatsächliches oder mögliches Meiden von Orten oder Personen, die an das kritische Lebensereignis erinnern.
Beeinträchtigung familiärer Aktivitäten.
Beeinträchtigung beruflicher Aktivitäten.
Beeinträchtigung von Hobbys, Freizeitaktivitäten und sozialen Aktivitäten.
Erhebliche Selbstvorwürfe, Ärger auf sich selbst.
Häufig gedrückte Grundstimmung.
Häufig gereizte Grundstimmung.
Bei Ablenkung kurzfristig normale Stimmungslage möglich.

D) **Die beiden folgenden Kriterien müssen erfüllt sein:**
Dieses Verhalten und Erleben bestand nicht vor dem belastenden Ereignis.

Dieses Verhalten und Erleben besteht seit mindestens sechs Monaten.

Es ist bezeichnend für den ignorierenden, oder besser gesagt, den verdrängenden Umgang der psychologischen und medizinischen Wissenschaften mit Kränkungsphänomenen, dass die logische und hochwissenschaftliche Konzeption Lindens keine Aufnahme in die großen Diagnosekataloge gefunden hat. Dies ist realitätsfern und im Übrigen auch für den Wissenschaftler kränkend.

Ursachen und Verlauf

Ursachen und Auslöser schwerer Verbitterungsstörung werden in der groben Verletzung von sogenannten »Grundannahmen« wie psychologische Einstellungen, innere Haltungen und Wertorientierungen verortet. Werden diese »basic beliefs« durch den Verlust zentraler Werte einer Person verletzt, geht gleichsam der Boden unter den Füßen verloren. Die Betroffenen fühlen sich ungerecht behandelt und verraten – vom Schicksal und vom Leben, von der Gesellschaft und vom Staat, vom Dienstgeber und den Kollegen, vom Freund und Partner. Solche »basic beliefs« sind beispielsweise: »Leistung lohnt sich, Liebe ist ewig und heilig. Es wird alles wieder gut.« Der entlassene Angestellte glaubt fest an die Wertschätzung von Loyalität und Fleiß, die verlassene Ehefrau an Dankbarkeit und Treue. Man könnte auch sagen, dass Verbitterung besonders dann eintritt, wenn das jedem Menschen innewohnende Grundvertrauen enttäuscht worden ist. Es überrascht deshalb nicht, dass vor allem Menschen mit einem starren Korsett aus Werten von Verbitterungsstörungen betroffen sind.

Linden ist dem therapeutischen Pessimismus entgegengetreten und hat mit der Achtsamkeits- und Weisheitstherapie Erfolg versprechende Methoden zur Linderung und Auflösung von Verbitterungsstörungen entwickelt. Dabei werden mit den Patienten Fähigkeiten zum Perspektivenwechsel, zur besseren Wahrnehmung und Akzeptanz eigener Gefühle erarbeitet und Wissensinhalte zur Problemlösung, zum Wert- und Selbstrelativismus sowie zur Nachhaltigkeit vermittelt. Der große Zuspruch, dessen sich dieses Verfahren heute erfreut, gibt Hoffnung, dass die Verbitterung künftig nicht mehr als die unheilbare Form der Kränkung gelten wird.

Krank durch Kränkung

»Friss nicht so viel!«, sagte der Vater in herzlich-vorwurfsvollem Ton beim Abendessen zu seiner etwas mollig wirkenden 16-jährigen Tochter. In den nächsten Jahren wünschte er sich unzählige Male, diese Bemerkungen nie gemacht zu haben. Immer und immer wieder musste er daran denken, zermarterte sich mit Vorwürfen und wünschte sich nichts so sehr, als die verhängnisvollen Worte unausgesprochen zu machen.
Seine Tochter aß tatsächlich weniger, immer noch weniger, bald viel zu wenig. Sie mied vorerst kalorienreiche Nahrung, nahm nur noch Gemüse zu sich, trank ausschließlich Wasser. Den gemeinsamen Mahlzeiten blieb sie fern. Sie sei zu dick, der Körper sei unförmig, sagte sie, als sie nur noch 34 Kilo wog. Sie leide unter Blähungen, fühle sich wie ausgestopft, wie »eine bamstige Masse«. Heimlich erbrach sie. Schon bald brauchte sie keine Stimulation mehr, sie hatte einen »psychischen Brechreflex« entwickelt. In der Nacht nahm sie Abführ- und Beruhigungsmittel. Unzählige Gespräche, ob vernünftig oder emotional, Tausende Appelle, ständiges Bitten und Betteln, selbst Drohungen nutzten nichts. Obwohl nur noch Haut und Knochen, wirkte sie nicht unglücklich, wohl aber schien sie unberührbar, mehr und mehr in sich zurückgezogen. Ärztliche Interventionen, zahlreiche Therapien und mehrere Aufenthalte in Spezialkliniken brachten keinen anhaltenden Erfolg, das Drama nahm seinen Lauf …

Nun lässt sich eine Anorexia nervosa nicht durch ein unüberlegtes Wort erklären. Komplexe Krankheitsbilder wie Störungen des Essverhaltens haben immer viele Ursachen, welche zudem noch nicht bis ins Letzte bekannt sind. Eine Kränkung kann aber Teilursache und eine kränkende Bemerkung Auslöser sein. Vornehmlich dann, wenn diese eine sensible Stelle trifft. Bei Ess-/Brech-Störungen ist dies vordergründig meist die Angst, dem heutigen Schönheitsideal nicht zu entsprechen oder die weibliche Rolle nicht erfüllen zu können. Oder zu wollen. Unbewusst lassen sich Selbstwertzweifel, Identitätsfindungsprobleme, Sinnlosigkeitsgefühle, Liebesdefizite, aber auch Depressionen sowie nicht überwundene Kränkungen erkennen.

Essstörungen

Essstörungen sind, obwohl sie in den reichen Ländern seit einigen Jahrzehnten zunehmen, keine neuen Krankheiten. Appetitlosigkeit und Essprobleme treten in Begleitung vieler körperlicher und psychischer – vor allem depressiver – Krankheiten auf. Man unterscheidet zwei große Gruppen: die fälschlicherweise auch als Pubertätsmagersucht bezeichnete Anorexia nervosa, bei der sich die Betroffenen hartnäckig weigern, auch nur ein Minimum ihres normalen Körpergewichts zu halten. Bei der Bulimia nervosa wechseln sich »Fressanfälle« und verschiedenste Maßnahmen zur Gewichtsreduktion ab, etwa selbstinduziertes Erbrechen, langes Fasten, exzessiver Sport oder Missbrauch von Abführ- und Abmagerungsmitteln. Den Störungen, die zu 80 Prozent Frauen betreffen und von denen etwa 0,5 Prozent aller Frauen erfasst sind, liegt eine gestörte Selbstwahrnehmung zugrunde. In ihrem Empfinden ist das Körpergewicht viel zu hoch und dadurch die Gesamtfigur schwer gestört. Mit anderen Worten heißt dies, dass das Selbstwertgefühl von Menschen mit Essstörungen überwiegend von ihrer Figur, ihrem Gewicht und ihrer als »Selbstdisziplin« empfundenen Fähigkeit, dieses zu reduzieren, abhängt. Schwere und lebensbedrohliche Konsequenzen der Mangelernährung irritieren nicht oder werden komplett verdrängt. Selbst das

Wissen, dass bis zu zehn Prozent der Anorexie-Patienten verhungern, hindert nicht an ihrer Überzeugung und ihrem Verhalten.

Unter den vielfältigen Ursachen der Essstörungen, die von erblicher Belastung bis zu emotional gestörten Familienverhältnissen reichen, kann auch nachgewiesen werden, dass der Beginn der Krankheiten sehr oft mit belastenden Lebensereignissen und mit Kränkungen verbunden ist. Kränkungen richten sich ja immer wie die Essstörungen gegen das Selbstwertgefühl. Kränkungen führen ebenso zur Ablehnung des eigenen Körpers und der eigenen Person. Kränkungen resultieren aus Beziehungskonflikten, denen Anorexie-Patienten oft ausgesetzt sind. Mit Essstörungen und Kränkungen wird oft die Weigerung ausgedrückt, eine bestimmte Rolle zu übernehmen. Schließlich ist der lang dauernde und schwierige Krankheitsprozess der Essstörungen mit einer Unzahl von Kränkungen auf beiden Seiten verbunden.

Organsprache

Nicht nur bei der psychosomatischen Paradekrankheit, der sogenannten »Pubertätsmagersucht«, sondern auch bei vielen anderen somatoformen Störungen sind Kränkungen bedeutende Ursachen. Solche somatoformen Störungen, wie sie heute genannt werden, können praktisch alle Körperregionen betreffen. Oft spricht die »Organwahl« eine klare Sprache und weist auf die Art der nicht überwundenen Kränkung hin. So fühlt sich ein beschämter Mensch in seiner Haut nicht mehr wohl und leidet plötzlich unter Ausschlägen. Jemand, der gedemütigt worden ist, wird in Folge des symbolisch gesenkten Haupts vielleicht chronische Nackenschmerzen verspüren und Beleidigungen gehen mit einem Gesichtsverlust einher, der sich nicht selten in Akne äußert. Am häufigsten wird der Rücken als Organ des Tragens, auch von seelischen Lasten, von Kränkungen betroffen sein: Nach verschiedenen Untersuchungen haben Rückenschmerzen in mindestens

40 Prozent der Fälle keine organische Ursache, sondern sind auf psychische Belastungen, vor allem auch auf Kränkungen, zurückzuführen.

Jetzt gab es kein Entrinnen mehr. Sie spürte noch keinen Schmerz, keinen Schwindel, auch keine Übelkeit. Aber das Gefühl war untrüglich, jetzt würde der Anfall kommen. Bald die stechenden Schmerzen, ein Bohren bis in das Innerste des Kopfes, eine Welle nach der anderen, als würde der Schädel gleich platzen. Dann schwallartiges Erbrechen, völlige Hilflosigkeit, Ausgeliefertsein an einen perimaximalen Schmerz.
Früher litt sie nie an Kopfweh, die Anfälle traten erstmals vor einem Jahr auf. Sie hatte einen neuen Job, erledigte diesen mit Initiative und Schwung. »Bravourös«, sagten die Vorgesetzten. Sie wurde gemobbt, von den Kollegen geschnitten, die Kolleginnen griffen sie offen an: Sie sei kalt, arrogant, karrieresüchtig. Man versetzte sie auf eine andere Abteilung, die Arbeit forderte und freute sie nicht mehr. Ihr mentales Potenzial lag brach. Die Migräne wurde zum Symbol für geistige Unterforderung, für verlorenen Kampf, für tiefes Gekränktsein.

Man geht heute davon aus, dass 9 bis 20 Prozent der Allgemeinbevölkerung von »medizinisch unerklärten Körper-Symptomen« betroffen sind. Bei all diesen Störungen findet man als wesentliche Ursache psychischen Stress, hervorgerufen durch innerseelische Konflikte, psychosoziale Belastungen, Traumatisierungen – und Kränkungen. Am häufigsten sind körperlich nicht erklärbare Schmerzen, exzessive Müdigkeit und Erschöpfung, aber auch sogenannte »körperdysmorphe Störungen«, bei denen das Gefühl dominiert, einen Mangel im äußeren Erscheinungsbild aufzuweisen, hässlich zu sein oder an einer Verunstaltung zu leiden. Dass solche Störungen oft durch abschätzige oder verletzende Bemerkungen ausgelöst werden und sich die Betroffenen im Laufe ihrer Krankheitskarriere sehr häufig gekränkt fühlen, liegt auf der Hand.

Die wissenschaftliche Erforschung psychosomatischer Störungen, die trotz großer Fortschritte in den letzten Jahrzehnten noch zu keinen überzeugenden Erklärungen gekommen ist, betont neben genetischen, neurobiologischen, geschlechtsspezifischen und umweltbezogenen Faktoren die Bedeutung des psychosozialen Stresses für Auslösung, Verstärkung und Aufrechterhaltung psychosomatischer Leiden. Ein wesentlicher Teil des psychosozialen Stresses liegt in dem, was man mit einem zugegebenermaßen unscharfen Begriff als Kränkung bezeichnen kann.

Sisi-Syndrom

Ende der 1990er-Jahre wurde die Frage aufgeworfen, ob es nicht eine neue Form der Depression gäbe, bei welcher die Betroffenen durch vermehrte Aktivitäten versuchen, ihre Depressionen zu verbergen und dagegen anzukämpfen. Benannt wurde diese Störung nach Sisi, der Kaiserin Elisabeth von Österreich, was enormes Interesse der Laienpresse und viele Diskussionen in der Öffentlichkeit auslöste. In Fachkreisen wurde das Sisi-Syndrom nie anerkannt und als gelungener Werbegag einer Pharmafirma betrachtet. Tatsächlich lassen Persönlichkeit, Verhalten und Lebenslauf der Kaiserin Elisabeth viele Auffälligkeiten erkennen, welche für depressive, süchtige, selbstaggressive, anorektische und noch andere Störungen sprechen. Vor allem war ihr Leben aber durch unzählige Kränkungen geprägt.

Die am Heiligabend 1837 in München geborene, unter herzlichen Verhältnissen, aber ohne höfisches Zeremoniell aufgewachsene Elisabeth wurde 15-jährig mit dem jungen Kaiser Franz Joseph I. verlobt, obwohl sie eigentlich für dessen jüngeren Bruder bestimmt war. Am Kaiserhof zu Wien fühlte sie sich ihrer Freiheit beraubt und litt unter Heimweh. Im ständigen Kampf gegen die höfische Etikette erlitt sie zahlreiche Kränkungen, auf welche sie mit Panikattacken, Depressionen und Zwangsstörungen reagierte. Als ihre erstgeborene Tochter verstarb, sah sie sich vielen Vorwürfen vonseiten ihrer Schwiegermutter ausgesetzt. Wechselseitige Kränkungen waren die Folge. Nach der Geburt des Thronprinzen Rudolf geriet die Ehe in eine anhaltende Krise mit beidseitigem Entfremden. Elisabeth verfiel in eine schwere Depression, in der sie sich immer wieder (selbstkränkende) Vorwürfe wegen ihrer unzulänglichen Rolle als Ehefrau und Mutter machte. In dieser Zeit kam es wohl auch zu süchtigem Verhalten, sowohl mit Substanzen als auch in Form einer als »Hungerkur« getarnten Anorexie.

Als sie nach der Geburt des vierten Kindes gegen den Willen von Mann und Schwiegermutter die Erziehung selbst übernahm, begann eine stabile Phase. Elisabeth wurde autonom und selbstsicher, sie engagierte sich politisch, war viel auf Reisen, mied den Wiener Hof weitgehend, betrieb aber auch einen exzessiven Körperkult, besonders in der Pflege ihrer Haare. Dies deutet auf ihre (kränkungsbedingten) Selbstwertprobleme hin.

Ab 1888/89 gingen Schicksalsschläge und Kränkungen weiter. Ihr damals schon verheirateter Sohn, Kronprinz Rudolf, mit dem sie immer große Sorgen gehabt hatte, erschoss sich mit seiner Geliebten. Elisabeth verfiel neuerlich in Depressionen, verschenkte ihre prachtvolle Garderobe, trug fortan nur noch Trauerkleider und verfiel auch körperlich. Wie sehr sie das vorzeitige Altern gekränkt haben muss, ergibt sich u. a. aus ihrer Feststellung: »Es gibt nichts Grausigeres, als nach und nach zur Mumie zu werden.« Sie war ein gebrochener Mensch. Als sie am 10. September 1898 in Genf auf dem Weg zur Schiffsanlegestelle von einem wahrscheinlich geisteskranken italienischen Anarchisten durch einen einzigen Stich mit einer

Feile ermordet wurde, sei dies von vielen als Erlösung empfunden worden.

Kaiserin Elisabeth wies zweifelsohne viele psychische Störungen auf. Charakteristisch sind die schweren Depressionen und der aktive, vielfältige Kampf dagegen. Während Depressionen in der Regel alle Aktivitäten und auch jeglichen Widerstand hemmen, reagierte Sisi darauf mit vielfältigen Aktivitäten. Ihr innerer Zustand war von Unruhe, Rastlosigkeit, Sprunghaftigkeit, jedoch auch Selbstbewusstsein geprägt. Nach außen verbarg sie ihr inneres Elend, ja kompensierte dieses durch Fitness und Attraktivität. Ob dieses Störungsbild, das eigentlich einer agitierten Depression entspricht, als eigenes »Sisi-Syndrom« bezeichnet werden soll, ist mehr als fraglich. Tatsächlich kann man aber erkennen, dass die vielfältigen psychischen Störungen der Kaiserin Elisabeth nicht unwesentlich durch zahlreiche Kränkungen ausgelöst worden sind.

Sucht und Kränkung

Sucht hat viele Ursachen. Missbrauch und Abhängigkeit sind immer komplexe Störungsbilder, jede eindimensionale Erklärung ist tatsächlich einfältig. Genetisch bedingte Veranlagung, Umwelteinflüsse, Milieuumstände, Erziehung, Entwicklungsfaktoren sowie lebensgeschichtliche Belastungen sind ebenso bedeutsam wie politisch-religiöse Verhältnisse, Modeströmungen, gesetzliche Regulationen und globale Entwicklungen. Mit dieser Aufzählung, die sich erheblicher Unvollständigkeit erfreut, seien nur einige allgemeingültige Ursachenkategorien genannt. Auf diesen aufbauend entsteht das individuelle Gefüge von Missbrauch und Abhängigkeit. Süchtigkeit bezieht sich ausdrücklich nicht nur auf psychotrope Substanzen, also auf Alkohol, Drogen und Beruhigungsmittel, sondern auch auf viele Formen menschlichen

Verhaltens – auf Spielen und Kaufen, auf Arbeit und Sex, auf Streiten und Essen und auf vieles andere mehr. Man spricht dann von substanzungebundenen Abhängigkeiten oder Verhaltenssüchten.

In meiner vieljährigen Arbeit mit Suchtkranken hat sich mir eine Problemkonstellation gezeigt, welche nahezu durchgehend vorhanden war: Die meisten Süchtigen leiden an nicht verarbeiteten, nicht überwundenen Kränkungen. Mithilfe von berauschenden Substanzen oder entrückenden Verhaltensweisen versuchen sie, diese Wunden zu betäuben und die von Neurosen und Depressionen überfrachteten Kränkungsreaktionen zu mildern.

Der Zusammenhang von Sucht und Kränkung könnte im Wesentlichen auf drei Wegen zustande kommen. Sucht könnte eine Folge nicht überwundener Kränkungen sein. Umgekehrt kann der Suchtprozess viele kränkende Situationen mit sich bringen. Schließlich wäre ein Zusammenspiel von gemeinsamen Ursachen und gegenseitigen Interaktionen möglich.

Falls Sucht durch Kränkungen bedingt ist, stünde am Anfang wahrscheinlich der Versuch, die durch Kränkungen hervorgerufenen Verletzungen mit betäubenden Drogen zu »behandeln«. Mit ihrer Wirkung soll der seelische Schmerz gelindert, die Enttäuschung ertragen und die Kränkungsreaktion abgeschwächt werden. Oft sind den Betroffenen die Kränkungsauslöser gar nicht bewusst, da sie in einer nicht mehr erinnerbaren Lebensphase liegen. Solche Frustrationen könnten die elementaren Bedürfnisse nach Sicherheit und Geborgenheit betroffen haben. Manchmal sind sie verdrängt oder schlummern in verschatteten Anteilen des Unbewussten, manchmal erlebt man sie wieder in der ursprünglichen Schmerzhaftigkeit. Mit Suchtmitteln soll das beleidigungsbedingte Leid gemildert oder der aus Enttäuschung resultierende Zweifel zerstreut werden. Sucht ist nichts anderes als ein Schild gegen Gefühle der Benachteiligung und Diskriminierung, der Entwertung und Demütigung, der Beschämung und Enttäuschung, kurzum: der Kränkung.

Alex war Frühpensionist, verbrachte viel Zeit in Kneipen, er war ein erfahrener Biertrinker. Einer seiner Kollegen fragte ihn mit Blick auf seinen Bauch in lachendem Ton: »Bist du schwanger?« Alex besuchte dieses Lokal nie wieder und mied jeglichen Kontakt mit seinen früheren Trinkkumpanen. Seine Kränkungsreaktion wurde vom Alkoholtherapeuten auf die verdrängten gesundheitlichen Probleme durch den Alkoholmissbrauch zurückgeführt. Der unfreundliche Hinweis auf den Bierbauch habe bei ihm eine wunde Stelle, nämlich das nicht eingestandene Suchtproblem, getroffen. Im Verlauf der Therapie stellte sich aber eine ganz andere, viel tiefer liegende Kränkung heraus. Als Jugendlicher war Alex von seinen sehr fürsorglichen und eigentlich auch liebevollen Adoptiveltern aufgeklärt worden, dass ihn seine leibliche Mutter hatte abtreiben lassen wollen. Diese Mitteilung hatte bei Alex einen tiefen Schock, Minderwertigkeitsgefühle und eine nie angesprochene Kränkungsreaktion ausgelöst. Wahrscheinlich hat er versucht, diese tiefste Kränkung seines Lebens mit Alkohol zu »heilen«.

Jede Suchtkarriere ist mit unzähligen Kränkungen verbunden. Schon das Berauschtsein, konkret das Verhalten während dieses außergewöhnlichen Zustands, wird im Nachhinein oft als peinlich erlebt. Man schämt sich für sein Verhalten, für die unüberlegt preisgegebenen Geheimnisse, für Grobheiten und Enthemmtheit, für die Bloßstellung vor sich und anderen. Kränkungen resultieren aus den direkten und indirekten Folgen der Sucht, aus Zurechtweisungen und Vorwürfen, aus Streit in der Partnerschaft und Ermahnung am Arbeitsplatz, aus Führerscheinentzug und Kündigung. Sucht greift den Selbstwert an, durch die nicht mehr unterdrückbaren Entzugserscheinungen und Gesundheitsschäden, durch das Gefühl des Versagens, besonders aber durch die Verdrängung.

Keine andere Krankheit wird derart bagatellisiert und verleugnet wie die Sucht. Solange sich Menschen im Suchtprozess befinden, entwickeln sie ein Gebäude aus Begründungen, Rechtfertigungen, Relativierungen und Verleugnungen. Damit wehren sie sich gegen die (kränkende) Stigmatisierung der Sucht und wollen mit geradezu advokatischer Spitzfindigkeit verhindern, dass ihnen das weggenommen wird, was ihnen im Leben am wichtigsten geworden ist: das Suchtmittel. Die Reaktionen der Umgebung gegen diese »Uneinsichtigkeit, Sturheit und Willenlosigkeit« werden direkter, schärfer und kränkender. Die Gefahr der Bloßstellung durch Niederreißen der Verdrängung ist nicht zu unterschätzen. Geschieht dies in der Therapie allzu radikal, steht der Süchtige hilflos und beschämt da und erfährt neue Kränkungen. Die allergrößte Kränkung liegt aber in der Selbsttäuschung, im Eingestehen, dass er an seine eigenen Rechtfertigungen und Begründungen geglaubt hat. Jener Moment, in dem der Süchtige ernüchtert erkennen muss, wie dominant seine Sucht geworden ist und wie schwerwiegend sie in sein Leben eingegriffen hat, gehört zweifelsohne zum Bittersten im Verlauf einer Suchtkarriere.

Sucht und Kränkung könnten gemeinsame Ursachen haben und sich gegenseitig bedingen. Der wesentliche Ursprung beider Störungen liegt wohl im fehlenden oder reduzierten Selbstwertgefühl. Selbstwert ist ja jene psychische Kategorie, an welcher Kränkungen ansetzen und welche Gekränktheit zulässt. Selbstwertzweifel sind aber auch eine wesentliche Ursache für Missbrauch und Abhängigkeit von berauschenden Substanzen, da diese vorübergehend Gefühle der Größe, Macht und Einzigartigkeit spenden können. Jede Therapie, welche den durch Kränkungen oder Sucht unfrei gewordenen Menschen in seinen ganzheitlichen Bezügen betrachtet, muss ganz stark auf die Stärkung seines Selbstwerts fokussieren.

Bei all dem ist zu beachten, dass alle Drogen unter anderem auch Heilmittel und therapeutisch wirkende Substanzen sind. Cannabis hat entspannende, schmerzlindernde und beruhigende Effekte. Kokain ist ein gutes Antidepressivum und Opiate sind die wirksamsten Schmerzmittel überhaupt. Die vielfältigen psychotropen Wirkungen des Alkohols, besonders der euphorisierende und damit antidepressive Effekt, ist jedem bekannt. Leider entfalten diese uralten Heilsubstanzen ihre positive psychopharmakologische Wirkung bloß für kurze Zeit, ohne das eigentliche Problem – die Depression, die Angst, die Kränkung – wirklich lösen zu können. Vielmehr werden die Schwierigkeiten nur vorübergehend unterdrückt oder vergessen, um dann im Entzug durch die Gegenregulation in noch intensiverer Form erneut aufzutreten. Dies alles für den Preis der Gewöhnung, der Abhängigkeit und der Sucht. Drogen schenken nichts, sie leihen allenfalls vordergründige Gefühle wie Beruhigung, Gleichgültigkeit, Euphorie oder Enthemmung aus, um sie mit »Zinsen«, den Entzugserscheinungen, wieder zurückzufordern.

Karl-Heinz F., 43-jährig, stand von heute auf morgen auf der Straße. Und vor dem Nichts, d.h. vor einem großen Schuldenberg. Unvermittelt hinausgeworfen aus guten sozialen Verhältnissen. Er habe es nicht glauben können und nichts sei so kränkend gewesen wie das Gefühl, plötzlich »Sandler« zu sein. Er war eifersüchtig gewesen und hatte zu viel getrunken. Ob er dem Alkohol aus Eifersucht zusprach oder erst durch das Trinken eifersuchtskrank wurde, war Gegenstand vieler heftiger Streitigkeiten mit seiner Gattin. Dabei wurde er laut und verbal aggressiv, manchmal bedrohlich, nie tätlich. Der Alkohol verstärkte die Eifersucht, die Eifersucht den Alkoholkonsum, der Streit beides. Es sprach sich herum, man tuschelte.

Die Frau wusste sich nicht mehr zu helfen, sie rief bei einer neuerlichen Eskalation die Polizei an. Diese nahm Karl-Heinz vorübergehend fest, sprach ein Wohnungsbetretungsverbot aus und ließ ihn nach einigen Stunden wieder frei. Er nächtigte in seinem Auto, fuhr mit diesem los, baute einen Unfall. Restalkohol 1,4 Promille. Der Führerschein wurde entzogen, eine Vorstrafe angekündigt. So suchte er eine Krisenwohnung auf, wo er aber als Mann keinen Zutritt fand. Übernächtigt, ungewaschen und unrasiert traute er sich nicht, an seinem Arbeitsplatz zu erscheinen. Dort wurde ihm dann auch prompt gekündigt.

Der Schock zeigte Wirkung, Karl-Heinz ist heute noch abstinent, obwohl er nie mehr heim durfte und lange arbeitslos war. Die Kränkung durch den Verlust von allem sei schlimm, aber heilsam gewesen.

Durch Kränkung ausgebrannt

Soll nun sogar Burn-out eine Folge von Kränkungen sein? Was hat denn die eine, oft als »Allerweltsdiagnose« bezeichnete psychische Störung mit dem anderen, mit einem sehr weiten und verschwommenen Gefühlszustand zu tun? Derart skeptische Fragen sind zweifelsohne berechtigt, wenn zwei inflationäre und nicht streng wissenschaftliche Ausdrücke in fachliche Überlegungen einfließen.

Tatsächlich ist Burn-out keine medizinische Diagnose und »Kränkung« kein wissenschaftlicher Begriff. Von psychiatrischer Seite wird zu Recht darauf hingewiesen, dass der Ausdruck Burn-out heute für die Bezeichnung sehr vieler psychischer Störungen, insbesondere depressiver Art, herangezogen werde. Vieles, was überhaupt keine Störung sei, und manche tatsächlich schwere psychische Erkrankungen werden heute in den Burn-out-Begriff verpackt. Rein fachlich könne damit nur ein Erschöpfungszustand, der mehr mit Lebensführung als mit Krankheit zu tun habe, gemeint sein. Trotzdem erfreut sich das Wort Burn-out einer großen Popularität und gilt heute als der am meisten verwendete medizinische Begriff in der Laienpresse.

Warum ist das so? Zunächst ist der Ausdruck, ähnlich jenem der Verbitterung, sehr anschaulich und trifft den Zustand gestresster und überarbeiteter Menschen geradezu selbstredend. Als englisches Wort wirkt er fachlich, modern, nicht stigmatisierend. Burn-out ist eine »anständige« Störung, die mit hoher Leistungsbereitschaft, Einsatz und Arbeiten bis zum Umfallen in Verbindung gebracht wird. Da klingt es bei Weitem nicht so gut, wenn man von Nervosität, Angst, Erschöpfung oder von Schlafstörungen spricht. »Wer hat noch kein Burn-out?«, titulierte kürzlich ein Magazin.

Bei allen Zweifeln am Burn-out-Konzept und allen Schmähungen über das Syndrom des Ausgebranntseins darf man aber den Enttabuisierungseffekt nicht vergessen. Der Ausdruck Burn-out ermöglicht es den Menschen, auch über ihre psychische Gesundheit zu sprechen und eine ähnliche Sachlichkeit wie bei körperlichen Erkrankungen zu entwickeln. Burn-out hat – wenn man so will – psychische Störungen ein Stück weit salonfähig gemacht. Einigen wir uns deshalb im Folgenden auf die Sprachregelung, dass mit der Verwendung des Ausdrucks Burn-out all das gemeint ist, was darunter verstanden wird und auch fachlich zu verstehen ist: ein Zustand der psychischen Übermüdung und totalen geistigen Erschöpfung.

Was hat das aber mit Kränkung zu tun? Burn-out ist doch Folge extremen Einsatzes, dauernden Stresses und immer stärkerer Leistungsüberforderung. So steht es in den Lehrbüchern, so wird das immer wieder beschrieben.

Geht man aber zurück auf die Entstehung des Burn-out-Konzepts, rückt plötzlich das, was man als Kränkung bezeichnet, in den Vordergrund. In neuerer Zeit taucht der Begriff erstmals 1960 im Roman »A Burnt-Out Case« von Graham Greene auf. Darin wird das Schicksal eines Architekten geschildert, der von seinem Beruf enttäuscht war und sich gekränkt (!) als »Aussteiger« in den afrikanischen Dschungel zurückzog. Auch die wissenschaftliche Erstbeschreibung durch den deutsch-amerikanischen Psychoanalytiker Herbert Freudenberger aus dem Jahr 1974 führt Enttäuschungen und Kränkungen als wesentliche Ursache an. Freudenberger, der im Suchtbereich arbeitete und sich möglicherweise selbst ausgebrannt fühlte, beschrieb darin die typische Symptomatik bei Personen mit helfenden Berufen. Nach jahrelanger, sehr motivierter und engagierter Arbeit gerieten diese, enttäuscht von den häufigen Rückfällen und gekränkt von der Erfolglosigkeit ihrer Bemühungen, in einen Zustand der völligen Erschöpfung, des Versiegens emotionaler und physischer Energie, in ein Gefühl der Wirkungslosigkeit und des persönlichen Versagens. Darauf reagierten sie mit Unzufriedenheit, Gleichgültigkeit, Lustlosigkeit, Depressivität, Zynismus und Ausstieg.

> *Das Atelier eines erfolgreichen Architekten wurde wild verwüstet. Zahlreiche Pläne waren zerrissen, fertiggestellte Projektmodelle zerschlagen, die Computer zertrümmert. Zum Schluss sollte das Ganze noch angezündet werden. Die Polizei vermutete Vandalen, Einbrecher, vielleicht einen Konkurrenten. Tatsächlich hatte der Architekt selbst das Chaos angerichtet. Versicherungsbetrug stand im Raum. Zur Überraschung aller ließ sich dieser nicht bestätigen. Das Objekt war unterversichert, die wirtschaftlichen Verhältnisse des Täters ausgezeichnet. Die Auftragsbücher waren voll, mehr als voll.*
> *Er erzählte mir sein Motiv: völlige Überlastung, ständiges Gefragtsein, Dauerstress, seit Jahren kein Urlaub, nicht einmal Zeit, das viele Geld auszugeben. Da ein Entwurf bis Montag fertig sein musste, arbeitete er das ganze Wochenende durch. Um trotzdem bei seinen zwei kleinen Kindern zu sein, nahm er diese mit ins Büro. Als sein dreijähriger Junge an seinem Hosenbein zupfte, um ihm eine Zeichnung zu zeigen, schubste er diesen unwillig weg. Das erschrockene Kind weinte. Da sei in ihm alles zusammengebrochen: Alles war sinnlos, sein Leben ohne Aussicht, er musste es beenden …*

Auch wenn man die von Freudenberger und seiner wissenschaftlichen Mitarbeiterin Gail North 1974 beschriebenen zwölf Phasen im Ablauf des Burn-out-Prozesses aus der Perspektive des

Betroffenen betrachtet, sieht man darin eine Reihe von Kränkungssymptomen. Diese innere Sichtweise wird bei der Definition des Burn-outs über die äußeren Anforderungen, über Stress und Leistungsstreben, leicht übersehen:

Zwölf Burn-out-Stufen

1. Zwang, sich zu beweisen
2. Verstärkter Einsatz
3. Vernachlässigung eigener Bedürfnisse
4. Verdrängung von Konflikten
5. Umdeutung von Werten
6. Verstärkte Verleugnung von Problemen
7. Rückzug
8. Deutliche Verhaltensänderung
9. Verlust des Gefühls für die eigene Persönlichkeit
10. Innere Leere
11. Depression
12. Völlige Burn-out-Erschöpfung

Diese Phasenbeschreibung ist voll von Kränkungsbegriffen wie Zweifel, Verzweiflung, Geringschätzung, Wert- oder Hoffnungslosigkeit. Betrachtet man Burn-out als Ungleichgewicht zwischen Anforderungen und Ressourcen, so findet die Kränkungsthese besonders in den sogenannten »Reward-Kriterien« ihren Widerhall. Sie beziehen sich durchwegs auf kränkende Faktoren wie respektlose Behandlung durch Vorgesetzte, fehlende Unterstützung, Verunsicherung durch den Dienstgeber, Angst um den Arbeitsplatz oder unfaire Entlohnung.

Die Burn-out-Spirale mit Selbstwertzweifeln, Depressivität, Versagensgefühlen, Einsatz von Alkohol und Medikamenten, weiterer Schwächung, daraus resultierender Beeinträchtigung des Selbstwertgefühls usw. hat große Ähnlichkeit mit der Frustrations-Kränkungs-Spirale. Auch die wesentlichen Punkte in der

Therapie depressiver Erschöpfungszustände beinhalten sehr viele Aspekte, die man bei der Behandlung von Kränkungsreaktionen und Verbitterungsstörungen anwenden muss.

Kränkungen lösen immer psychischen Stress aus, und zwar sogenannten »Dysstress«, also schädlichen und gefährlichen Stress. Dieser hat indirekt Auswirkungen auf Herzfrequenz, Blutdruck, Stoffwechsel, Energiehaushalt, auf die hormonellen Organe, die Atmung und das Muskelsystem. Allmählich fixieren sich die vorerst nur vorübergehend aufgetretenen Störungen, sodass aus dem psychischen Stress letztlich körperliche Erkrankungen resultieren. Das berühmte Wort, wonach Kränkungen krank machen, findet auch bei den somatischen Leiden seine Bestätigung.

Gekränkte Partnerschaften

»Die Ehe ist ein Kampf, der mit Ringen beginnt … und mit Kränkungen weitergeht«, könnte man ein bekanntes Sprichwort in Hinblick auf das Thema dieses Buches weiterführen. Tatsächlich sind Partnerschaften das Kränkungsschlachtfeld schlechthin. Weil viele Erwartungen nicht erfüllt werden und mannigfache Enttäuschungen eintreten, das enge Zusammenleben Aggressionen fördert und Reibungskonflikte hier besonders groß sind, da im täglichen Miteinander die sensiblen Bereiche zwangsläufig tangiert und die jeweiligen Kränkungsreaktionen nirgendwo intensiver ausgelebt werden, ist dies wahrscheinlich unvermeidlich. Grob eingeteilt gibt es in den Partnerschaften drei besonders kränkungssensible Phasen: jene der ersten Enttäuschungen, jene der etablierten Kränkungskonstellationen und schließlich, wenn es dazu kommt, die der Trennung.

Ernüchterung und Enttäuschung

Wenn die euphorische Phase des Verliebtseins, des Zusammenkommens und des gemeinsamen Aufbruchs zu Ende geht, wenn eine gewisse Ernüchterung eintritt und der Alltag einkehrt, beginnt zwangsläufig auch die Zeit der Kränkungen. Gegenseitige Hochschätzung und Achtsamkeit sinken, Lieblosigkeiten werden im Stress häufiger, das Fühlen ist nicht mehr so einheitlich. Man lernt andere Seiten des Partners kennen, nicht nur positive. Manche sind neu, andere unvertraut, einige sogar erschreckend, viele kränkend. Enttäuschungen sind unausbleiblich. Im Kontext der Kränkungen betrachtet, achtet man nicht mehr sorgfältig genug auf eigenes Kränkverhalten und die Kränkbarkeit des Partners. Man geht mit dessen Kränkungsgrenze nicht mehr so sensibel um und hält das eigene Verhalten auch im kritischen Bereich für zumutbar. Erst im Laufe des Zusammenlebens lernt man verschiedene sensible Stellen des Partners und damit auch einen neuen, zusätzlichen Aspekt seiner Persönlichkeit kennen. Dies ist oft eine schmerzhafte Erfahrung.

Ein junges Paar suchte mich nach dem ersten großen Ehekrach zerknirscht in der Sprechstunde auf. Schon am dritten Tag der Hochzeitsreise war es zur Eskalation mit Schreien, Weinen, Schlägen und überstürztem Heimfahren gekommen. Das Drama hatte so angefangen:
Sie lagen friedlich und umschlungen im Bett und hörten eine Kultursendung mit klassischer Musik und Künstlerporträts. In einem Interview mit Tracey Emin, dem britischen Superstar der Kunst, ging es um gesichtslose Frauen und den eigenen Körper. Auf die Frage, ob sie auch schon junge Männer gezeichnet habe, erzählte Emin, sie habe zehn Jahre lang am Bild eines Penis gemalt und kürzlich gerade fertiggestellt. Es sei ihr »perfekter Penis«, sie würde ihn nie verkaufen. Die junge Ehefrau meinte spaßig zu ihrem Gatten: »Den muss ich mir mal anschauen.« Der Scherz kam gar nicht gut an. Damit habe sie auf ihn angespielt, meinte der Ehemann, sie sei mit seinem Körperbau, seinem Aussehen, seiner Potenz nicht zufrieden. Sie warf ihm seine Empfindlichkeit, er ihr Gefühllosigkeit vor. Vorwurf kam auf Vorwurf, die Emotionen schaukelten sich empor. Die Flitterwochen waren beendet. Mit ihrer Bemerkung hatte die junge Frau unabsichtlich eine empfindliche Stelle ihres Mannes getroffen, jene von versteckten Minderwertigkeitsgefühlen gegenüber seiner Partnerin, von Potenzängsten und Angst vor Liebesverlust.

Sadomasochistische Partnerschaftskränkung

In länger dauernden Partnerschaften werden Kränkungen manchmal systematisch angewendet. Dies ist besonders dann der Fall, wenn beide Teile extrem empfindlich und streit- oder rachsüchtig sind. Die Ehe oder Lebensgemeinschaft wird somit tatsächlich zur Hölle. Viel häufiger aber sind Konstellationen, bei denen ein Partner den Part des Kränkenden mit immer größerer Dominanz übernimmt, während der andere wenig Widerstand leistet oder leisten kann, sich mit der Rolle des Opfers abfindet und zwangsläufig in eine chronische Kränkungsreaktion oder Verbitterung verfällt. Dies entspricht einer sadomasochistischen Kollusion. Die Handhabung von Kränkungen ist deshalb immer ein wesentlicher Teil des partnerschaftlichen Machtkampfs. Entscheidend dabei ist, dass der sadistische Kränker seine Impulse rücksichtslos auslebt und die Kränkungsgrenze des anderen völlig ignoriert. Der Kränkende übernimmt die Hoheit über das Kränkungsgeschehen, und zwar nicht aus Selbstschutz, sondern aus empathielosem Egoismus. Der gekränkte Partner hingegen steckt alles ein, nimmt zu viel Rücksicht und ist stets bedacht, den anderen ja nicht zu kränken. Gefördert durch sein mangelndes Selbstvertrauen, aber auch durch die fehlenden mitgemachten Kränkungen ist er nur mehr bestrebt, keinen Anlass für Kränkungen zu liefern. Er verhält sich zurückhaltend, angepasst, vorsichtig und ängstlich, manchmal regelrecht paranoid. Da der kränkende Teil oft gar nicht anspricht, was ihn denn gekränkt hat oder kränken könnte, ist der andere verunsichert und entwickelt geradezu fantasievolle Kränkungsängste. Eine Patientin erzählte mir, dass sie sich nicht einmal getraut habe, nach Beschimpfungen oder Schlägen selbst gekränkt zu sein, weil ihre Kränkungsreaktion genügen könnte, um bei ihrem Gemahl eine noch stärkere Kränkung hervorzurufen.

Der alte Herr, welcher zur Abklärung eines Gesichts-Tics in die neurologische Praxis kam, wirkte psychisch auffallend.

Alles an ihm war angepasst, freundlich, zurückhaltend, ängstlich, trotzdem nicht lebendig, eher starr und fast tot. Seine Ausführungen waren eine einzige Entschuldigung, bei der kein Wofür erkennbar wurde. Er war die Unterwürfigkeit in Person. Sein Salbengesicht und seine nur von anfallartigen Unruhebewegungen durchbrochene starre Mimik ergaben einen seltsamen Kontrast. Die fassadenhafte Gestik und das nahezu marionettenhafte Auftreten ließen an eine Parkinson-Krankheit denken. Sämtliche Untersuchungen erbrachten aber keinen auffallenden Befund, er war organisch gesund.

In langen und anfangs sehr mühsamen Therapiegesprächen, in welche sich seine Gattin nur widerwillig einbeziehen ließ, zeigte sich bei ihm eine fast panische Angst, jemanden kränken zu können. Seit er mit seiner Frau zusammen war, fürchtete er sich vor nichts mehr als vor der Empfindlichkeit seiner Gemahlin. Habe ich sie verletzt, ist sie beleidigt, gab es ein falsches Wort, habe ich mich zu wenig höflich ausgedrückt, war meine Stimme zu hart oder meine Mimik zu wenig einfühlsam? Dies waren die ihn ständig quälenden Fragen, beim Essen und am Abend, an Feiertagen und im Urlaub.

Nach der Pensionierung gab es für ihn nur noch eine Lebensaufgabe: seine Gattin nicht zu kränken, wie auch immer sich diese ihm gegenüber verhielt. Die kränkungsvermeidende psychische Grundhaltung übertrug sich auf seinen Körper, seine Lebensangst schlug sich auf seine Körperhaltung, seine Stimme, seine Mimik nieder. Er hatte sich gleichsam eine freundliche Maske aufgezogen, mit der er keinen mehr kränken und an welcher niemand mehr Anstoß nehmen konnte. Da dies enorme psychische Energie erforderte und nicht durchgehend aufrechtzuerhalten war, verschafften sich seine Frustrationen durch die ticartigen Unruhebewegungen im Gesicht gleichsam ein Ventil.

Narzisstische Personen verstehen es, ihre Gekränktheit geradezu zu inszenieren. Am allerwichtigsten sind die eigene Verletzlichkeit und die Ungeheuerlichkeit der Verletzungen durch den anderen. Ohne jegliche Reflexion beanspruchen sie das Kränkungsprivileg für sich und bringen mit ihrer kompromisslosen Haltung den Partner in eine hilflose Position. Solche im Prinzip partnerschaftsuntauglichen Menschen beherrschen den auf absolute Egozentrik ausgerichteten Umgang mit Kränkungen perfekt. Sie stellen den Anspruch, selbst in höchstem Maß empfindlich und kränkbar zu sein und gleichzeitig auf die Kränkbarkeit des anderen nicht die geringste Rücksicht nehmen zu müssen – stark und gemütsarm im Austeilen, aber mimosenhaft im Einstecken. Dies wird zur Verzweiflung des Partners durchgezogen, indem das Kränkungsprivileg ausschließlich der eigenen Person vorbehalten und gleichzeitig das Einfühlen in die Kränkbarkeit des anderen völlig ausgeschaltet wird. In extremer Form übernimmt der Kränker in einem gleich auch noch die Rolle des Gekränkten. »Es ist so verletzend, dass ich wegen dir so gemein sein muss«, sagte einer meiner Patienten nach seinen Attacken zu seiner Frau und sprach mit ihr, um seine Gekränktheit zu demonstrieren, tagelang kein Wort mehr. Nichts von Bedauern, nicht die geringsten Schuldgefühle, keine Anstalten zum Wiedergutmachen. Wie sehr Macht und Ohnmacht der Kränkung instrumentalisiert werden, zeigt sich nicht zuletzt in der Frage, wer nach gekränktem Schweigen das Gespräch wieder aufnimmt. In einer sadomasochistischen Kränkungskollusion wird dies nie der Kränkende sein, da er nach seinem Empfinden ja nie etwas Liebloses tut und ausschließlich der andere eine Schuld gutzumachen hat.

Die große Gefahr dieser Kränkungskämpfe liegt in der Möglichkeit der Gefühlsumkehr: von Bewunderung in Ablehnung, von Sympathie in Verachtung, von Liebe in Hass. Die Dynamik der Frustrations-Kränkungs-Spirale kann dann in eine andere, als befreiend erlebte Richtung ausschlagen.

Scheidung

Jede Scheidung verläuft mit großen Belastungen für die Betroffenen, unter welchen die gegenseitigen Verletzungen und Kränkungen wahrscheinlich die gravierendsten sind. Noch schwerer als der ohnehin mit viel Ärger und Stress verbundene formale Scheidungsprozess sind die emotionale Trennung, die oft sehr feindselige Distanzierung vom Partner und der Neuanfang zu bewältigen.

Die psychosozialen Wissenschaften, die sich angesichts des epidemieartigen Anstiegs von Partnerschaftstrennungen und Scheidungen vermehrt mit den gesundheitlichen Problemen der Betroffenen befassen, unterscheiden im Trennungsprozess drei Phasen:

1. Die desillusionierende, durch viele Auseinandersetzungen und Kränkungen belastete Entscheidungsphase, in der es zur »Zerrüttung« der Ehe kommt.
2. Die mit großem Stress und vielen Kränkungsgefühlen verbundene juristische Phase, in der die Trennung formal durchgeführt wird.
3. Schließlich die Phase des Getrenntseins, in der Neuorientierung, Reorganisation des Lebens und Integration in neue soziale Bezüge erfolgen sollen.

Im Zusammenhang mit der Trennungssituation treten nahezu regelmäßig, auch das belegen diese Studien, erhebliche gesundheitliche Probleme auf, vor allem psychischer Natur. Kränkungen durch Scheidungen machen also tatsächlich krank. Nur ein sehr kleiner Teil der Scheidungsopfer, der je nach Untersuchung zwischen 5 und 25 Prozent liegt, fühlt sich gesundheitlich nicht ernsthaft angeschlagen. Am häufigsten kommt es zu Depressionen, vor allem bei Frauen, zu neurotischen und psychosomatischen Reaktionen und – insbesondere bei Männern – zu Alkoholmissbrauch. In den letzten Jahren ist bei Scheidungsbeteiligten der Verbrauch von Beruhigungsmitteln dramatisch angestiegen. Bei Auflösung von nicht ehelichen Partnerschaften und Lebensgemeinschaften, mit welchen eher jüngere Personen fertig werden müssen, wird ein zunehmender Drogeneinsatz, bevorzugt von aufputschenden Substanzen, beobachtet.

Fast noch erschreckender sind die meist gar nicht bewussten indirekten Gesundheitsschäden infolge von Scheidungen. In mehreren wissenschaftlichen Untersuchungen wurde nachgewiesen, dass die Sterblichkeitsrate nach Trennungen durch Lungenkrebs (Rauchen!), Leberzirrhose (Alkohol!), Diabetes mellitus (ungesunde Ernährung, Kummerspeck!), Herz- und Kreislauferkrankungen (Stress und Existenzängste!), Tuberkulose (Verwahrlosung!) und sogar Mord stark erhöht ist. Die Suizidrate ist bei Geschiedenen mit eindeutiger Dominanz des in solchen Situationen viel aggressiver reagierenden männlichen Geschlechts um das Vier- bis Fünffache erhöht. Als besonders kritisch gilt die Phase unmittelbar nach der endgültigen Trennung.

Ausnehmend belastend ist die mit vielen gegenseitigen Verletzungen verbundene Entscheidungsphase. Neben den mit hohem »Kampfstress« verbundenen Auseinandersetzungen spielen hier typische Kränkungselemente wie Enttäuschung, Entwertung und manifeste Verletzung – auch körperlich – eine wichtige Rolle. Eine weitere kritische Phase, welche erfüllt ist vom Gefühl des Verlorenseins, der Heimatlosigkeit, der Desillusionierung, sind die ersten Wochen und Monate nach der Scheidung. Die in dieser Zeit oft schon beginnende Aufarbeitung der vielen Kränkungen fördert neue Kränkungen zutage.

Manchen Betroffenen gelingt es, aus Trennungssituationen gestärkt, mit größerer Frustrationstoleranz und besserem Realitätsbezug hervorzugehen. Andere können das Scheidungstrauma nie bewältigen. Sie entwickeln eine chronische Kränkungsreaktion mit intensiven Reaktivierungen an Verlobungs- und Hochzeitstagen, an Geburtstagen, bei Kindern und Weihnachten, an Jahrestagen der Scheidung oder der Wiederverheiratung des verlorenen Partners. Die Trennung kann zur lebenslangen Traumatisierung werden, zu einer nicht überwindbaren Kränkung, die dann in sozialem Rückzug und Verbitterung endet.

Psychologisch stellt das angegriffene Selbstwertgefühl das mit Abstand schwerste Problem bei Partnerschaftskrisen und Trennungen dar, noch mehr als das Verlusterlebnis. Der Trennungsprozess ist von Anfang an überladen von Desillusionierung, Enttäuschungen von sich selbst und dem Partner, von negativen Emotionen und gegenseitigen Verletzungen. Wenn dann erstmals mit der Scheidung gedroht wird, zuerst meist als Appell, Hilferuf oder Einschüchterung gedacht, wird ein immer schwieriger aufzuhaltender Prozess in Gang gesetzt. Vorwurf auf Vorwurf, Beleidigung auf Beleidigung und Drohung auf Drohung schaukeln die Kränkungsspirale empor. Kränkungen, vor allem Verletzungen des Stolzes, motivieren dann einen Partner zur Einreichung der Scheidungsklage, auch wenn er dies im Prinzip gar nicht wirklich will. Von anderen wird das als Hinterhältigkeit und Gemeinheit empfunden. Er reagiert enttäuscht und gekränkt, er sinnt auf Revanche, die Kränkungsspirale nimmt ihren Lauf.

Nicht selten übernimmt schließlich ein Teil, meist der »Verlierer«, im Sinne des »Labeling Approach« das ihm vom anderen zugedachte negative Bild und spielt fortan die Rolle des Bösewichts, des kleinherzigen Geizhalses oder des gefühlskalten Monsters, obwohl das überhaupt nicht seiner Persönlichkeit entspricht.

Trennungen haben erhebliche Auswirkungen auf die Kinder. Es ist wohl nicht übertrieben, wenn man die Scheidung der Eltern als eine der wesentlichen Kränkungen des Lebens bezeichnet, welche aus Enttäuschung, aus dem emotionalen »Hin- und Hergerissensein«, aus dem Verlust des Sicherheit und Geborgenheit vermittelnden familiären Netzes und dem unvermeidlichen Liebesentzug beim Weggehen eines Elternteils erfolgt. Völlig unterschätzt werden die das Selbstvertrauen schwer arrondierenden Schuldgefühle, die auch bei den Kindern entstehen.

Trennungsauseinandersetzungen führen aber, was ebenfalls wenig bedacht wird, zu erheblichen Selbstkränkungen. Es entstehen Versagensgefühle und Zweifel an den eigenen Fähigkeiten, Selbstvorwürfe wegen des eigenen, im emotionalen Kampf oft befremdlich gewordenen Verhaltens. Wenn Trennungen von vielen als größter Misserfolg des Lebens empfunden werden, fördert dies Schuldgefühle und Minderwertigkeitskomplexe, besonders bei Menschen, die schon zuvor kein positives Selbstbild gehabt haben oder traumatisiert worden sind. Nicht selten wird gegenüber der scheinbar heilen, als zunehmend uninteressiert und verständnislos erlebten Umwelt eine aggressive Einstellung mit generalisiertem Misstrauen beobachtet. Daraus resultieren manchmal generalisierte negative Einstellungen zum anderen Geschlecht, zur Ungerechtigkeit der Justiz und zu den gesellschaftlichen Verhältnissen allgemein. Am Ende steht dann ein Zustand der kaum mehr heilbaren Kränkung – jener der unseligen Verbitterung.

Kränkungen können nirgends so viel Raum einnehmen wie in Partnerschaften. Deshalb ist es nicht übertrieben, wenn man sagt, dass das Gelingen oder Misslingen von Beziehungen dieser Art ganz entscheidend vom Umgang mit Kränkungen abhängt. Kränken und Gekränktsein, Kränkungsreaktionen und -verarbeitung müssten zum wesentlichen Bestandteil jeglicher Partnerschaftsberatung und -therapie werden. Dem von Partnerschafts-, Trennungs- und Kränkungsstress Betroffenen wäre neben gutem Rat von Außenstehenden und konkreter Hilfe bei aller Dramatik ihrer Situation vor allem ein gewisses Maß an Gelassenheit zu wünschen. Wie sagt doch der sich vom Gezänk seines Weibes nicht kränken lassende Ehemann im »Hobellied« von Ferdinand Raimund: »Da klopft' ich meinen Hobel aus und denk: Du brummst mir gut!«

Kränkungen im Berufsleben

Kränkungen in gleichsam systematisierter Form haben eine lange Tradition. Unterwerfung und Unterdrückung, Versklavung und Leibeigenschaft, Entrechtung der Frauen, Kampf gegen ethnische und religiöse Minderheiten oder aktuell der Umgang mit Flüchtlingen und Asylanten sind in einem so hohen Maß und – man muss es leider sagen – mit einer derartigen Selbstverständlichkeit mit Kränkungen verbunden, dass es schon gar nicht mehr beachtet wird. Es führte zu weit, auf all die individuellen Entwertungen und Demütigungen sowie persönlichen Tragödien durch diese systematisierten und zum Teil organisierten Massenkränkungen eingehen zu wollen.

Bis in die heutige Zeit herüberreichend hat bewusstes Kränken eine unselige Tradition in der Erziehung. Über Jahrhunderte hinweg wurden Entwertung, Demütigung und Quälerei gezielt eingesetzt, um den Willen der Kinder zu brechen, um deren Persönlichkeit nach den Vorstellungen der Erziehenden zu gestalten und um autoritäre Verhältnisse zu festigen. Erst durch die Aufdeckung der Missbrauchsskandale in kirchlichen und staatlichen Erziehungseinrichtungen wurde richtig bewusst, welches Leid durch die perverse Idee, den gesunden freien Willen durch Kränkung krank zu machen, verursacht worden ist. Die im kollektiven Konsens über die richtigen Erziehungsmethoden oft sadistisches Ausmaß erreichenden Kränkungen haben Kinderseelen zerstört, Schicksale auf die falsche Bahn gebracht und lebenslange Traumareaktionen verursacht.

Als Folge des nach dem Zweiten Weltkrieg allmählich einsetzenden Gesinnungswandels, der wissenschaftlichen Kenntnisse der Pädagogik, der zunehmenden Transparenz und Demokratisierung hat sich das organisierte Kränken verlagert und verfeinert. Die Methoden sind subtiler, weniger tätlich, aber auch hinterhältiger geworden. Besonders haben sie sich auf jenen Bereich verlagert, welcher im allgemeinen Bewusstsein zum wichtigsten geworden ist, nämlich auf die Berufswelt. Mobbing heißt das Schlagwort, das seit Ende des 20. Jahrhunderts allmählich das dahintersteckende Problem bewusst gemacht hat: das systematisierte, auf Entwertung und Ausgrenzung der Mitarbeiter ausgerichtete Kränken.

Mobbing und Co.

Destruktives, also entwertendes, verletzendes und ausgrenzendes Verhalten kommt überall vor, wo Menschen zusammen sind, auch in jedem Betrieb. Dieses bindet sehr viel an persönlicher und institutioneller Kraft und ist einer der größten individuellen und betrieblichen Schadensfaktoren. Ähnlich wie Kränkung sind destruktive Verhaltensweisen schwer zu erfassen, weisen eine sehr hohe Dunkelziffer auf, werden tabuisiert und wenig beachtet. Mobbing, in der Umgangssprache auch als »Lästigtun« oder Psychoterror bezeichnet, ist ein Prozess der systematischen Ausgrenzung und Erniedrigung von Menschen. Der vom Englischen »to mob« (= über jemanden herfallen, jemanden anpöbeln) stammende Begriff beschreibt schikanöses Handeln einer oder mehrerer Personen, das sich gegen Einzelpersonen oder eine ganze Gruppe richtet und meist über einen längeren Zeitraum ausgeübt wird. Auch Verfolgungen durch Anrufen, E-Mailen, Auflauern usw., das Stalking gehört hierher. Grooming meint die belästigende und entwertende Anbahnung sexueller Kontakte. Im »Happy Slapping« erfolgen die kränkenden Übergriffe durch Filmen und Verbreitung von Videomaterial über soziale Netzwerke.

Bei all diesen Formen des modernen Kränkens haben die Täter grundsätzlich die Absicht, die Opfer und deren Ansehen zu schädigen, sie auszusondern und gegebenenfalls aus einer Position zu vertreiben. Mobbing setzt immer bewusstes Kränken voraus, es geschieht nie zufällig und unbemerkt, sondern stets mit »böser Absicht«. Aufseiten des Täters handelt es sich um einen Machtmissbrauch, im Erleben des Opfers um Entwürdigung und Demütigung.

Die Methoden des Mobbings sind vielfältig. Von primitiver körperlicher Gewalt und sexuellen Übergriffen über verbales und stummes Mobbing bis hin zu dem bei jungen Menschen immer relevanter werdenden Cybermobbing ist alles dabei. Systematische Untersuchungen zu den Mobbinghandlungen haben eine Hitliste ergeben, an deren Spitze das »Schlechtreden« vor abwertenden Blicken und Gesten sowie Kontaktverweigerungen steht. Die Opfer werden geschnitten und wie Luft behandelt, man lässt ihnen nie ein Lob zukommen, teilt ihnen Arbeiten unter ihrer Qualifikation zu, lässt sie nicht am Informationsaustausch teilnehmen und zeigt demonstratives Desinteresse an ihrer Meinung. Noch folgenschwerere Formen des Mobbings sind die Verbreitung von Gerüchten, das Angreifen der religiösen oder politischen Einstellung und die sehr beliebte Verdächtigung, psychisch gestört zu sein.

Mobbingopfer erleben die Vorgesetzten und die Umgebung als nicht wohlmeinend, als uninteressiert oder offen feindselig. Sie sehen sich einem übermächtigen System aus Benachteiligungen und Sabotagen ausgesetzt, einem Bedrohungsszenario, dessen Ziele darin liegen, die Leistungsfähigkeit zu entwerten, die Integration zu stören und das soziale Ansehen zu vermindern.

Die Folgen bei den Mobbingopfern entsprechen einer passiven Kränkungsreaktion. Die häufigsten psychischen Beschwerden bestehen in Freudlosigkeit, Konzentrationsproblemen, Überempfindlichkeit, gereizter und aggressiver Stimmung, innerer Rastlosigkeit und Grübeln. Die überwiegende Reaktion auf Mobbing ist Rückzug, weshalb sich die Folgesymptome in erster Linie nach innen äußern: Konzentrationsstörungen, Rastlosigkeit, Gereiztheit, Verunsicherung, Depressivität, zunehmende Übersensibilität und Gefühle der Verzweiflung, die bis zu Selbsttötungsgedanken reichen können, sind die Regel. Sehr häufig wird Mobbing psychosomatisch verarbeitet, d. h. es kommt zu Beschwerden und Funktionsstörungen in Organen, die Symbol für das jeweilige Problem sind: Kopfschmerzen bei Personen, welche sich unter ihrer Fähigkeit eingesetzt sehen; Rückenschmerzen bei solchen, welche einen chronischen Konflikt austragen müssen; Herzbeschwerden bei jenen, die durch Mobbinghandlungen an den Rand ihrer Existenz getrieben werden. Eher selten wird von den Opfern gegen das Mobbing aktiv angekämpft.

Neben den individuellen Schäden sind auch die ökonomischen Folgen sehr groß. Nach verschiedenen Untersuchungen fühlen sich drei bis fünf Prozent von hundert Beschäftigten am Arbeitsplatz ernsthaft gekränkt, entwertet, beleidigt oder verleumdet. Weitere 15 bis 20 Prozent sehen sich solchen Malträtierungen ausgesetzt, ohne dass sie sich dadurch bereits gesundheitlich beeinträchtigt oder seelisch zermürbt fühlen. Je nach hierarchischer Ebene, mit nach oben steigendem Prozentsatz, fallen 15 bis 25 Prozent des Arbeitseinsatzes durch Austragen von Konflikten, durch Abwehren von Mobbinghandlungen und Bearbeitung von Kränkungen zum Opfer. Die Folgekosten pro Mobbingfall und Jahr werden auf ca. 70.000 Euro geschätzt.

Gründe und Motive der mobbenden und damit kränkenden Personen sind vielfältig und in keiner Weise spezifisch. Kränkendes Verhalten am Arbeitsplatz ist Folge von Frustration und Unzufriedenheit, von Leere und Langeweile, vom Gefühl der Ungerechtigkeit und Benachteiligung, aber auch des Kontaktmangels und der innerbetrieblichen Desorganisiertheit. Gerade bei männlichen Mitarbeitern äußern sich depressive Symptome häufig in aggressivem Verhalten gegenüber anderen. Unbewusst liegen derart kränkend-destruktiven Motiven meist Minderwertigkeitsgefühle und Selbstwertzweifel, Eifersucht und Angstabwehr zugrunde. Da können sowohl Über- als auch Unterforderung eine Rolle spielen. Bei überzogenem Leistungsdruck auf den Mobbenden übergeht und unterdrückt dieser Kollegen, die auf einem normalen Niveau arbeiten. Mobbendes Verhalten weist auf Identifikations- und Sinnprobleme, auf ein gestörtes Klima am Arbeitsplatz sowie auf häufige Konflikte im Betrieb hin. Nicht zu unterschätzen ist die eigene Opferrolle des Mobbers: Oft will sich dieser auf der Rangordnung um einige Stufen emporkämpfen, weil er selbst Angst hat, degradiert zu werden.

Im Mobbing sind viele Formen des Kränkens enthalten. Aktiv geschieht dies durch ständigen Widerspruch, Opposition, Querulieren und zynisches Kommentieren, passiv durch Resonanzverweigerung, Schweigen, Abschneiden vom Informationsfluss, Vorenthalten von Lob und Anerkennung sowie durch Übergehen bei Beförderungen. Das Mobben kann offen, verdeckt und hinterhältig, direkt und indirekt, in körperlicher und verbal-aggressiver Form oder auf emotionaler Ebene erfolgen.

Wenn Mobbing hauptsächlich mit dem Arbeitsplatz assoziiert wird, hat dies mit dem hohen Stellenwert zu tun, den der Beruf in unserer Gesellschaft, im öffentlichen Ansehen und in der persönlichen Wertigkeit hat. Die Bühne der Arbeitswelt ist für viele heute wichtiger geworden als jene der Partnerschaft und Familie. Im Gegensatz zur Begegnung mit kränkenden Menschen im privaten Bereich kann man diesen im Beruf nicht oder nur schwer ausweichen. Da man ihnen auch zeitlich intensiv ausgesetzt ist, können selbst kleine Rücksichtslosigkeiten und Gemeinheiten auf Dauer einen enormen Kränkungseffekt verursachen. Ganz nach dem Prinzip der Chinesischen Wasserfolter, bei welcher ständige, in gleichem Abstand auf das Haupt fallende Tropfen sich wie Hammerschläge auswirken und zum psychogenen Wahnsinn führen können.

Der kränkende Effekt dessen, was als Mobbing bezeichnet wird, ist wissenschaftlich vielfach belegt. Laut »Edenred«-Report steht bei den negativen Aspekten für die Arbeitsmotivation »das

Handlungen, unter denen Mobbingopfer zu leiden haben

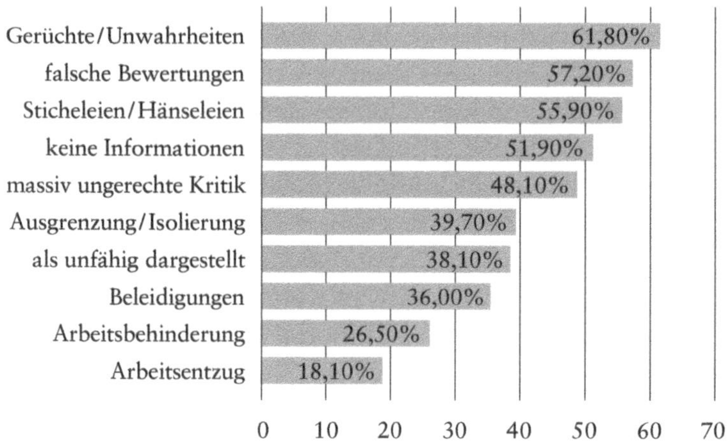

Quelle: Bundesanstalt für Arbeitsschutz und Arbeitsmedizin (BAuA), www.baua.de

unangenehme Arbeitsumfeld/Kollegen« mit 77 Prozent an der Spitze, noch vor einer monotonen Tätigkeit und geringer Vergütung. Stress durch Zeit- und Erwartungsdruck wird nicht einmal halb so häufig genannt. Unschwer lässt sich ausmalen, wodurch dieses unangenehme Arbeitsumfeld geschaffen wird: durch wenig achtsamen Umfang, durch fehlende positive Resonanz, durch Kränkungen. Umgekehrt nimmt unter den positiven Aspekten für die Arbeitsmotivation die »angenehme Kollegenschaft« mit 84 Prozent die erste Stelle ein, gefolgt von Work-Life-Balance mit 81 Prozent, abwechslungsreicher Tätigkeit mit 78 Prozent sowie Respekt und Anerkennung durch Vorgesetzte.

Die Mobbingbekämpfung ist nur bei einem koordinierten Vorgehen auf allen relevanten Ebenen möglich, auf jener der Mitarbeiter und Vorgesetzten, der Angehörigen und des Betriebes sowie des Betriebsarztes und der Arbeitnehmervertretung. Durch präventive Maßnahmen soll es zu einer Sensibilisierung für das Wahrnehmen von Mobbinghandlungen und um deren Auswirkungen gehen. Entscheidend sind Bewusstmachung und Transparenz. Bewährt haben sich soziales Kompetenztraining, Förderung der Persönlichkeitsentwicklung, Erlernen von Antikonfliktbewältigung und Antiaggressionstraining.

Die Mobbingprobleme haben, so ist aus vielen wissenschaftlichen Untersuchungen zu folgern, in den letzten Jahren stark zugenommen. Tatsächlich dürfte unsere Gesellschaft für Mobbinghandlungen viel empfindlicher geworden sein. Diese haben in Zeiten, wo die Zuchtstrafe verboten und die Sklaverei abgeschafft ist, eine andere Dimension und einen anderen Stellenwert bekommen. Man geht davon aus, dass zwischen 1,2 und 3,5 Prozent der berufstätigen Bevölkerung das Gefühl haben, an ihrem Arbeitsplatz schon mindestens einmal gemobbt worden zu sein. Besonders betroffen sind Schulen, Sozial- und Gesundheitsberufe, öffentliche Verwaltung und Kreditgewerbe, also durchaus solche Arbeitsfelder, in denen die hierarchischen Strukturen recht starr und die Aufstiegs- und Veränderungsmöglichkeiten gering sind, d.h. die Betroffenen sind hier im besonderen Maße ausgeliefert. Viel geringer betroffen sind Selbstständige, Handwerks- und Landwirtschaftsbetriebe.

Ein immer gravierender werdendes Problem ist Mobbing in Kindergarten und Schule, wo nach vorsichtigen Schätzungen etwa zehn Prozent der Schüler betroffen sind. Das organisierte Kränken, das somit schon sehr früh beginnt, zeigt hier bestimmte Charakteristika. Betroffen sind eher die jüngeren Jahrgänge, wobei Mobbingerfahrung während einer Schulkarriere ein relativ stabiler Faktor ist. In der Unterstufe werden sportlich ungeschickte, »brav« aussehende Mitschüler ausgegrenzt. In der Mittelstufe bezieht sich das Mobbing eher auf Aussehen, Kleidung und Verhalten, findet aber auch in Eifersucht und Rivalität seinen Ausdruck. In der Oberstufe wird das Mobbing meist im Rahmen des Konkurrenzkampfs eingesetzt. Männliche Schüler neigen eher zu offenen Aggressionshandlungen, weibliche hingegen zu subtileren Formen, insbesondere zur sogenannten »Beziehungsaggression«. Beliebt sind neben körperlicher Gewalt vor allem kleine Diebstähle und Beschädigung von Schulmaterialien oder

Kleidungsstücken, Zerstören der im Unterricht erarbeiteten Werke. Manchmal kommt es sogar zur Erpressung von Schutzgeldern und zu Attacken auf dem Schulweg.

Unter Cybermobbing versteht man das absichtliche Beleidigen, Bedrohen, Bloßstellen oder Belästigen von Personen im Internet oder mit dem Handy, meist über einen längeren Zeitraum. Nach internationalen Studien nehmen Mobbingattacken in sozialen Netzwerken stark zu. Einem Viertel der User sind konkrete Fälle aus dem eigenen Bekanntenkreis bekannt und jeder Fünfte war schon selbst ernsthaft betroffen.

Die Besonderheiten des Cybermobbings liegen in der Verbreitung der Inhalte in raschem Tempo und vor einem großen Publikum. Oft sind die Inhalte nicht mehr zu entfernen, sondern festbetoniert. Durch Cybermobbing ist ein Eingriff in die Privatsphäre »rund um die Uhr« möglich. Die Opfer werden für alle Zeit an den weltweiten Pranger gestellt – das ist moderne Kränkung.

Mobbing macht selbst vor der Tierwelt nicht halt, wie ein Bericht der angesehenen »Neuen Zürcher Zeitung« vom 22. Juli 2015 mit dem Titel »Kater mobbt Kater« eindrucksvoll belegt:

> *Es ging darum, ob der in verwahrlostem Zustand aufgegriffene Kater Kukeli von der Rasse der »Heiligen Birma« durch früher erlittene Schäden oder durch Mobbing vonseiten des Katers Eowyn in einen prekären Gesundheitszustand geraten war. Eowyn, ein Alphatier, soll laut Anklageschrift Kukeli derart gemobbt haben, dass dieser tagelang nicht unter dem Bett hervorgekommen sei und kaum noch Futter bekommen habe. Die Besitzerin Eowyns wurde wegen Tierquälerei angezeigt. In der Verhandlung bestritt sie jedwede Boshaftigkeit von Eowyn. Die Katzen seien ein »eingefleischtes Team« gewesen, sagte die Verteidigung und forderte einen Freispruch. Die Frau betonte mehrfach, sie habe den anderen Katzen sogar beigebracht, Kukeli das Gesicht zu waschen,*

weil dieser das aufgrund seiner Behinderung nicht konnte. Schließlich war die Einzelrichterin aber von der Fürsorge der Besitzerin Kukelis nicht überzeugt und verurteilte diese zu einer bedingten Geldstrafe von 30 Tagessätzen à 150 Franken. Das Urteil war bei Erscheinen dieses Buches noch nicht rechtskräftig.

Die Achillesferse der Bosse

Ein entscheidender Punkt in der Führungsstärke einer Persönlichkeit ist aber der Umgang mit Kränkungen. Dies wird bei den von Psychotrainern und Coaches reißbrettartig entworfenen Idealtypen der Führungspersönlichkeit ebenso übersehen wie in Schulungen und Führungsseminaren. Das Kränkungsthema will nicht so recht in die Kreation stromlinienförmiger Charaktere und in den Entwurf von Führungsklonen passen. Allenfalls wird in Führungskompetenzseminaren den Teilnehmern eingeimpft, auf Beleidigungen nicht einzugehen, sich etwaige Verletzungen nicht anmerken zu lassen und ja keine Kränkungsreaktion zu zeigen. Im Führungsalltag spielen Kränken und Gekränktsein, welche ja gewaltige psychische Energien sind, aber eine ganz andere Rolle. In der Frage, ob Narzissmus ein Karrierebeschleuniger oder ein Karrierehindernis sei, hat man inzwischen ganz eindeutig herausgefunden, dass der gesunde Narzissmus des Managers dessen Aufstieg fördern und für den Betrieb anfangs ein Vorteil sein kann. Im Laufe der Jahre dreht sich der Spieß um, sodass dann die narzisstischen Eigenschaften für Betrieb und Manager zum Nachteil geraten. Konkret resultiert dies aus der immer stärker werdenden Kränkbarkeit und dem kränkend-entwertenden Umgang mit den Mitarbeitern. Die narzisstische Führungspersönlichkeit, welche ja im Gegensatz zur charismatischen leicht zu beleidigen und extrem verletzlich ist, wird keine Kritik mehr zulassen und dadurch die Teamfähigkeit allmählich verlieren. Gleichzeitig verweigern manche Mitarbeiter wegen der ständigen Kränkungen die Gefolgschaft. Meist treffen die Entwertungen des narzisstischen Chefs gerade die besten Köpfe der Firma, da ihm diese als immer bedrohlicher erscheinen. Der Betrieb, dessen Klima sich durch die narzisstische Aura zunehmend verschlechtert, verliert sein wertvollstes Kapital.

Olaf F., blitzgescheit und herzensdumm, hatte die vom Vater geerbte Firma zu einem international tätigen Konzern ausgebaut. Mitarbeiter, Geschäftspartner und Konkurrenten bezeichneten ihn als zielstrebig, rücksichtslos, visionär, begeisterungsfähig, oft auch als brutal, keinesfalls als teamtauglich. Sein Unternehmen schien, obwohl die Branche boomte, den Höhepunkt überschritten zu haben. Die eingeschalteten Beratungsfirmen konnten keinen wirklichen Grund finden und meinten, es müsse wohl irgendwo im psychologischen Bereich liegen. Zahlreiche langjährige Mitarbeiter hatten das Unternehmen verlassen, mehrere Führungskräfte waren wegen Burn-outs ausgefallen, das Betriebsklima wurde als angstbesetzt und bedrückend beschrieben. Die Profiberater schlugen präventive und psychohygienische Maßnahmen für die Mitarbeiter vor: Vorträge für die Belegschaft, Seminare für das mittlere Management, Coaching für Entscheidungsträger. Eines dieser Seminare, an dem die ganze Leitungscrew teilnahm, beschäftigte sich mit dem Thema »Narzissmus: Karrierechance oder -hindernis«. Im Pausengespräch lästerte einer der Abteilungsleiter gegenüber zwei bei ihm stehenden Kollegen: »Der Trainer hat haargenau den Boss beschrieben.« Unglücklicherweise erfuhr dieser von der Erheiterung der Runde. Am Tag nach dem Seminar wurden alle drei fristlos entlassen.

So scheitert der narzisstisch-kränkende Manager an seiner eigenen Kränkbarkeit. Da er keinen anderen Standpunkt verträgt, keine andere Meinung gelten lässt und jede konstruktive Kritik als ungeheuerliche Bedrohung erlebt, wird er auf Dauer nicht mehr bestehen können. Kränkung macht Betriebe krank und Kränkungsinkompetenz zerstört Karrieren.

Verbrechen aus Gekränktheit

Das Urverbrechen

»Und Adam erkannte sein Weib Eva, und sie ward schwanger und gebar den Kain und sprach: ›Ich habe einen Mann gewonnen mit dem Herrn.‹ Und sie fuhr fort und gebar Abel, seinen Bruder. Und Abel ward ein Schäfer; Kain aber ward ein Ackermann.
Nach geraumer Zeit geschah es nun, dass Kain dem Herrn Opfer brachte von den Früchten des Feldes. Auch Abel brachte ein Opfer von den Erstlingen seiner Herde und von ihrem Fett. Und der Herr sah gnädig an Abel und sein Opfer; aber Kain und sein Opfer sah er nicht gnädig an. Da wurde Kain sehr zornig und senkte sein Angesicht. Da sprach der Herr zu Kain: ›Warum bist du zornig und senkst du dein Angesicht? Wenn du recht handelst, erhebst du nicht das Haupt? Wenn du aber nicht recht handelst, ist dann nicht die Sünde an der Tür, ein lauerndes Tier, das nach dir verlangt und das du beherrschen sollst?‹
Da sprach Kain zu Abel, seinem Bruder: ›Lasst uns auf das Feld gehen.‹ Und es begab sich, da sie auf dem Felde waren, erhob sich Kain wider seinen Bruder Abel und schlug ihn tot. Da sprach der Herr zu Kain: ›Wo ist dein Bruder Abel?‹ Er sprach: ›Ich weiß nicht; soll ich meines Bruders Hüter sein?‹ Er aber sprach: ›Was hast du getan? Die Stimme des Bluts deines Bruders schreit zu mir von der Erde.
Und nun verflucht seist du auf der Erde, die ihr Maul hat aufgetan und deines Bruders Blut von deinen Händen empfangen. Wenn du den Acker bauen wirst, soll er dir hinfort

sein Vermögen nicht geben. Unstet und flüchtig sollst du sein auf Erden.‹
Kain aber sprach zu dem Herrn: ›Meine Sünde ist größer, denn dass sie mir vergeben werden möge. Siehe, du treibst mich heute aus dem Lande, und ich muss mich vor deinem Angesicht verbergen und muss unstet und flüchtig sein auf Erden. Und wer mich gerade findet, wird mich töten.‹
Aber der Herr sprach zu ihm: ›Nein; sondern wer Kain totschlägt, an dem soll man es siebenfach rächen.‹ Und der Herr machte ein Zeichen an Kain, dass ihn niemand töte, der ihn fände.
Also ging Kain weg von dem Angesicht des Herrn und wohnte im Lande Nod, jenseits von Eden, gegen Morgen.« (nach Genesis 4, 1–16)

Am Anfang der Menschheitsgeschichte steht also nach dieser Bibelstelle ein Mord. Ein Mord aus Gekränktheit. Nicht ein Totschlag, nicht eine im Affekt begangene Gewalttat, nicht eine Tötung im Kampf. Nein, ein hinterhältig geplanter, kaltblütig durchgeführter Mord. Ein Brudermord noch dazu. Kain lockt trotz vorheriger Warnung durch Gott seinen jüngeren Bruder in die Falle und bringt den arglosen Schäfer um.

Und was ist das einzige und ausschließliche Motiv dieses Urverbrechens der Kriminalgeschichte? Nicht das Mördergen und keine Anomalie des Gehirns, nicht schlechtes Elternhaus und schlimme Kindheit, nicht falscher Umgang und Gruppendruck. Kein Alkohol- oder Drogeneinfluss und auch kein Motiv wie Habgier, Besitzanspruch oder Machtausübung, nicht die üblichen Verdächtigen. Nein, die Bibel lässt in dieser knappen kriminalistischen Erzählung keinen Zweifel: Es ist die Eifersucht auf seinen Bruder, dessen Opfer von Gott wohlgefällig angenommen wird, und die Gekränktheit, weil Gott sein eigenes, wahrscheinlich viel wertvolleres Opfer nicht beachtet. Kränkung als Urmotiv des Urverbrechens.

Wie verhält sich aber Gott in dieser Bibelstelle, die nach theologischer Meinung zu den rätselhaftesten überhaupt gehört, gegenüber dem Mörder? Zunächst fällt auf, dass selbst die Ermahnung Gottes weniger vermag als die Macht der Kränkung. Gott bezeichnet die Gefühle des gekränkten Kain als ein »lauerndes Tier« und gibt ihm den Rat, diese zu beherrschen. Kain kann dies nicht befolgen, so tief sitzt die Kränkung. Überraschenderweise tritt der alttestamentarische Gott, dem sonst menschliche Gefühle nicht fremd sind, nach dem Mord nicht als Rächer auf. Vielmehr lässt er mildernde Umstände – die Kränkung – gelten und schützt den vogelfrei gewordenen Mörder sogar noch vor Vergeltung. Das Kainsmal, welches oft als Zeichen der Sünde und Verdammnis interpretiert wird, ist in Wirklichkeit eine Schutzmarke. Hierin sehen Theologen das Bild des verzeihenden Gottes, welcher selbst gegenüber dem Mörder Ja zum Leben sagt. Genauso kann man aber folgern, dass Gott der Einzigartigkeit des Motivs, nämlich der Kränkung, Rechnung tragen und dieses als ein Verbrechen aus Gekränktheit gleichsam privilegieren wollte. Durch den Schutz für den Mörder hat Gott der Rache wie auch einem möglichen Ehrenmord den Boden entzogen. Und Gott hat gezeigt, wie man die Kränkungsspirale durchbricht und eine Kettenreaktion an Verbrechern verhindert: durch Verzeihen.

Kränkungen sind Ursache sehr vieler Verbrechen. Wie in der Gesellschaft und Wissenschaft schenkt man ihnen auch in der Kriminologie viel zu wenig Beachtung. Motive wie Geldgier, Sadismus oder Blutrausch befriedigen uns mehr und scheinen glaubwürdiger als simple Kränkungen. Tatsächlich erfolgen aber zahlreiche Straftaten aus Gekränktheit und viele Verbrechen stellen bösartige Kränkungsreaktionen dar. Gerade bei modernen Verbrechen wie Cybermobbing, erweiterten Suizidhandlungen oder School-Shooting liegen die zentralen Motive in individuellen oder kollektiven Kränkungen. Auch bei einem der großen kriminologischen Rätsel, jenem des (scheinbar) motivlosen Verbrechens, kann man bei genauer Analyse oft Kränkungen als Ursache finden. Besonderes Gewicht haben Kränkungen bei Störungen der Impulskontrolle wie Kleptomanie oder Pyromanie, bei Beziehungsdelikten und bei den modernen Formen des Amoks und Terrorismus.

Stehlen aus Gekränktheit

Diebstahl, Einbruch und andere Vermögensdelikte sind so wie alle Verbrechen nie durch einen einzigen Grund zu erklären. Immer sind die Bedingungen einer Straftat komplex und die Ursachen vielfältig. Es gibt weder Prototypen von Dieben und Einbrechern noch einfache Erklärungen für Mord und Totschlag. Innerhalb des komplexen Motivationsbündels ragen aber Kränkungserlebnisse und Rachemotive heraus. Bei vielen sehr profihaft agierenden Einbrechern stellt man mit Staunen fest, dass nicht nur Habgier, simple Bereicherungsabsichten und wirtschaftliche Not maßgebend waren, sondern die Delikte durch Wiedergutmachungswünsche für erlittene Benachteiligungen und frühere Kränkungen motiviert sind. »Ich hol' mir nur, was ich in meiner Kindheit nicht bekommen habe, was mir zusteht, was mir die reiche Gesellschaft schuldet«, sagt ein jugendlicher Seriendieb. Obwohl ihm völlig klar ist, dass er damit etwas Verbotenes tut und Gesetze überschreitet, sind seine Bedürfnisse nach Selbstbelohnung und Rache stärker. Oft werden die erlittenen Vernachlässigungen, die sozialen Benachteiligungen, die fehlenden Zuwendungen nicht den eigentlichen Verursachern, sondern der ganzen Gesellschaft zugeordnet. Übervolle Kaufhausregale, Shoppingpaläste, reiche Bürgerhäuser oder Bankinstitute stehen für die schöne, heile, aber auch als kalt und abweisend erlebte Welt. Jene Gesellschaftsschichten, denen es besser geht, werden verantwortlich gemacht für das eigene traurige Schicksal, für die durchgemachten Entwertungen und Bloßstellungen. So betrachtet ist Eigentumsdelinquenz oft eine nicht zulässige Kränkungsverarbeitung, eine delinquente Kränkungsreaktion, in der der Täter seine eigenen Gesetze und Wertungen über jene des Staates stellt.

Manchmal findet man selbst bei Eigentumsdelikten das Hauptmotiv im Versuch, seinen Selbstwert zu steigern. Die durch Kränkungen regelmäßig hervorgerufenen Selbstwertzweifel und Versagensängste sollen durch Anschluss an eine delinquente Gruppe oder auch durch Entwicklung von Professionalität im kriminellen Bereich behoben werden. Schon die Einstellung, sich nicht an die für alle anderen geltenden sozialen Bedingungen halten zu müssen, sich sein eigenes Gesetz zu schaffen und sich überhaupt Dinge zu trauen, die bei allen anderen gefürchtet sind, ist eine sehr narzisstische Kränkungsverarbeitung. Die delinquente Gruppe mit ihrer klaren Ordnung, ihre oft sehr professionelle Einstellung und ihre straffe Hierarchie können primär selbstunsicheren Menschen das Gefühl der Sicherheit und Stärke geben. Die bewusst gesuchte Oppositionshaltung stützt diese im negativen Sinn besondere Rolle und kann viele Rachebedürfnisse befriedigen. Beweist nicht die große Sympathie, welche Meisterdiebe und »Weiße-Kragen-Verbrecher« nicht nur im Film, sondern auch in der öffentlichen Einschätzung genießen, dass uns allen solche Motive und Grundstimmungen nicht fremd sind?

Bei der Kleptomanie, der krankhaften Stehlsucht, stellen sich Motive und Ursachen anders dar, sind aber auch oft nichts anderes als Kränkungsreaktionen. Die krankhafte Stehlsucht ist eine typische Störung der Impulskontrolle mit suchtähnlichem Charakter, deren Ursachen im Unbewussten liegen. Die Motive werden im Widerstand gegen die Gesellschaft, in der Lust nach einem euphorischen Kick, von einigen Psychoanalytikern auch in der Suche nach einer Ersatzbefriedigung gesehen:

Sie war das, was man als Traumfrau bezeichnet: Traumfigur, Traummaße, Traumgröße, dazu ein traumhaft schönes Gesicht und eine traumhafte Ausstrahlung. Traumhaft war ihre Herkunft, traumhaft die Schulnoten und ein Traum ihre Mo-

delkarriere. Erwartungsgemäß hatte sie einen Traummann gefunden, einen international tätigen Manager, mit diesem hatte sie zwei traumhafte Kinder. Die Traumvilla befand sich in einer Traumlage und hatte eine traumhaft schöne Aussicht. Alles an ihr war ein Traum, einschließlich eines Albtraums: Sie musste stehlen. Nicht aus Not, nicht aus Habgier, vielleicht aus Lust, jedenfalls aus Zwang. Nicht wertvolle Dinge, nichts, was sie gebraucht hätte, nicht einmal etwas Sinnvolles. Hier eine Farbdose, da eine Packung Nägel, häufig Klebstreifen. Meist wusste sie nach der Tat nicht einmal, was sie damit anfangen sollte. Sie warf die Dinge weg, einmal wurde sie sogar beim Versuch des Zurückbringens ertappt.

Mitten am Vormittag komme, völlig grundlos und unvermittelt, ein Gefühl der Unruhe über sie. Sie sei nervös, gespannt, ganz kribbelig, sie spüre, dass jetzt etwas geschehen müsse. Der quälend-lustvolle Zustand steigere sich, wenn sie sich der Kassa nähere und erreiche in jenem Augenblick, in dem sie das Diebesgut unbemerkt an der Kontrolle vorbeibringe, den Höhepunkt. Leer, schuldig und beschämt fühle sie sich danach.

Eine Passage aus den vielen analytischen Gesprächen könnte die Lösung bringen. Ihr Mann habe einmal nach dem Geschlechtsverkehr in halb ironischem, halb vorwurfsvollem Ton gemeint, dass das im Bett nicht dem entspreche, was das Äußere verspreche. Von da an sei ihre Sexualität eine andere gewesen: verkrampft, gespielt, nicht befreiend, mehr und mehr anorgastisch …

Auch wenn man psychoanalytischen Erklärungen skeptisch gegenübersteht und tiefenpsychologische Deutungen nur sehr zurückhaltend vornehmen sollte, ist die Ähnlichkeit zwischen kleptomanem Ablauf und sexueller Erregung verblüffend. Die verletzte Frau hat sich das, was sie von ihrem Gatten nicht mehr bekommen sollte, in anderer Form geholt.

Pyromanie

Feuer ist jenes Element, das den engsten Bezug zu Emotionen und Affekten hat. Es befriedigt archaische Bedürfnisse, gilt als Symbol für Kraft, Wärme und Reinigung, für Begeisterung, Kreativität und Inspiration, auch für Leidenschaft und Zerstörung. Der Blick in das Feuer löst Angst und Faszination aus, er spricht archaische Schichten unserer Persönlichkeit an. Begeisterte Menschen sind »Feuer und Flamme« und psychisch Erschöpfte leiden an Burn-out, dem Zustand des seelischen Ausgebranntseins. In der griechischen Mythologie galt Prometheus, der »Vorausdenker«, als Lehrmeister der Menschen, weil er ihnen das Feuer gebracht hat. Dies erzürnte und kränkte die Götter so sehr, dass sie ihn, den Unsterblichen, grausam bestraften. Feuer steht aber auch für Wiedergeburt. Phönix – wörtlich übersetzt der »Wiedergeborene« – ist ein mythischer Vogel, welcher verbrennt, um aus seiner Asche wieder neu zu entstehen. In der persischen Kultur spielten Feueranbetungen eine große Rolle. Im Juden- und Christentum begleitete das Feuer jede Gotteserscheinung. Der Islam sollte nach den Worten des Propheten mit Feuer und Schwert verbreitet werden. In alten Religionen ist Tagne, das Feuer, die Verkörperung Gottes auf Erden, und in unserer Zeit begeistern Feuerwerk und Feuershows die Menschen.

Kein Wunder, dass Feuer auch im Zusammenhang mit psychischen Problemen große Bedeutung hat und Feuerlegen oft Ausdruck von seelischen Störungen ist. In zahlreichen Untersuchungen wurde nachgewiesen, dass Rache und emotionale Probleme neben dem Versicherungsbetrug die häufigsten Motive für Brandstiftungen darstellen. Unter den unbewussten Motiven für Brandstifter steht neben ungelösten Sexualproblemen, fehlendem Gefühlsanschluss, Geltungsbedürfnissen und »Sensation Seeking« die leichte Kränkbarkeit an erster Stelle. Viele Brandleger fühlen sich vom Leben und der Gesellschaft enttäuscht und kämpfen mit Neidgefühlen auf die scheinbar heile Gesellschaft. Sie spüren eine ungeheure Wut auf die böse, kalte und verständnislose Welt und wollen sich an dieser für ihre individuellen Kränkungen rächen. Darüber hinaus vermittelt das flackernde Feuer offensichtlich einen Ausgleich für emotionale Defizite und spendet symbolisch auch seelische Wärme.

Eine eigene Untersuchung an 54 Brandlegern erbrachte folgendes Täterprofil: männliches Geschlecht, jugendliches oder jungerwachsenes Alter, Partnerlosigkeit, fehlende emotionale Ansprache, Minderwertigkeitsgefühle, Alkoholeinfluss und unmittelbare Auslösung durch Zurückweisung, also durch Kränkung. Zu unterscheiden sind bei Pyromanen zwei Gruppen, nämlich die »Sensation Seekers«, welche Feuer als stimulierendes Phänomen betrachten, wohl auch für ihre mangelnden oder erkalteten Gefühle, zum anderen solche Täter, welche Konflikte nicht auf sozial verträgliche Art lösen können. So rätselhaft das pathologische Brandlegen bleibt, kann man in den meisten Fällen jedenfalls Kränkungen als bedeutendstes Motiv erkennen.

Eine ländliche Region wurde durch mehrere Großbrände beunruhigt. Innerhalb von sechs Wochen wurden vier Stall- und Wirtschaftsgebäude, eine alte Fabrik und zwei nicht bewohnte Wohnhäuser angezündet. Nach dem zweiten Brand entwickelte sich zwischen dem vorerst unbekannten Täter und der Polizei ein richtiges Katz- und Maus-Spiel, das nach der siebten Brandlegung durch einen Zufall entschieden wurde. Beim Täter handelte es sich um einen 21-jährigen Hilfsarbeiter, welcher kein Motiv für seine Taten nennen konnte. Bei der ersten Brandlegung sei er alkoholisiert gewesen. Bei den folgenden habe ihn der Auflauf der Menschen und das ganze »Spektakel« fasziniert. Es habe ihm gefallen, wie im Dorfgasthaus über den »Feuerteufel« geredet worden sei und sich alle gefürchtet hätten.

Tatsächlich ließen sich bei dem jungen Mann einige auffallende Befunde erheben. Der Vater war Alkoholiker, welcher

Frau und Kinder in berauschtem Zustand oft geschlagen habe. Der Junge musste in der Pflichtschule wiederholt repetieren, war dann als Hilfsarbeiter tätig, wurde aber an mehreren Arbeitsplätzen gekündigt. Zur Zeit der Vorfälle war er arbeitslos. Er sprach seit der Jugend vermehrt dem Alkohol zu, trank meist allein, galt in der Dorfgemeinschaft als unauffälliger Außenseiter, hatte zu niemandem so rechten Kontakt. Vor einigen Jahren war sein Ansuchen um Aufnahme in die Jungfeuerwehr wegen seiner Alkoholprobleme abgelehnt worden.

Am Abend vor der ersten Brandlegung hielt er sich im Dorfgasthaus auf, trank dort vier Bier, sei nach Aussage von Zeugen über Stunden allein an einem Tisch gesessen. Er versuchte, mit der Serviererin ins Gespräch zu kommen. Diese habe ihn aber kaum beachtet, sei auf kein Gespräch eingegangen und habe ihn – so hatte er dies empfunden – einfach »kalt« abgefertigt. Ähnlich sei es ihm schon öfter gegangen. Sein sehnlichster Wunsch nach einer Beziehung sei nie erfüllt worden. Er habe sich überlegt, wie er den »Weibern« das »kalte Abservieren« heimzahlen könne. Da sei er auf einen »warmen Gedanken« gekommen …

Affekt- und Eifersuchtsdelikte

Eines der klassischen Kränkungsdelikte ist der Eifersuchtsmord. Kaum ein anderes Verbrechen ist so eng mit Lieben und Geliebtwerden, mit Verunsicherung und Bedürfnis nach Sicherheit, mit Angst und Aggression, mit Machtanspruch und narzisstischem Verlangen verbunden wie diese zeitlose, in jüngerer Zeit aber wieder häufiger werdende Tragödie. Tötungen aus Eifersucht erfolgen meist im Affekt, sodass deren Dynamik nahezu identisch ist mit jener anderer Delikte im Zustand höchster Erregung.

Da man als Affektdelikte alle Straftaten bezeichnet, die unter dem Einfluss heftiger und akuter Gemütsbewegungen wie Jähzorn, Wut oder Angst und Panik begangen worden sind, gehören sie auf den ersten Blick nicht zu den typischen Kränkungsreaktionen. Kränkung ist ja eher eine chronisch wirkende destruktive Energie, ein länger dauernder Prozess, während Affekte akute Gefühlsentladungen darstellen. Durch das Überkochen der Emotionen wird ein zur Kränkung führender Gefühlsstau eher verhindert. Allenfalls könnte man Affektdelikte den akuten, den unmittelbaren Kränkungsreaktionen zuordnen, was freilich schon eine gewisse Widersprüchlichkeit in sich birgt.

Bei genauer Analyse haben Affektdelikte aber sehr wohl einiges mit Kränkungen zu tun, und zwar im Vorfeld. Aggressive Affekte treten ja nie wie ein Blitz aus heiterem Himmel auf, sondern können vielmehr mit dem Bild des von Kränkungen vollen Eimers, den ein letzter Tropfen zum Überlaufen bringt, bildlich dargestellt werden. Heftige Zorn- und Wutausbrüche setzen einen Gefühlsstau voraus, welcher während langer Auseinandersetzungen mit einer Kränkung entstanden ist. Kann diese nicht aufgedeckt, bearbeitet und überwunden werden, entwickelt sich daraus ein chronifizierter, destruktiver Prozess. Auf das, was ursprünglich als kränkend erlebt wurde, reagieren die Betroffenen mit Verunsicherung, Zweifel und Widerstand, mit Hoffen und Bangen, mit Resignation und Wut. Solche langwierigen Kränkungsreaktionen begleiten Depressionen, suizidale und fremdaggressive Fantasien, Schlafstörungen und oft auch Alkoholmissbrauch. Dadurch werden die inneren Widerstandskräfte allmählich unterminiert, Alltagsdisziplin und Selbstkontrolle werden schwächer und schwächer. Manchmal gelingt es, diesen Prozess vorübergehend zu unterdrücken, die Kränkungen hintanzustellen und die Selbstwertzweifel zu verdrängen. Die teilweise Verschiebung ins Unbewusste mindert aber keinesfalls das energetische Potenzial der Kränkung. Im Gegenteil, bei einem so in seiner Psyche angeschlagenen vulnerablen Menschen genügt oft ein geringfügiger Anlass, um die Katastrophenreaktion auszulösen. Es braucht nicht viel, bis die gezündete Bombe explodiert und die innere Staumauer zusammenbricht. Der Affektsturm überrollt sämtliche Kontrollmechanismen, der Gekränkte ist der gewaltigen destruktiven Energie hilflos ausgeliefert. Redewendungen wie »ganz von Sinnen« oder »blind vor Wut« beinhalten, dass der Betroffene nicht mehr Herr in seinem Haus, sondern wie ein Blatt in einem reißenden Fluss ganz den Emotionen ausgeliefert ist.

Affektdelikte spielen sich stets im zwischenmenschlichen Bereich ab. In westlichen Gesellschaften konnte in den letzten Jahren ein starker Anstieg der Beziehungsdelikte, welche fast immer aus Eifersuchts- und anderen Kränkungssituationen resultieren, beobachtet werden. Auch dies ist ein Hinweis auf die zunehmende Kränkbarkeit in unserer Gesellschaft und deren immer größere Probleme, mit Verletzungen und Entwertungen – mit Kränkungen – fertigzuwerden.

Erweiterter Mord

In der Endstrecke des Verbrechens ganz anders, in der vorausgehenden Kränkungsarbeit aber sehr ähnlich, stellt sich das Gekränktheitsverbrechen schlechthin dar – der erweiterte Mord. Bei diesen in letzter Zeit nahezu dramatisch zunehmenden Fällen, bei denen der Täter die ganze Familie ausrottet und sich dann suizidiert, liegt die Kränkung im Machtverlust. Die ursprünglich klar geregelten Kräfteverhältnisse in einer Partnerschaft, in der meist der Mann tonangebend und dominierend war, geraten aus den Fugen. Der sich ihm bisher stets unterordnende Teil wird sich, oft in Folge partnerschaftlicher Kränkungen, distanzieren und autonomisieren. Dagegen wehrt sich der einstige Dominator, jetzt selbst tief verunsichert und enttäuscht, mit allen bisher bewährten Mitteln, mit Einengen und Drohen, mit Betteln und Bitten, mit »Appell an die Vernunft«, vor allem aber mit Kränkungen. Mit aller Gewalt versucht er, die alten Machtverhältnisse wiederherzustellen. Wegen seiner immer häufiger werdenden Bedrohungen, Entwertungen und Kränkungen wird sich die Frau nur noch weiter absetzen. Es kommt zu gegenseitigen Verunglimpfungen, zu Trennungsentschlüssen und Treueschwüren, zu Auszug und Wiederkehr. Am Schluss wird sich der ehemals Unterlegene in der überlegenen Position, der mehr Liebende in der des nun Begehrten, der mehr Bestimmende in der des Bittenden, der Selbstbewusste in jener des Selbstzweiflers finden. Im Verlauf der Kränkungsreaktion dämmert der Wunsch nach einem »letzten Sieg«, nach einem definitiven Rechthaben herauf. Immer konkreter entwickelt sich im Kränkungschaos der Plan zu einer »todsicheren Lösung« – im wahrsten Sinn des Wortes.

Amok und Terror

Nachdem die Welt seit etwa 20 Jahren von einem neuen Verbrechen, den sogenannten »Schul-Amokläufen«, schockiert wird und sich auch in Europa mehrere Fälle ereignet haben, wurden zahlreiche Untersuchungen zu Psyche, Persönlichkeit und Motivation der Täter durchgeführt. Zwischenzeitlich kennt man das Profil der überwiegend männlichen Massakristen recht gut. Dieses ist zwar vielfältig, wird aber dominiert von narzisstischen Persönlichkeitszügen, versteckten Minderwertigkeitsgefühlen, fehlender Empathie, Wut und Hass auf andere, durch Negativismus, Schwierigkeiten im Eingehen von Bindungen, ständige Unzufriedenheit, sozialen Rückzug und Empathiemangel. Trotz guter bis überdurchschnittlicher Intelligenz gibt es besonders oft schulische und berufliche Probleme. Wegen häufiger Frustrationen im zwischenmenschlichen Kontakt ziehen sie sich mehr und mehr in eine innere Welt voller Enttäuschung, Rachegedanken und Mordfantasien zurück. Manchmal leiden die Täter an früh auftretenden Geisteskrankheiten, selten an Suchtproblemen, fast nie an finanziellen Schwierigkeiten. Ein Motiv ist aber durchgängig und neben der Griffnähe zu Schusswaffen fast immer vorhanden: schwere Kränkungen.

Weibliche Amoktäter, die eine extreme Minderheit darstellen, ähneln in ihrer Persönlichkeitsstruktur, in ihren Milieuumständen und in ihrem Denken stark den männlichen Jugendlichen. Sie stammen wie diese meist aus sozial angepassten Mittelschichtfamilien. Auch bei ihnen dominieren Gefühle der Beschämung, der Demütigung und des daraus resultierenden Hasses auf die scheinbar schöne, aber verständnislose Welt. Im Abschiedsbrief einer 16-Jährigen, die den Lehrer und eine Mitschülerin mit einem Schwert attackierte, glücklicherweise aber vor einem geplanten, wesentlich größeren Blutbad festgenommen werden konnte, hieß es u. a.:

»Ich soll mein Leben meistern, es gibt so viel Gutes, doch die Menschen um mich herum verderben jeden Versuch, mich glücklich zu fühlen. Ja ihr alle. Ich hasse euch. Hoffentlich liest das jemand da draußen, dem es genauso dreckig wie mir geht und fühlt sich ein wenig besser ... Ich hasse euch, ich hasse euch ... ALLE! Am meisten HASSE ich meine Erzeuger, sogenannte Eltern! Alle auf der Welt sollen wissen, was für abscheuliche, hässliche, hinterhältige und verdammte Menschen sie sind.«

»Hass auf alle« sei laut dem psychiatrischen Gutachten das wesentliche Tatmotiv gewesen. Die Täterin war nicht psychisch krank, litt aber unter starken Selbstwertproblemen, fehlender Empathiefähigkeit, mangelnden Problembewältigungsstrategien und sehr geringer Kommunikationsfähigkeit. Diese Störungen, welche den Boden für den zur Amoktat führenden Hass bildeten, resultierten aus dem gefühlsarmen, kaltherzigen Erziehungsstil der Eltern, der in hohem Maß kränkend gewesen sei. Anerkennung und Lob gab es ebenso wenig wie tiefere Gespräche oder körperliche Kontakte.

Bei allen Attentätern, ob männlich oder weiblich, lässt sich eine Kränkungskonstellation durch Zurückweisung und dadurch bedingte Enttäuschungen, Minderwertigkeitsgefühle und Rachegedanken erkennen. Die Betroffenen fühlen sich nicht verstanden, nicht geachtet, nicht geliebt. In ihrer Gekränktheit entwickeln sie eine gnadenlose Wut, die nur das Ziel hat, der Welt wehzutun und sich an ihr zu rächen. Die eigene Gekränktheit wird mit dem Leitsatz »Einmal nicht nichts sein« kompensiert. Die von zahlreichen Tätern veröffentlichten Manifeste geben einen eindrucksvollen Blick in die von tiefen, nach außen verborgenen Kränkungen durchdrungene Innenwelt:

> *Der 22-jährige Elliot Rodger, Sohn eines Hollywood-Regisseurs in Santa Barbara, Kalifornien, erstach zunächst drei Mitbewohner, fuhr zu einem Studententreffpunkt, erschoss dort zwei Studentinnen und verletzte eine weitere schwer. Anschließend feuerte er bei der Fortsetzung seines Amoklaufs per Auto von seinem Wagen aus auf Fußgänger und Geschäfte, wobei er eine weitere Person tötete. Im Internet teilte er in einem letzten Video mit dem Titel »Vergeltung« sein Motiv mit: Er habe nie eine Freundin gehabt, sei ständig zurückgewiesen worden, sei mit 22 Jahren noch Jungfrau: »Ich wollte Liebe, Zuneigung und Bewunderung. Wenn ich euch Mädchen nicht haben kann, werde ich euch vernichten. Es wird mir viel Spaß bereiten, euch abzuschlachten«, drohte der gekränkte Student und kündigte an: »Morgen nehme ich Rache an der Menschheit.« Davon ließ er sich auch von seinen Eltern, welche ihn in einer dramatischen Aktion von der Tat abhalten wollten, nicht hindern. Bei der Fortsetzung seines Amoklaufs per Auto schoss er wahllos auf Passanten und Radfahrer, dabei tötete er eine Studentin. Er wurde später am Steuer seines Wagens gefunden, er hatte sich selbst getötet.*

Die führende deutsche Amokforscherin Britta Bannenberg von der Universität Gießen schreibt dazu: »Die Täter sind unangemessen kränkbar, zeigen ihre Wut und ihren Hass aber nicht so offen nach außen, sind also selten impulsiv aggressiv. Neben Selbstwertproblemen fällt eine egoistische Haltung mit fehlender Empathie und Perspektivenübernahme deutlich auf.«

Über die Psyche der Selbstmordattentäter und der IS-Terroristen mit westlichen Wurzeln ist noch nicht viel bekannt. Aus Befragungen von Rückkehrern weiß man aber, dass das Hauptmotiv für den Anschluss an Terrororganisationen Enttäuschungen in ihren Herkunftsländern waren: durch Stigmatisierung und Benachteiligung, Randständigkeit in der dortigen Gesellschaft, Arbeitslosigkeit, sozialen Abstieg, durch Hoffnungslosigkeit und fehlenden Sinn. Potenzielle Terroristen fühlen sich vorerst keinesfalls mächtig, sondern sehen sich in einer Opferrolle. Durch die Aufnahme in die Terrorgruppe erhoffen sie sich Anerkennung, Sicherheit, Macht und Überwindung ihrer Demütigung durch noch viel grauenhaftere Demütigungen von Unschuldigen.

Verbrechen ohne Motiv

Mehr in Literatur, Philosophie und Soziologie als in der Kriminologie wird die Frage diskutiert, ob es ein motivloses Verbrechen überhaupt gebe und was hinter dem »Mord ohne Motiv« stehe. Berühmt ist der Roman »Der Fremde« von Albert Camus aus dem Jahr 1942, in welchem als Hintergrund eines motivlosen Mordes die Entfremdung des Täters mit der Welt gesehen wird. Das 1988 geschriebene Drama »Roberto Zucco« des französischen Autors Bernard-Marie Koltès geht am Beispiel eines italienischen Serienmörders der Frage nach, wie verstörend Taten ohne Motiv wirken. Zahlreiche berühmte Kriminalfälle sind in die Geschichte als Taten ohne Motiv eingegangen. Genannt seien der Fall des Fritz Angerstein, welcher 1924 ohne jegliche Motivation acht Personen tötete, jener der Monika Weimar, welche 1988 wegen motivloser Ermordung ihrer zwei Kinder verurteilt wurde, und jener des indischen Serienkillers Motta Navas, der bis zu seinem Suizidtod 2012 insgesamt sieben Menschen tötete. Bei allen konnte kein Motiv ermittelt werden.

Entscheidend ist nun die Frage, ob es wirklich Taten ohne Motive gibt oder ob man diese nur nicht erkennt. Gibt es tatsächlich den Mord ohne Motiv oder ist dieses im Dunkeln, im Unbewussten, in den viel zitierten seelischen Abgründen zu suchen? Vonseiten der Psychiatrie, welche ja ohnehin sehr erklärungs- und diagnosefreudig ist, wird zumindest infrage gestellt, ob es Täter ohne Diagnose gibt. Infrage kämen in erster Linie Störungen, welche symptomarm sind, nach außen kaum manifest werden und einen schleichenden Verlauf zeigen. Zu jenen Störungen zählt etwa das sogenannte »Borderline«, also ein Störungsbild, welches an der Grenze zwischen »noch normal« und »bereits psychisch krank« angesiedelt ist. Manche Experten halten scheinbar unmotivierte Kriminaltaten für die ersten und einzigen Vorläufersymptome einer später voll ausbrechenden Geisteskrankheit. Da die Aggressionshandlung der erst mit zeitlichem Abstand manifest werdenden Psychose wie ein Wetterleuchten vorangehe, sei das krankhafte Motiv dieser Störung nicht zu erkennen.

Nach gründlichen gerichtspsychiatrischen Untersuchungen von 32 Tätern, bei denen die Ermittler kein Motiv finden konnten, wage ich folgende Behauptung aufzustellen: Werden scheinbar motiv- und grundlose Straftaten psychologisch genau analysiert, findet man meist eine Störung, welche weder Geisteskrankheit noch Psychopathie ist. Vielmehr handelt es sich um etwas, das von den Tätern verschwiegen, von den Ermittlern nicht erkannt, von allen Beteiligten tabuisiert und von der Öffentlichkeit in ihrer Sprengkraft maßlos unterschätzt wird: um Kränkungen. Die scheinbar zufällig und ebenso motivlos ausgewählten Opfer stellen in Wirklichkeit Symbolfiguren für demütigende Institutionen, für entwertende Instanzen oder für eine als verständnislos erlebte Gesellschaft dar – für die kränkende Welt.

Betrachtet man die Kriminalität in unserer Zeit, sind zwei wesentliche Entwicklungen erkennbar. Zum einen wird das Verbrechen immer mehr virtualisiert, d. h. das Böse verlagert sich in das große Netz. Zum anderen treten Verbrechen in den Vordergrund, die man als typische »Kränkungsdelikte« bezeichnen kann. Zu nennen sind Beleidigungen, Nötigungen, Erpressungen, Stalking oder Mobbing über das Internet. Nirgendwo zeigt sich die Macht der Kränkung aber so dramatisch wie in den modernen Formen von Amok und Terror. Beobachtet man diese Entwicklungen, die man vor wenigen Jahren noch kaum für möglich gehalten hätte, kommt man um eine resignative Feststellung nicht umhin: Kränkungen treten in neuer Form auf, sie werden weiter wirken, sie pflanzen sich auch im Verbrechen fort.

III.
Umgang mit Kränkungen

Kränkungsreaktionen

Von einem Tag auf den anderen war nichts mehr so, wie es war. Dies sagte ihm der Verstand, das Gefühl war noch nicht mitgegangen. Er hatte sich mit seiner Frau überworfen, sie hatten sich gestritten, bekriegt, getrennt. Er kämpfte mit allen Mitteln, bettelnd, befehlend, drohend. Erst um die Ehe, dann um die Frau, zuletzt nur noch um die fünfjährige Tochter. Konkret um zwei Stunden Besuchsrecht pro Woche. Er nützte alle Möglichkeiten, jeden Tiefschlag steckte er weg. Auf dem Höhepunkt der Auseinandersetzung kam der entscheidende Schlag. Er soll seine Tochter missbraucht haben, lautete der Vorwurf. Die Kränkung hatte eine neue Dimension bekommen: Anzeigen, totale Kontaktsperren, Begutachtungen. Am Ende wurde er freigesprochen, aus Mangel an Beweisen, wie es hieß.

Er war am Ende, trotzdem. »Tut uns leid«, hieß es im Kündigungsschreiben. Er sei der beste Mitarbeiter gewesen, die Gerüchte passten aber nicht zum Image der Firma, zum Leitbild schon gar nicht. Auf die wahren Freunde wartete er vergeblich. Die Tochter wollte er nicht mehr besuchen. »Jeder Selbstmord ist ein verhinderter Mord«, sagte der ermittelnde Polizist, als sie ihn erhängt fanden …

Nachdem das, was wir als Kränkung empfinden, von sehr vielen Variablen abhängt und ganz wesentlich mit der psychischen Verfassung des gekränkten Individuums zu tun hat, kann es keine einheitlichen Reaktionen auf Kränkungen geben. Nahezu regelhaft treten nach Kränkungen durchgehende, aber unspezifische Veränderungen der Stimmung, der Konzentration und der

Lebensfreude auf. Schwung und Vitalität sind bedrückt, der Alltag bekommt einen Grauton, das Denken kehrt immer wieder auf das kränkende Thema zurück, die Interessen werden eingeengt.

Bei den spezifischen und typischen Kränkungsreaktionen kann man grob zwischen aktiven und passiven, zwischen destruktiven und (selten) konstruktiven oder zwischen Widerstand, Gegenangriff und Rückzug unterscheiden. Akute Reaktionen wie Zorn und Wut, welchen die Funktion eines reinigenden Gewitters oder eines »affektiven Blitzableiters« zukommt, sind zwar häufig, gehören aber nicht zum Wesen der Kränkung. Kränkung ist ja kein akuter Reflex, sondern vielmehr ein längerfristiger Prozess mit verzögertem Auftreten. Starke Affektäußerungen bauen den Ärger unmittelbar ab und verhindern den Aufbau eines negativen Energiestaus, welcher Voraussetzung für eine chronische Kränkungsreaktion wäre. Grundsätzlich lässt sich feststellen, dass gekränkte Männer eher rasch und aktiv reagieren, während sich Frauen nach Kränkungen mehr zurückziehen und die seelischen Verletzungen psychosomatisch verarbeiten.

Widerstand und Gegenangriff

Aktive Kränkungsreaktionen sind Widerstand, Gegenangriff und Rache. Widerstand, besonders in seiner nicht aggressiven Form, ist eine reife Kränkungsreaktion, die viel mit Selbstwert und Selbstachtung zu tun hat. Man ist es der eigenen Person schuldig, sich Zurückweisungen und Entwertungen nicht gefallen zu lassen, sich gegen Erniedrigungen zu wehren und die durch Kränkungen infrage gestellte Machtposition innerhalb der sozialen Rangordnung zu wahren. Widerstand resultiert aus der Stärke der eigenen Persönlichkeit und ist Ausdruck sowohl persönlicher Willenskraft als auch der Selbstachtung. Um überhaupt Widerstand leisten zu können, ist es erforderlich, den Feind zu identifizieren und genau zu kennen. Nur wenn man weiß, gegen was und wen Widerstand zu leisten ist, kann man diesen wirksam gestalten.

Widerstand wird zunächst wie jeder Reflex undifferenziert und primitiv ausfallen. Nur durch Besinnung auf seine eigenen Stärken, durch möglichst genaues Erfassen des Gegners und durch überlegene Planung der Widerstandshandlung wird dieser zu dem werden, was er sein soll: ein Standhalten, eine Demonstration der eigenen Stärke, eine Entfaltung des Selbstbewusstseins.

Beim Gegenangriff geht es vorerst nicht um Rache, sondern um Schwächung des Kränkenden. Man will diesem das Recht absprechen, jemand anderen negativ zu bewerten und ihn zu kränken. Die Gegenattacke zielt darauf ab, dem Kränkenden den Stachel zu ziehen, ihn schachmatt zu setzen und in eine Position zu bringen, in der er an Macht und Ansehen verloren hat, in der seine Argumente nicht mehr gehört werden, in welcher er keinen Einfluss mehr hat. Innerhalb des Kränkungsgefüges richtet sich der Gegenangriff ganz auf den Wert der kränkenden Person. Je geringer dieser in den Augen des Opfers, aber auch im gesellschaftlichen Ansehen ist, desto weniger Bedeutung haben seine Kränkungen.

Rache

Die häufigste und folgenschwerste aktive Kränkungsreaktion ist die Rache. Diese geschieht nicht unabsichtlich oder fahrlässig, vielmehr stecken genaue Überlegungen und klare Absichten dahinter. Wenn man so will, ein böser Plan. Ähnlich wie die Kränkung benötigt auch die Rache etwas Zeit. Sie erfolgt nicht in der Erregung und in emotional überhitztem Zustand, sondern wird mit kaltem Verstand durchdacht und wohl geplant durchgeführt.

Mit der Rache will der Gekränkte einen Ausgleich für das erlittene Unrecht schaffen und die verletzende Botschaft in gleicher oder stärkerer Intensität an den Absender zurückschicken. Er will es ihm »heimzahlen«, wie das Wort so bildhaft sagt. Die

Rache folgt mehr dem alttestamentarischen Gesetz »Auge um Auge, Zahn um Zahn«, während der reine Gegenangriff darauf abzielt, dem Gegner das Oberwasser abzugraben.

Rache, nach seiner Wortherkunft von den alten Ausdrücken für Jagen oder Verfolgen herkommend, gehört zu den Grundausstattungen des menschlichen Gefühlsbereichs. Nach psychologischem und soziologischem Verständnis wird sie als Emotion gesehen, welche der Bewältigung von Kränkungen dient. Wie sehr sie einer Krankheit nahekommt, zeigt sich an den tiefenpsychologisch fundierten Ausdrücken Rachgier und Rachsucht. Weil dem Menschen die Rache offensichtlich immer schon sehr wichtig war, hat er eigene Gottheiten – meist weiblichen Geschlechts – geschaffen. Die Lust auf Rache, die manchmal süchtigen Charakter annehmen kann, konnte zwischenzeitlich durch hirnphysiologische Untersuchungen begründet werden.

In nüchterner Definition wird Rache als archaische, dem modernen Rechtsempfinden und ethischen Bewusstsein zuwiderlaufende Extremform der Vergeltung beschrieben. Schon in frühen Gesellschaften war sie als rechtmäßiges Mittel zur Wiederherstellung des sozialen Friedens anerkannt. Rache ist dabei nie zu einem Rechtsbegriff geworden, weil Rache Selbstjustiz bedeutet und der Staat das Gewaltmonopol für sich beansprucht. Wohl aber war Rache ein Mittel, um das auch in primitiven Gesellschaften zumindest in einer gewissen Form gegebene Rechtsempfinden zu befriedigen.

Die tief in den Menschen sitzende Furcht vor Rache erkennt man in den Erzählungen von Wehrwölfen und Wiedergängern, hinter denen man sich noch nach dem Tod rächende Mordopfer verstand. Auch die gerichtliche Mythologie erzählt von Rache, die über den Tod hinausreicht:

Theogenes von Thasos war der berühmteste Sportler der Antike. Um 480–470 v. Chr. soll er 1200 bis 1400 Siege als Faustkämpfer und Langstreckenläufer errungen haben. 22 Jahre lang blieb er unbesiegt. Nach seinem Tod wurde zu seinen Ehren eine große Bronzestatue auf dem Marktplatz aufgestellt. Einer seiner Feinde war noch so voll von Hass und Rachegefühlen, dass er das Standbild öffentlich auspeitschte. Der tote Held aber rächte sich vom Jenseits aus: Die Statue stürzte um und erschlug den peitschenden Rächer.

Nach dem bis auf die Sumerer-Dynastien im dritten Jahrtausend zurückgehenden Talionsprinzip soll zwischen dem einem Opfer zugefügten Schaden und der Strafe für den Schuldigen ein Gleichgewicht angestrebt werden: »Wenn ein Mann einen Mord begangen hat, soll besagter Mann getötet werden.« Rache war nur bei bestimmten Taten wie Totschlag, Ehebruch oder Diebstahl zulässig und wurde allein den Geschädigten und ihren rechtmäßigen Bluträchern zugestanden. Manchmal wurde eine überschießende Rache toleriert, mitunter eine Teilrache empfohlen. In griechisch-römischen Gesellschaften gab es für Verwandte und Freunde die heilige Pflicht zur Rache, welche sogar erblich sein konnte. Manchmal seien Kinder ausschließlich gezeugt worden, um die Racheverpflichtung übernehmen zu können.

Im Alten Testament dominierte weniger das Bild des liebenden als des rächenden Gottes. So heißt es im Buch Nahum 1, 2: »Der Herr ist ein eifriger Gott und ein Rächer, ja, ein Rächer ist der Herr und zornig …«

Berühmt und zum Stoff von Romanen und Opern geworden ist die Rache des israelitischen Richters und Helden Samson oder Simson, ein Selbstmordattentat in erschreckend aktuellem Sinn (Richter 13,1–16,31):

Samson fügte mit göttlicher Stärke den Philistern, den Unterdrückern des Volkes Israel, zahlreiche Niederlagen zu. Seine Kraft schöpfte er aus seinen Haaren und er blieb so lange unbesiegt, wie diese nicht geschnitten wurden. Dieses Geheimnis verriet er nur seiner Geliebten Delila, welche die Philister infor-

mierte. Delila schnitt ihm im Schlaf die Haare ab und beraubte ihn so seiner Kraft. So konnten ihn die Philister überwältigen. Sie legten ihn in Ketten, stachen ihm die Augen aus und zwangen ihn, im Gefängnis die Mühle zu drehen. Allmählich wuchs sein Haar wieder nach und er gelangte zu alter Stärke.
Als die Philister ein großes Fest feierten, ließen sie den Gefangenen vorführen, damit er für sie Späße mache. Samson bat den ihn führenden Jungen, ihn zu den Säulen zu bringen, auf denen die Festhalle gebaut war. Samson stemmte sich gegen die Träger, brachte das Gebäude zum Einsturz und riss 3000 Männer und Frauen mit sich in den Tod.

Im Christentum ist Rache untersagt, Langmut und Barmherzigkeit sind herausragende Tugenden. Dennoch lobt Paulus Samson im Ersten Korintherbrief ausdrücklich. Friedrich Nietzsche, welcher Vergeltung als natürliche Antwort auf Gutes wie Böses deutete, bezeichnete sogar die Dankbarkeit als »gute Rache«.

Kränkung und Rache gehören zu den häufigsten Motiven in der dramatischen und epischen Dichtung. Das hohe Rachebedürfnis für erlittene Kränkungen ist der Stoff, aus dem Epen, Sagen, Erzählungen und Dramen gemacht sind. Den griechischen Dramatikern war Rache so wichtig, dass dafür eigene Rachegöttinnen, die Erinnyen, die späteren Furien, geschaffen wurden. Der gekränkte Achilles rächt sich, indem er nicht mehr für die Griechen kämpft und so der Feind überhandnehmen kann. Der erweiterte Mord der Medea ist Rache für die Untreue Jasons. Im Nationalepos der Deutschen, im »Nibelungenlied«, ist Rache ein ebenso durchgängiges Motiv wie in der Sage von Wieland oder im »Gudrunlied«. Die überdimensionale Rache des Michael Kohlhaas hat nicht nur den Stoff für die berühmteste Novelle Kleists geliefert, sondern dient in der Wissenschaft als das Beispiel schlechthin für Verbitterung, Querulanz und Rache. In Alexandre Dumas' Roman »Der Graf von Monte Christo« endet der Rachefeldzug versöhnlich. Die Nachhaltigkeit von Kränkungen hat Friedrich Dürrenmatt im »Besuch der alten Dame« dramatisiert, indem sich eine zu Reichtum und Einfluss gekommene betagte Frau für eine 40 Jahre zuvor erlittene Demütigung auf furchtbare Weise rächt.

Tatsächlich widerspricht Rache in vielen Fällen weder dem Rechtsempfinden des Volkes noch irritiert sie das ethische Bewusstsein. Im Gegenteil, oft finden wir Rache als gerecht und heißen sie zumindest innerlich gut, selbst wenn sie gegen Gesetze verstößt. Der Aggressionsexperte Mario Gollwitzer hat drei Kriterien herausgefunden, mit welchen die Rache nachvollziehbar, für den Rächer befriedigend und für die Zuschauer nahezu sympathisch wird:

1. Die Racheaktion soll etwas Prosoziales enthalten, indem sie dem Racheopfer signalisiert: »Mach das nicht noch mal.«
2. Racheaktionen werden dann positiv bewertet, wenn sie etwas Witziges enthalten, etwas, über das man schmunzeln kann.
3. Die Symmetrie zwischen dem entstandenen Schaden und der Rache muss gewahrt sein.

Eine Racheaktion ist für den Gekränkten nur befriedigend, wenn der Verursacher der Kränkung weiß, weshalb ihn die Rache trifft. Er soll schmerzhaft erfahren, wie sehr er durch sein Verhalten die Gefühle eines anderen verletzt hat und wie stark dessen Bedürfnis nach Wiedergutmachung ist. Vielleicht ist ihm dies gar nicht voll bewusst. Deshalb sind Gekränkte mit anonymem Zerkratzen des Autos oder dem Aufstechen der Reifen oft nicht zufrieden. Vielmehr soll das Opfer wissen, von wem der Denkzettel für die Ungeheuerlichkeit der Kränkung stammt. Wenn die Rache oft als süß bezeichnet wird, kann damit nur die vordergründige und oberflächliche Befriedigung gemeint sein.

Wer erinnert sich nicht an den Kopfstoß des Zinédine Zidane? Das Finale der Fußballweltmeisterschaft 2006 zwischen

Frankreich und Italien stand auf Messers Schneide. Scheinbar unvermittelt stieß in der 109. Minute der damals weltbeste Fußballer mit seinem Kopf in voller Wucht gegen die Brust seines Gegenspielers Marco Materazzi und streckte ihn nieder. Zidane, der als fairer und besonnener Spieler galt, wurde ausgeschlossen und musste seine glanzvolle Karriere auf unrühmliche Weise beenden. Später wurde der Grund für seine Racheaktion bekannt. Der Gegner habe wiederholt seine Mutter beleidigt und seine Schwester als »Nutte« bezeichnet.

Die Blutrache ist mit dem Ehrenmord verwandt. Ihr zentrales Motiv ist ebenfalls die Wiederherstellung der verletzten Familienehre. Während von Ehrenmorden fast ausschließlich weibliche Familienmitglieder betroffen sind, fallen der Blutrache nur Männer zum Opfer. Frauen sind traditionell vor Blutrache geschützt, Tötungen aus dem Motiv der Blutrache bleiben Männern vorbehalten. Blutrache ist also ein Delikt, welches »von Männern an Männern begangen wird«, so der deutsche Kriminologe Adolf Wahl.

Der Blutrache liegt ein Angriff auf die Ehre der gesamten Familie oder Sippe zugrunde. Sie dient dem Zweck, der Familie Respekt zu verschaffen und die scheinbar verloren gegangene Ehre wiederherzustellen. Sie gilt innerhalb einer Fehde als Ultima Ratio, wenn die Wiederherstellung der Ehre durch Zahlungen von Blutgeld oder durch öffentliche Erklärung des Racheverzichts nicht gelungen ist. Die Blutrache, in Süditalien als »Vendetta« und in Nordalbanien als »Kanun« bezeichnet, bildet ein wesentliches Element im archaischen Gewohnheitsrecht.

Blutrache ist nicht mit rechtsstaatlichen Gesetzgebungen vereinbar, wird von westlichen Gerichten als Selbstjustiz beurteilt und als Mord oder Totschlag qualifiziert. Im islamischen Kulturkreis beruft man sich zur Legitimation der Blutrache teilweise auf Sure 17, Vers 33 des Korans, in welcher es heißt: »Und tötet niemanden, den zu töten Gott verboten hat, außer wenn ihr dazu berechtigt seid! Wenn einer zu Unrecht getötet wird, geben wir seinem nächsten Verwandten Vollmacht zur Rache.« Der Ehrenkodex der Blutrache, wonach Ausgleich geschaffen und nicht »ein Mehr« heimgezahlt werden soll, ergibt sich aus dem folgenden Vers: »Er soll aber dann im Töten nicht maßlos sein und sich mit der bloßen Vergeltung begnügen«, d.h. durch den Tod des Mörders sollte der Konflikt beendet sein. Oft werden aber Rachegefühle über Generationen vererbt, ganz dem türkischen Sprichwort folgend: »Der Tag geht vorbei, der Hass geht nicht vorbei.« So fällt die Strafe oft schlimmer aus als das ursprüngliche Verbrechen, was dazu führt, dass die von der Rache betroffene Familie sich wieder rächt. In all diesen und ähnlichen Delikten zeigen sich die Effizienz der Kränkungsspirale und die ganze Macht der Kränkung. Auf Dauer bringt Rache, mag sie noch so verständlich und gerecht erscheinen, keinem der Beteiligten etwas. Vielmehr initiiert sie den verhängnisvollen Kreislauf zwischen Kränkung – Gekränktsein – Rache – neuerliche Kränkung – abermalige Rache usw. Nichts beschleunigt die Kränkungsspirale mehr als das urmenschliche, aber triebhafte Bedürfnis des Rächens.

Innere Emigration

Eine besondere Form des Umgangs mit Entwertung und Demütigung, gleichsam ein Kompromiss zwischen Ohnmacht und Kampf, ist die innere Emigration. Mit diesem in der NS-Zeit geprägten Begriff meint man die Haltung von Intellektuellen, Künstlern und Wissenschaftlern, die von den Nazis entwürdigt und verfolgt wurden, sich aber trotzdem weigerten, aus dem Deutschen Reich zu fliehen. Sie standen dem Nationalsozialismus ablehnend gegenüber, mussten mitansehen, wie ihre Werke von offizieller Seite zur »Entarteten Kunst« erklärt wurden, waren beruflich kaltgestellt und fürchteten ständig um ihr Leben. Dennoch blieben Künstler wie Hans Fallada, Ricarda Huch, Werner

Bergengruen, Ernst Jünger, Gottfried Benn und Erich Kästner aus Überzeugung oder aus persönlich-familiären Gründen in ihrer Heimat. Den schweren Konflikt zwischen Demütigung, Angst und Gefangensein auf der einen und dem Wunsch nach Widerstand auf der anderen Seite bewältigten diese Künstler dadurch, dass sie unter Pseudonym veröffentlichten, zwischen den Zeilen schrieben oder sich dem »beredten Schweigen« hingaben. Der Schriftsteller Frank Thiess erfand für diese Haltung, in welcher man gleichsam nicht mit dem Körper, wohl aber mit dem Geist emigrierte, den Ausdruck »innere Emigration«.

Nach Kriegsende entbrannten allerdings – die Kränkungen wirkten auch jetzt weiter – heftige Auseinandersetzungen zwischen den »inneren« und »äußeren« Emigranten. Frank Thiess argumentierte etwa, dass es sehr viel leidvoller gewesen sei, die deutsche Tragödie vor Ort mitzumachen, als sie von den »Logen und Parterreplätzen des Auslandes« zu kommentieren. Sein Gegenspieler Thomas Mann hingegen hielt die inneren Emigranten für »Ofenhocker des Unglücks«.

Später wurde der Begriff auch für Künstler in der DDR verwendet, welche in stillem Widerstand zum SED-Staat standen. Wegen seiner besonderen Anschaulichkeit übertrug man ihn schließlich auf alle Situationen, in denen jemand in stiller Opposition, in innerem Widerstand zu den herrschenden Verhältnissen steht, sich aber nicht deklarieren und offen dagegen kämpfen kann.

Psychologische Kündigung

Innere oder psychologische Kündigung bedeutet die Übertragung der inneren Emigration auf die Berufs- und Arbeitswelt. Sie ist die Verweigerung derjenigen Leistungen, die nicht ausdrücklich formal-vertraglich festgelegt sind. Diese Leistungen umfassen Einsatzbereitschaft, Eigeninitiative, Engagement, Konstruktivität,

Loyalität, Identifizierung mit dem Betrieb und dessen Zielen, Teamfähigkeit und Kooperation. Wissenschaftlich handelt es sich um eine gefühls- und verhaltensbedingte Reaktion auf den Bruch des psychologischen Arbeitsvertrags, welcher die gegenseitigen, aber nicht unterschriebenen Verpflichtungen der Vertragspartner bezeichnet.

Während die innere Opposition ein zwar kompromisshaftes, aber originelles und letztlich konstruktives Reagieren auf Demütigung darstellt, muss man die »innere Kündigung« als passiv-destruktive Reaktion auf Kränkung und Verbitterung bezeichnen. Die Spannungssituation ist ähnlich, anstelle des politischen steht ein industrieller Konflikt, die Reaktion bedeutet aber eher Verweigerung als Widerstand. Innerlich wenden sich die frustrierten und gekränkten Dienstnehmer vom Arbeitgeber und Betrieb ab, machen nur noch das Nötigste und leisten allenfalls »Dienst nach Vorschrift«. Psychologisch wird die innere Kündigung als kognitiv-emotionale und die behaviorale Reaktion auf den Bruch des psychologischen Arbeitsvertrags bezeichnet. Laut zahlreichen arbeitspsychologischen Untersuchungen haben schon über 20 Prozent der Beschäftigten in den Industriestaaten innerlich gekündigt.

Typische Kennzeichen innerer Kündigungen sind die Zunahme der Krankenstandstage, mangelnde Initiative und Rückzug, passives Absitzen des Arbeitstages, ironisch-sarkastische Kommentare und depressiv-aggressive Symptome. Durch innere Kündigung wird die Kränkungsspirale in Gang gesetzt und perpetuiert: Kränkend-entwertendes Verhalten vonseiten der Vorgesetzten oder Mitarbeiter mündet in Widerstands- und Verweigerungshaltung, welche wiederum als verletzend erlebte Reaktionen der Vorgesetzten hervorruft. Dies führt zur Chronifizierung der inneren Abkehr, zur fortgesetzten Verweigerung, zu Verbitterung und so fort. Innere Kündigungen machen aber auch das Unternehmen krank, da das Betriebsklima leidet, die Folgekosten beträchtlich sind und die Produktivität sinkt.

Die wesentlichen Ursachen der inneren Kündigung, einer immer wichtiger werdenden Kränkungsreaktion, liegen in fehlender Anerkennung, im entwertenden Führungsstil der Vorgesetzten, in Mobbing durch die Kollegenschaft, in nicht erfüllten beruflichen Erwartungen, in fehlenden Aufstiegschancen und in schlechter Entlohnung. Alles Punkte, die man als klassische Kränkungsauslöser betrachten kann.

Schweigen als Kränkung und Kränkungsreaktion

Schweigen nimmt im Kontext mit Kränkungen eine absolute Sonderrolle ein. Schweigen ist aktives Kränken und passive Kränkungsreaktion zugleich. Und es ist in beide Richtungen sehr wirksam. Mit Schweigen soll die eigene Verletztheit zum Ausdruck gebracht und zugleich signalisiert werden, dass der andere kein Wort mehr wert ist. Die Angeschwiegenen fühlen sich entwertet, weil man ihnen den Mund nicht gönnt. Sie sehen sich in einer hilflosen Position, da Schweigen nicht einmal eine Analyse, geschweige denn eine Lösung der Probleme zulässt. Schweigen ist, so paradox es klingt, eine sehr aggressive Verhaltensweise. Schweigen verhindert den Abbau von Aggressionen und fördert negative Fantasien. Werden Probleme nicht angesprochen und dadurch konkretisiert, beginnen sie in unseren Vorstellungen zu wuchern und entwickeln sich zu unrealistischen, von Angst und Rachegefühlen durchdrungenen Vorstellungen. Der Schweigende zieht sich auf eine narzisstische Position mit geradezu hysterischer Demonstration – es gibt auch die Hysterie ohne Worte – zurück, auf seine Gekränktheit. Das Schweigeopfer fühlt sich übergangen, entwertet und vor allem schuldig. Nicht wissend und meist nicht einmal wissen könnend, weshalb. Wenn der Schweigende seine Verweigerungshaltung durchhält, führt der angeschwiegene Teil einen aufreibenden, meist in Ohnmachtgefühl und Resignation endenden Kampf.

Viele zwischenmenschliche Auseinandersetzungen und partnerschaftliche Probleme werden durch die schweigende Form des Kränkens bis zur Unlösbarkeit kompliziert. Schwere Auseinandersetzungen resultieren aus der Dynamik von Gesprächsverweigerung und Wortlosigkeit. Selbst bei Partnertötungen kann man manchmal kein anderes Motiv finden als die ohnmächtige Wut des Schweigens und Verschweigens.

»Reden ist Silber – Schweigen ist Gold«: Über Generationen hinweg war dieses Sprichwort Orientierung für gute Erziehung, Leitsatz der Persönlichkeitsbildung und Richtlinie für taktvolles Verhalten. Schweigen sah man als vornehm und tugendhaft an, als klug und überlegen, als Ausdruck von Rücksichtnahme und Selbstkontrolle. Schweigeübungen galten als bestes Psychotraining und Schweigeorden als die gottgefälligsten. Über alles zu reden, die Dinge beim Namen zu nennen, Tabus anzusprechen und überhaupt seine Meinung kundzutun, war verpönt. Schwatzhaftigkeit wurde gleich zur schlechten und, wie könnte es anders sein, zur weiblichen Eigenschaft erklärt.

Schweigen hat aber auch andere Seiten, die viel mit Kränkungen zu tun haben. Nicht nur wenn man jemanden mit Redeverbot bestraft oder ihn gar zum Schweigen bringt. Betretenes Schweigen ist Ausdruck von Verlegenheit, ein im Hals stecken gebliebenes Wort bedeutet Angst und abgebrochene Gespräche verheißen Krieg. Ist man psychisch geschockt, verschlägt es einem die Sprache, und wenn man nichts mehr zu sagen hat, fühlt man sich voll schuldig oder hat resigniert. In der Psychotherapie wird Schweigen als Verdrängen und Ausweichen, im sozialen Leben als Desinteresse oder Inkompetenz gedeutet. Soziologen beklagen, dass unsere Gesellschaft sprachlos geworden sei: in der Partnerschaft und im sozialen Leben, zwischen Geschlechtern und Generationen, besonders auf religiöser und politischer Ebene. Das ist der Boden für Kränkungen. Schweigen ist Kränkung und Gekränktsein in folgenschwerer Form.

Wenn Reden die Menschen zusammenbringt, heißt dies, dass sie das Schweigen voneinander trennt. Und wenn die Psychotherapie dadurch wirkt, dass sie Verschwiegenes und Unsägliches zur Sprache bringt, rückt das die alte Tugend in ein neues Licht. Vielleicht sollten wir deshalb in einer Gesellschaft, in der die Unfähigkeit zum Dialog die Lösung so vieler Probleme verhindert, das zitierte Sprichwort weiterentwickeln. Im Umgang mit Kränkungen könnte es lauten: »Schweigen ist manchmal Silber, miteinander reden aber immer Gold.«

Genial gekränkt

Genialität und Kränkung haben, so viel steht fest, viel miteinander zu tun. Der Zusammenhang ist nur teilweise durchschaubar. Genies sind einzigartig, ihre schöpferische Geisteskraft ist außerordentlich, sie ragen aus der Normalität heraus. Die »Verrücktheit« könnte sowohl die konstruktiv-kreative als auch die kranke Welt tangieren. Um genial zu werden, muss man hochsensibel sein, was wiederum äußerst kränkbar macht.

Die schon von Aristoteles vertretene, später sehr populär gewordene Meinung, dass Wahnsinn und Genie eng beieinander liegen, wurde in jüngster Zeit durch psychologische Untersuchungen bestätigt. Wissenschaftler um den Psychiater Felix Post vom Bethlem Royal Hospital in London und den Kreativitätsforscher Dean Keith Simonton von der California University haben herausgefunden, dass herausragende kreative Leistungen und psychopathologische Auffälligkeiten signifikant häufig gemeinsam auftreten. Maler wie Vincent van Gogh, Paul Cézanne, Wassily Kandinsky und auch Musiker wie der Komponist Robert Schumann, der Sänger Kurt Cobain oder die kürzlich verstorbene Amy Winehouse waren psychisch auffällig. Die Schriftsteller Franz Kafka, Ernest Hemingway oder Virginia Woolf und Philosophen wie Friedrich Nietzsche, Jean-Paul Sartre und viele andere Wissenschaftler und Künstler wiesen eindeutige psychopathologische Auffälligkeiten auf. Besonders häufig waren bei den »Kreativköpfen« Depressivität, Angsterkrankungen, Persönlichkeitsstörungen und Sucht vertreten. Bei diesen psychischen Problemen handelt es sich entgegen der alten Vorstellung nicht um Geisteskrankheiten, sondern um leichtere Störungen, um eine milde Psychopathologie. Die »dunkle Seite« künstlerischer Persönlichkeiten wird sehr stark mit persönlichem Leidensdruck, wohl in vielem aus Kränkungen resultierend, in Verbindung gebracht.

Künstler und Genies gelten jedenfalls zu Recht als kränkungsanfällig. Durch ihre einzigartige Sensibilität sind sie offen für besondere Sinnesreize, für unerwartete Einfälle und neue Ideen. Genauso empfänglich sind sie für Depressionen und Zweifel, für Versagensgefühle und Ängste vor versiegender Kreativität. Meist können sie die Kränkungen überwinden, ja sogar überkompensieren und werden dann noch kreativer, noch schaffensfreudiger, noch genialer. Kreative Menschen sind imstande, Stimmungen früher zu erfassen als alle anderen, sowohl positive als auch negative. Genialität baut auf Inspiration, deren Eingebungen beglückend und genauso bedrückend sein können.

Kränkung als Kompensation

Geniale Werke sind oft Kompensationen: Kompensationen für Selbstwertzweifel, für Zurückweisungen, für Kränkungen. Kompensationsmechanismen gehören zu den wichtigsten psychodynamischen Vorgängen überhaupt. Man bezeichnet damit eine bewusste oder unbewusste Strategie, mit welcher versucht wird, tatsächliche oder eingebildete »Minderwertigkeiten« auszugleichen und daraus resultierende Selbstzweifel und Verunsicherungen zu überwinden. Alfred Adler, der Begründer der Individualpsychologie, prägte die Begriffe Organminderwertigkeit und Minderwertigkeitsgefühle und entwickelte das Konzept der Kompensation. Dieses sah er besonders bei vermeintlichen oder tatsächlichen Behinderungen von Genies bestätigt. Sehschwächen bei Dichtern und Malern, Hörprobleme bei Musikern oder Sprechstörungen bei Schauspielern und Sängern liefern viele Beispiele, wie Kränkungen in Folge von Behinderungen durch das Schaffen grandioser Kunstwerke kompensiert werden. Ein Beispiel aus der Antike ist Demosthenes, der größte Redner des alten

Griechenland, welcher ein schwächliches Kind mit einer dünnen Stimme war, weswegen er mit dem Spitznamen »Weichling« verspottet wurde. Durch stundenlanges Sprechen und Schreien gegen die Brandungen des Meeres überwand er diesen Mangel und erreichte kompensatorisch die höchste Stufe der Rednerkunst.

Gekränkte Künstlergenies

Ein anderes Beispiel für die kompensatorische Überwindung von schweren Kränkungen liefert Michelangelo Buonarroti. Greifen wir aus dessen Leben wenige Episoden heraus, in denen sich die auf beide Seiten wirkende Macht der Kränkung zeigt: Dem von Michelangelo schon im Knabenalter geäußerten sehnlichen Wunsch, Künstler zu werden, begegnete der Vater mit kränkendem Widerstand. Ein Leben lang litt Michelangelo unter entstellenden Gesichtsnarben, die von einem tätlichen Streit mit einem Mitschüler in der Kunstschule herrührten. Vom wenig begabten Nachfolger seines väterlichen Lehrers wurde er durch und durch gekränkt, sodass er sich von Florenz nach Bologna absetzen musste. Er wurde öffentlich bloßgestellt, nachdem ein Kunstschwindel aufgedeckt wurde, an welchem er aus reinem Spaß, ohne jegliches Honorar teilgenommen hatte. Seinen größten Auftrag, 15 Skulpturen für eine Grabstätte, konnte er niemals vollenden. Entgegen seiner Intention wurde er gezwungen, als Maler künstlerisch tätig zu sein. Unzählige Kränkungen erlitt er aus dem für ihn stets abwertend ausgelegten Vergleich mit dem jungen Maler Raffael. In seinem von einer Art Hassliebe geprägten Verhältnis zu Papst Julius II. war er vielen Demütigungen ausgesetzt.

Michelangelo wurde durch diese und viele andere Kränkungen in depressive Krisen gestürzt, hat sie aber überwunden, ja er ist gestärkt hervorgegangen, wovon die jeweils noch grandioseren Werke zeugen. Die kolossale Statue des David, die Malereien in der Sixtinischen Kapelle, die Pietà und viele andere Kunstwerke sind auch aus Kränkungsreaktionen heraus entstanden.

Ein anderes Beispiel liefert die Verbannung des russischen Dichters Fjodor M. Dostojewski, der als einer der bedeutendsten Psychologen der Weltliteratur gilt. Dieser wurde wegen seines Naheverhältnisses zu frühsozialistischen Revolutionären 1849 festgenommen und zum Tode verurteilt, schließlich zu Haft und Militärdienst in Sibirien »begnadigt«. Real und geistig ins Exil gedrängt, reagierte er zunächst mit einem Zusammenbruch, begriff aber dann den Aufenthalt in der sibirischen Hölle als Chance. Dank der aus der »Zurücksetzung zuströmenden neuen Kraft« schuf er nach der Entlassung 1859 große Werke der Weltliteratur wie »Schuld und Sühne«, »Der Idiot« oder »Die Brüder Karamasow«.

Die Oratorien, welche den deutsch-britischen Komponisten Georg Friedrich Händel berühmt gemacht haben, wurden aus einer schweren Kränkung heraus geschaffen. Händels Opern erhielten immer schlechtere, kränkende Kritiken, es ging ihm finanziell schlecht und er hatte sogar einen Schlaganfall mit Lähmungserscheinungen erlitten. Nach dem Niedergang und Scheitern der Opernprojekte schuf er aus einer depressiven Krise heraus ein neues Format einer dramatischen Vertonung, die Oratorien, die ihm zu Recht den Ruf eines der bedeutendsten und fruchtbarsten Komponisten der Musikgeschichte einbrachten.

Nahezu legendär sind die Kränkungsreaktionen des Komponisten und Dirigenten Robert Schumann. Diesen unter früh auftretenden Depressionen, später auch unter psychotischen Schüben und massivem Alkoholmissbrauch leidenden genialen Musiker quälten zeit seines Lebens schwere Selbstwertzweifel und Versagensängste. Er galt als schwernehmerisch und in geradezu narzisstischer Weise kränkbar. Besonders litt er unter dem steten Vergleich mit seiner Gattin Clara Wieck, die die bedeutendste Pianistin ihrer Zeit war. Für Schumann war es unerträglich, wenn seine Gattin gefeiert und nicht nur wegen ihrer künstlerischen Erfolge bewundert wurde. So reagierte er immer wieder tief gekränkt, verfiel in schwere Depressionen und sprach exzessiv dem Alkohol zu. Nach einiger Zeit gelang es ihm aber, angetrieben durch die Verletztheit, sich mit wunderbaren Werken aus der Melancholie zu befreien und durch große musikalische Erfolge seinen Selbstwert zu stärken. So schuf er in der gesundheitlich desaströsen Dresdener Zeit das berühmte Klavierkonzert in a-Moll, die Sinfonie in C-Dur und die Oper »Genoveva«. Ähnlich produktive Phasen hatte er nach mehreren anderen, durch Kränkungen ausgelösten Krisen. Künstlerisch am intensivsten hat er seine Kränkung wohl im Lied »Was machte dich so krank?« zum Ausdruck gebracht.

Mit diesen wenigen Beispielen soll nicht gesagt werden, dass Genialität aus Gekränktheit resultiert, sondern vielmehr, dass geniale Menschen Kränkungen auf ihre Art, nämlich mit außerordentlichen künstlerischen Leistungen überwinden können. Sie zeigen uns, dass Kränkungen in der Lage sind, neben dem destruktiven psychoenergetischen Potenzial auch gewaltige kreative Energien freizusetzen. Künstlerische Leistungen sind manchmal auch als Kompensationen von Verletzungen und Demütigungen zu betrachten und liefern ein Modell, wie Kränkungen konstruktiv zu bewältigen sind.

Gekränkte Verbrechergenies

Es fällt nicht leicht, bei Überlegungen zur Genialität auf das Verbrecherthema zu kommen. Wir tun uns schwer, Mord, Terrorismus und Krieg mit genialem Denken und Handeln in Zusammenhang zu bringen. Gibt es aber nicht auch eine Genialität des Bösen, können sich einzigartiges Denken und Handeln nicht auch in eine zerstörerische, verwerfliche Richtung entwickeln, mit derselben Stärke und Wirkkraft? Tatsächlich kann man bei neutraler Betrachtung, die in diesem Bereich zugegebenermaßen sehr schwerfällt, auch bei Verbrechern und Despoten außergewöhnliche Begabungen und geniale Fähigkeiten finden. Die Macht der Kränkung kann sich in beide Richtungen entfalten. Genies sind immer sehr kränkbar, auch wenn sie böse sind. Es gibt kein Vorbeikommen, so entsetzlich dies ist: Auch Zerstörung und Rache können genial sein, und es gibt auf Gottes Erdboden kein gefährlicheres Wesen als den gekränkten genialen Verbrecher.

Wie war es mit dem nach übereinstimmender historischer Meinung schlimmsten Verbrecher der Menschheitsgeschichte, mit Adolf Hitler, der unter anderem als genialer Demagoge in Erscheinung trat?

Im emotionalen Werdegang Hitlers, welcher äußerlich weder durch Verhaltensstörungen oder Aggressivität noch durch besondere Begabungen aufgefallen war, lassen sich bei genauer Analyse zahlreiche Kränkungen feststellen. So ist er von seinem bei der Geburt schon 52-jährigen Vater, einem »kaiserlich-königlichen Beamten«, gedemütigt und bis zu »lebensgefährlichem Ausmaß« gezüchtigt worden. Verschiedene Hitler-Biografen, besonders die psychoanalytisch orientierten, betonen dessen (durch Kränkungen hervorgerufenen) Minderwertigkeitsgefühle: Weil er die idealisierte Mutter nicht vor dem Jähzorn des Vaters habe schützen können. Weil er – wie von einem russischen Pathologen 1945 im »Führerbunker« entdeckt – seit Geburt nur einen Hoden gehabt habe. Manche führen seinen Judenhass darauf zurück, dass der jüdische Arzt Eduard Bloch Hitlers krebskranke Mutter nicht richtig behandelt und er deren Figur unbewusst auf ganz Deutschland übertragen habe. Ganz wesentliche Kränkungen haben ihm seine erfolglosen Versuche als Künstler beschert. Die Kränkungen, die er als Kartenmaler erlitten hat, könnte er in der Form bewältigt haben, dass er schlussendlich die ganze Welt zur Bühne seines damals frustrierten, später größenwahnsinnigen Gestaltungswillen machte. Die Kränkung durch den verhassten Vater – so die Analytiker – habe er später auf die von diesem verkörperte k.u.k. bürgerliche Ordnung, in weiterer Folge auf Marxisten und Juden übertragen. Das Scheitern der Aufnahmeprüfung in die

Malerschule der Akademie der Bildenden Künste bedeutete für den von einer Künstlerlaufbahn träumenden 19-Jährigen eine weitere Kränkung. Hitler war nach eigenen Aussagen »tief geschlagen«, brach sämtliche soziale Kontakte, darunter zu seinem bisherigen engen Freund August Kubizek, ab. Er musste, welch tiefe Erniedrigung, fast vier Jahre lang in einem Männerheim leben. Ein weiteres Kränkungserlebnis lag in der versagten militärischen Beförderung. Er war freiwillig in die deutsche Armee eingetreten, kam vier Jahre an der Front in Flandern zum Einsatz, wurde dort als besonders einsatzfreudiger Soldat mit dem Eisernen Kreuz zweiter und später jenem erster Klasse ausgezeichnet. Die ersehnte Beförderung zum Unteroffizier wurde wegen »mangelnden Führungseigenschaften« aber abgelehnt. Die letzte große Kränkung war für den bis zum Schluss vom »deutschen Endsieg« überzeugten freiwilligen Soldaten die Niederlage. Auf diese reagierte er noch zehn Jahre später narzisstisch gekränkt, als er in »Mein Kampf« schrieb: »Die nächsten Tage kamen und mit ihnen die entsetzlichste Gewissheit meines Lebens ... Seit dem Tage, da ich am Grabe der Mutter gestanden, hatte ich nicht mehr geweint ... Es war also alles umsonst gewesen ... Je mehr ich mir in dieser Stunde über das ungeheure Ereignis klar zu werden versuchte, umso mehr brannte mir die Scham der Empörung und der Schande in der Stirn.«

Hitlers Gefährlichkeit resultiert aber nicht nur aus seinen Kränkungen, sondern mehr noch aus seiner Fähigkeit, Kränkungsgefühle anderer für seine Zwecke auszunutzen. Die größten politischen Verbrecher der Menschheit haben es immer schon verstanden, Gefühle der Demütigung zu instrumentalisieren. Instinktiv erkennen sie die enorme Kraft der Kränkung und nutzen deren Potenzierung durch Massenphänomene eiskalt aus. Mit suggestiver Rhetorik heizen sie die Gefühle der Demütigung in einer frustrierten Bevölkerung an, versprechen Rache für die kollektive Schmach und »Heilung« der eiternden Wunden. Sie schwören die Frustrierten ein auf eine bessere Welt. Dadurch wird ein ungeheures kränkungsenergetisches Potenzial entwickelt, das zu Streit, Rache, ja bis zum Krieg führt.

In der jüngeren Kriminalgeschichte gibt es mehrere Beispiele für geniale Verbrecher, welche man besonders unter den »Lone Wolf«-Attentätern findet. Erinnert sei an den »Unabomber« Ted Kazcynski in eingeschränkter Form an den norwegischen Attentäter Anders Behring Breivik, vor allem aber an das »Bombenhirn« Franz Fuchs. Die Intelligenz dieses Terroristen, der zwischen 1993 und 1996 durch mehrere Briefbombenserien und Sprengstoffattentate vier Menschen tötete und 35 verletzte, war mit einem IQ von 149 im genialen Bereich angesiedelt. Nach Meinung der Kriminaltechniker hat noch nie ein Mensch genialere Bomben gebaut. Seine Taten werden auch deshalb in die Kriminalgeschichte eingehen, weil alle Rollen dieses Verbrechens, vom Ideologen und Kämpfer über den Verfolger bis hin zum Richter und Henker, durch eine einzige Person gespielt worden sind, durch den genialen Verbrecher allein. Die Motive für diese außerordentlichen Verbrechen lagen aber nicht in ideologischen bzw. politischen Gründen, sondern ausschließlich in seiner Gekränktheit. Fuchs, ein hochsensibler Mensch, war in seinem Leben tatsächlich einer Reihe von Verletzungen ausgesetzt und hat darauf gekränkt-destruktiv reagiert: Wegen seines Sprachfehlers wurde er schon in der Volksschule gehänselt. Als Kind aus einfachen Verhältnissen drängten sie ihn auf der »Höheren Schule« in eine Außenseiterposition. Sein sehnlicher Wunsch nach einem Physikstudium scheiterte an den finanziellen Möglichkeiten. An seinen Arbeitsplätzen sah er sich gemobbt und als Gastarbeiter in Deutschland wie ein nicht gemochter »Ausländer« behandelt. In der verletzend wirkenden Erkenntnis, dass man als Ausländer keine Rechte habe, liegt wohl auch die psychodynamische Wurzel für sein Tatmotiv, den Ausländerhass. Das gekränkte Genie hat gleichsam die Rollen umgekehrt und seine tief empfundenen Demütigungen dadurch kompensiert, dass es selbst zum mächtigen Verfolger von Ausländern geworden ist.

Kränkung als Chance

Peter K. arbeitete im Tiefbau. Unter der Erde verlegte er Rohre. Immer in der Grube, immer im Feuchten, immer im Dreck. Oben, wo es licht war, strömten die Menschen vorbei. Geschäftig, fein gekleidet, mit Businesskoffern in den sauberen Händen. Die da unten interessierten keinen. Manchmal warfen sie Zigarettenstummel hinab. Einmal wurde Peter K. von Spucke getroffen, mitten im Gesicht. »Ich nicht mehr«, habe er sich damals geschworen. Er arbeitete sich hinauf, verbissen und unbeirrbar, mit Kursen und Abendschule. Er wurde selbstständig und stand zehn Jahre später an der Spitze eines Baukonzerns. »Aus dem Dreckloch in die Chefetage«, schrieb ein Wirtschaftsjournal, dem die Formulierung vom Tellerwäscher zum Millionär nicht mehr originell genug erschien.
Ganz wohl habe er sich nie gefühlt, sagte Peter K., etwas habe an seinem Märchen nicht gestimmt. Wenn er bei Vorstandssitzungen mit sauberen Fingern ungeduldig auf den Tisch trommelte, habe er an die dreckigen Hände denken müssen.
Als die Krise kam, musste er Stellen abbauen. Früher habe man Unternehmer, die Existenzen vernichten, mit Schimpf und Schande davongejagt, heute nenne man sie knallharte Sanierer, hielten sie ihm auf einer Betriebsversammlung vor. Nichts habe ihn so gekränkt, sagte Peter K.
Heute arbeitet Peter K. wieder im Tiefbau. In einer der ärmsten und trockensten Regionen der Welt baut er Brunnen. Er könne das Wasser schmecken, behaupten die Einheimischen, und dort zum Fließen bringen, wo dies keinem gelinge. Das Wasser gebe ihnen Leben und Zukunft, sagt Peter K., und manchmal könnten sie sogar den Dreck von ihren Händen abwaschen.

Werden Unglück, Krankheit, Krisen oder psychische Probleme in Vorträgen oder Fachbüchern abgehandelt, enden sie meist mit dem versöhnlichen Schluss über die sich aus dem jeweiligen Problem ergebenden Chancen: Schicksalsschläge sind Prüfungen, Krisen Entwicklungschancen und Krankheiten Lehrmeister, die einem neue Dimensionen auftun oder den Blick für das Wesentliche öffnen. Unter dem Eindruck dieser vielen Ratschläge, die manchmal tatsächlich »Schläge« sind, werden Sie beim Gedanken an Chancen der Kränkungen möglicherweise allergische Anwandlungen verspüren.

Eingangs wurde der Anspruch erhoben, dass dieses Buch keine Verhaltensanweisungen und Selbsttherapieanleitungen geben, wohl aber die Sensibilität für das Kränkungsthema erhöhen will: für die eigene Gekränktheit gleichermaßen wie für die von uns ausgehenden Kränkungen anderer. Wenn dies gelingt, können Kränkungen tatsächlich anregend sein und eine konstruktive Wirkung erzielen. Im Wesentlichen kann diese in drei Bereichen genutzt werden:

1. Kränkungen können der Selbstkenntnis dienen, indem sie uns auf unsere sensiblen Stellen, auf verborgene Verletzungen und wunde Punkte hinweisen. Nicht nur auf jene, die uns ohnehin bekannt sind, sondern auf die unbewussten, verdrängten und abgeschotteten Problembereiche unserer Psyche.
2. Kränkungen sind bei Analyse der Kränkungsbotschaft und Hinterfragung unseres Verhältnisses zur Person des Absenders sehr nützlich im Kennenlernen anderer Menschen. Oft zeigen sie uns das »wahre Gesicht« und verschiedene Seiten des anderen, die wir so niemals vermutet hätten.
3. Im Umgang mit Kränkungen, darin liegt die größte Chance, verbessern und vertiefen wir unsere Sensibilität und Emotionalität, vor allem die Empathiefähigkeit.

Kränkbarkeit als Selbstkenntnis

Üblicherweise reagieren wir auf Kränkungen mit Abwehr- und Fluchtreflexen. Wir fühlen uns verletzt und ungerecht behandelt, geraten in Zorn und Wut, empören uns über Kränkungsart und -inhalt und sinnen auf Rache. Unsere Einstellung gegenüber Kränkungen ist schlicht und ganz vom Gefühl getragen, sich wehren oder zurückziehen zu müssen. Kränkungen sind tatsächlich, dies sagt ja schon der Name, etwas Negatives, etwas, das Leid bringt.

Wenn wir aber diese automatisch ablaufenden Reaktionsmuster zurückhalten, die negativen Begleitemotionen reduzieren und uns innerlich auf eine neugierige oder neutrale Position begeben, hat die Kränkung auch ganz andere Seiten. Sie zeigt uns auf, wo wir verwundbar sind, wo unsere psychische Achillesferse liegt, wo es möglicherweise Verletzungen gibt und worauf wir nahezu panisch reagieren. Ganz der buddhistischen Weisheit folgend, wonach unsere Feinde unsere besten Lehrmeister sind, können wir auch Kränkungen einen positiven Bedeutungsgehalt geben. Sie übernehmen die Funktion von hoch entwickelten Sensoren, von medizinisch-psychologischen Diagnosegeräten, von – sofern wir das zulassen – wohlmeinenden Aufdeckern. Mit Zunahme unserer »Kränkungskompetenz« kann es nicht nur gelingen, die Kränkungen zu entschärfen und zu neutralisieren, sondern sie sogar positiv zu nutzen. Es liegt an uns selbst, ihre destruktive Wirkkraft in konstruktive, nämlich analytisch-aufzeigende Energie umzuwandeln. Dies ist ein manchmal schmerzhafter, aber spannender Prozess.

Kränkungen haben den Vorteil, Probleme auch im unbewussten, im verschatteten Bereich unserer Innenwelt aufzuzeigen. Sie unterliegen weniger der Zensur und sind nicht so sehr von der subjektiven Wertung eines Außenstehenden abhängig wie erlernte Methoden der Selbstkenntnis. Sie geben uns im wahrsten Sinne des Wortes die Möglichkeit, besser in unsere eigene Haut zu schlüpfen.

Voraussetzung für die konstruktive Nutzung von Kränkungen ist neben der Änderung von Voreingenommenheit und Einstellung eine verbesserte Eigenreflexion. Dazu kann man das Bild des Spiegelns heranziehen. So wie der Spiegel die Wirklichkeit unverfälscht wiedergibt, manchmal aus veränderter Perspektive, ist ein reflektives Erfassen der Innenwelt möglich. C. G. Jung beschreibt diese »Psychotechnik« eindrücklich: »Wer in den Spiegel des Wassers blickt, sieht allerdings zunächst sein eigenes Bild. Wer zu sich selber geht, riskiert die Begegnung mit sich selbst. Der Spiegel schmeichelt nicht, er zeigt getreu, was in ihn hineinschaut, nämlich jenes Gesicht, das wir der Welt nie zeigen, weil wir es durch die Persona, die Maske des Schauspielers, verhüllen. Der Spiegel aber liegt hinter der Maske und zeigt das wahre Gesicht.«

Kränkungen weisen uns jedoch nicht nur auf Probleme und Verwundungen, sondern genauso auf sensible Stellen im positiven Sinn hin. Auf all das, was uns wichtig und wertvoll ist, was wir emotional hoch besetzt haben. Solche sensiblen Stellen müssen nicht unbedingt krankhaft oder negativ sein, vielmehr sind sie als das zu definieren, was uns wichtig ist. Bei manchen Dingen ist uns gar nicht bewusst, wie hart wir um sie gerungen und wie sehr wir sie verinnerlicht haben. Manche Werte beschützen wir instinktiv, andere haben ihre Stelle für uns unbewusst eingenommen, andere wurden uns durch die Erziehung mitgegeben.

Kränkungen können uns also durchaus auch unsere Werte und unsere Wertehaltung bewusst machen. Sie zeigen also verletzliche, aber auch besonders starke Stellen in unserem Persönlichkeitsgefüge auf. Sie können uns sagen, wo wir Schwächen und Fehler haben, aber auch, was wir hart erarbeiten mussten und unter keinen Umständen mehr hergeben möchten. Sie machen uns auf die Schwäche der seelischen Muskulatur genauso aufmerksam, wie sie uns deren besonderen Stärken spüren lassen. Kränkungen sind seelische Energien, welche auch mehr oder minder schonungslos aufdecken und uns ein hervorragender »Psychospiegel« sein können.

Menschenkenntnis durch Kränkung

Werden wir von jemandem unerwartet angegriffen oder gekränkt, reagieren wir mit Enttäuschung und Worten wie »Jetzt hat er sein wahres Gesicht gezeigt«. Genau darum geht es: Wir lernen den kränkenden Menschen von einer uns bisher nicht bekannten Seite kennen. Dies heißt nun nicht, dass seine ganze Persönlichkeit über seine Kränkungen zu definieren ist, wohl aber offenbaren sie einen zusätzlichen Aspekt. Wir lernen ihn besser, umfassender, wenn man so will: »ganzheitlicher« kennen. Mit kränkendem Verhalten entblößt sich der Kränker selbst. Er zeigt uns verborgene Gedanken und verheimlichte Ideen, wir erfahren bislang Unbekanntes über sein Fühlen und Streben. In seinem destruktiven Agieren manifestieren sich Bedürfnisse und Impulse, die wir bei ihm vielleicht nicht vermutet hätten. Durch kränkendes Verhalten heben die Mitmenschen ihre Maske, sie öffnen die Fassade einen Spalt weit, sie geben uns einen umfassenderen Einblick.

Um Rückschlüsse auf die Beweggründe und Absichten des Kränkungsabsenders ziehen zu können, ist es unabdingbar, zunächst den eigentlichen Gehalt der Kränkung, den berühmten »wahren Kern«, zu erfassen. Dazu ist es erforderlich, der Kränkung mit einer gewissen Distanz, ja mit Neugier zu begegnen. Wo liegt ihr eigentlicher Inhalt, was könnte daran richtig sein, was will sie mir sagen? Immer müssen wir dabei bedenken, dass auch der Kränker nicht sachlich und nüchtern gehandelt hat und auch bei diesem viele Emotionen, meist negativer Natur, mit im Spiel waren. Auch der Absender der Kränkung hat seine kränkende Aktion mit einer ganzen Reihe von Begleitgefühlen und negativen Fantasien ausgestattet.

Auf dem Weg der von einem Mitmenschen ausgehenden Kränkungen gelingt es uns besser, in seine Haut zu schlüpfen. Dadurch werden wir einiges an seinem Verhalten und seinen Meinungen besser verstehen. Gleichzeitig führt es uns zu mancher Überraschung, vielleicht zur Desillusionierung, zu einem realistischeren und nüchternen Bild. Das kann hilfreich, unter Umständen sogar tröstlich sein. Wenn wir uns beispielsweise über hassvolle, entwertende und sehr kränkende Postings im Internet ärgern, werfen wir doch einen Blick auf die Psyche und Motivation solcher Kränker. Dies ergibt nicht mehr das Bild eines bedrohlichen, mächtigen und überlegenen Menschen. Denn alle Untersuchungen und Analysen über die Psyche der sich hinter Nicknames versteckenden Anonymschreiber ergeben ein Profil, das in diametralem Gegensatz zu ihrem destruktiven Auftreten steht. Nämlich jenes eines selbstunsicheren, ängstlichen, im persönlichen Kontakt gehemmt-aggressiven, eigentlich feigen Menschen, der lediglich im Schutz der Anonymität fähig ist, seine Meinung kundzutun und seine Frustrationen abzusondern.

Förderung der Empathie

Die wichtigste Chance, die sich durch Kränkungen ergibt, liegt in der Förderung der Empathie. Die Fähigkeit, sich in die Person eines anderen, in sein Gegenüber, einfühlen zu können, ist wahrscheinlich die menschlichste Eigenschaft. Stephen Hawking, der an den Rollstuhl gefesselte britische Physiker und Kosmologe, hat kürzlich gemeint, dass das Überleben der Menschheit ganz wesentlich von der Weiterentwicklung der Empathie abhänge. Mit dieser Feststellung wollte er wohl den Unterschied zwischen Mensch und Maschine, zwischen vernetzter und emotional verbundener Welt, zwischen menschlichen und künstlichen Gefühlen herausheben. Der deutsche Forscher Michael Tomasello vom Max-Planck-Institut für evolutionäre Anthropologie in Leipzig hält die Fähigkeit des Perspektivenwechsels und der Einfühlung für das entscheidende Kennzeichen, welches uns Menschen von anderen Primaten unterscheidet. Die Fähigkeit, sich in die Gefühlswelt anderer Menschen versetzen zu können, ist die wichtigste Voraussetzung des menschlichen sozialen Zusammenlebens überhaupt.

Im Wort Empathie ist die griechische Wurzel »path« enthalten, welche mit »Leiden« übersetzt wird. Empathie bedeutet also, »in anderen leiden«, in den Mitmenschen fühlen zu können. Der Begriff geht auf den deutschen Philosophen und Psychologen Theodor Lipps zurück, welcher damit zu Beginn des 20. Jahrhunderts ein »von Wahrnehmungen begleitetes inneres Nachvollziehen« verstand.

In der wissenschaftlichen Forschung wird zwischen emotionaler und kognitiver Empathie unterschieden. Emotionale Empathie entspricht dem Mitleiden, welches neben eigener Betroffenheit vor allem den Wunsch wecken soll, anderen zu helfen. Mit der kognitiven Empathie hingegen kann man eher verstandesmäßig erfassen, was in einem anderen Menschen vorgeht. Die kognitive Empathie zielt weniger auf Hilfe und Menschlichkeit als auf kühles Erfassen und ausbeuterisches, manipulatives Vorgehen ab. In den zwei Formen wird somit zwischen emotionaler Intelligenz und psychologischem Verstand unterschieden. Letztere wird wohl mehr und mehr vom Computer übernommen werden, während die funktionale Form menschlich und authentisch ist.

Mit der Entdeckung der Spiegelneuronen durch italienische Hirnforscher im Jahr 1992 wurde die hirnbiologische Grundlage der Empathie nachgewiesen. Diese hoch entwickelten Nervenzellen sind dafür zuständig, dass »ich fühlen kann, wie du fühlst«. 1999 wurde von einer Forschergruppe um Tanya L. Chartrand von der Ohio State University der sogenannte »Chamäleon-Effekt« beschrieben. Dieser besagt, dass empathische Menschen auch die Gesten, Haltung und Eigenheiten ihres Gegenübers imitieren. In der Weiterentwicklung des Chamäleon-Effekts konnten Neurobiologen nachweisen, dass es für das Gehirn keinen Unterschied macht, ob die reale Beobachtung von Emotionen wie Angst und Freude oder nur deren innere Nachahmung dieselben Hirnregionen betreffen.

Weil die Empathie Basis für soziales, achtungsvolles und im eigentlichen Sinn des Wortes für mitmenschliches Verhalten ist, wird ein Mangel an dieser Eigenschaft so gefährlich. Psychopathische Menschen, die oft hervorragende Psychologen sind, verfügen zwar über eine kognitive, nicht aber über eine emotionale Empathie. Sie können das Leid der anderen nicht wirklich spüren und versuchen, ihre eigene Gefühllosigkeit durch Anstacheln der Emotionen anderer anzuregen, um sich dadurch selbst besser zu spüren.

Die Empathie wird in verschiedensten Lebensbereichen angewendet, in den alltäglichen zwischenmenschlichen Kontakten, in der Psychologie und Psychotherapie, in Management und Führung, in der Werbung sowie im massenmedialen »Geschäft mit Gefühlen«.

Wenn die Empathie zu Recht als Grundlage jeglicher Menschenkenntnis und als Fundament zwischenmenschlicher Beziehung bezeichnet wird, muss sie Hauptelement der sozialen Intelligenz sein. Dieser von den US-Forschern John D. Mayer und Peter Salovey von der Yale University eingeführte Begriff beschreibt die Fähigkeit, »eigene und fremde Gefühle richtig wahrzunehmen, zu verstehen und zu beeinflussen«. Dazu gehört die Fähigkeit, seine eigenen Emotionen zu kennen und zu beeinflussen, sie für Selbstmotivation und Förderung der Kreativität zu nutzen und zu erkennen, was andere fühlen. Empathie als Kernbestandteil der emotionalen Intelligenz ist somit Grundlage für gutes soziales Zusammenleben, für Integration in der Gemeinschaft, aber auch für Wertschätzung und persönliche Beliebtheit.

Im Gespür für Kränkungen, im Wahrnehmen eigener Gekränktheit und in der Handhabung von Kränkungen anderer verändert sich zwangsläufig die Empathie. Kränkungen spielen sich ja ganz auf der Gefühlsebene ab. Frühe und differenzierte Wahrnehmungen von eigener und fremder Gekränktheit sind nur mit hoch entwickelter Sensibilität möglich. Kränkungen haben mit Scham und Schutz zu tun. Wenn man empathisch vorgeht, wird man sich davor hüten, andere Menschen zu beschämen. Im Wahrnehmen eigener Kränkungen erfassen wir nicht nur die eigenen sensiblen Stellen, sondern auch das Gefühlsleben des Kränkungsabsenders.

Durch die Feinabstimmung der Kränkungswahrnehmung berücksichtigen wir Takt und Taktgefühl, jene diffizile Grenze zwischen noch Zumutbarem und bereits Peinlichem. Ebenso erfordert die Erfassung der Kränkungsgrenze anderer Menschen ein sehr vorsichtiges emotionales Vorgehen, ein behutsames Achten auf die sensiblen Stellen anderer und ein hohes Maß an psychologischer Fremdkenntnis. Diese Ansprüche werden wir nicht über psychologische Tests, über technische Untersuchungen unseres Gehirns, über Psychoanalyse oder »Hirnscreenings« erfüllen, sondern allein durch die menschliche Basiseigenschaft, die Empathie.

Entmachtung von Kränkungen

Die Bewältigung von Kränkungen ist ein außerordentlich schwieriges, aber sehr lohnendes Unterfangen. Allerdings fühlt man sich bei der konkreten Überwindung von Kränkungen, die tief sitzen und sehr nachhaltig wirken, meist hilflos. Dies beginnt mit der Sprachlosigkeit, mit der so manche Kränkung alle Beteiligten lähmt, geht weiter über die Tabuisierung des unangenehmen Themas und wird komplettiert durch die Scham, Kränkungen zuzugeben. Wir wollen unsere Verletzlichkeit niemandem anvertrauen, psychische Probleme jeglicher Art möglichst verbergen und ja keine Schwäche eingestehen.

Neben der Verdrängung und Abschottung nach außen bereiten die Analyse der Kränkungsursachen und die Beschreibung des Kränkungsprozesses die erheblichsten Schwierigkeiten. Da das Unterschwellige und Verborgene zum Wesen der Kränkung gehört, kann manchmal selbst der Betroffene nicht bis zu den Wurzeln vordringen. Mitunter sind fachliche Beratungen und psychotherapeutische Maßnahmen erforderlich, um die Ursachen der Kränkungen aufzudecken. Solche Möglichkeiten stehen aber nicht jedem zur Verfügung und gestalten sich oft aufwendig. Leider gibt es mit Ausnahme der noch jungen Weisheits- und Achtsamkeitstherapie keine deklarierten Methoden für die spezielle Behandlung von Kränkungen. Am ehesten entsprechen die Vorgehensweisen der Traumatherapie den Erfordernissen einer fundierten therapeutischen Bearbeitung von Kränkungsreaktionen. Eine eigens konzipierte »Kränkungstherapie« würde sich über weite Strecken wahrscheinlich nicht wesentlich von der Traumabehandlung, die heute ein recht hohes Niveau erreicht hat, unterscheiden.

Da Kränkungen oft keine pathologischen Vorgänge sind, sondern zur normalen menschlichen Kommunikation gehören, wird es niemals möglich sein, immer mit therapeutischen Maßnahmen zu reagieren. Oft ist dies auch gar nicht nötig. Vielmehr erweist es sich als zielführender und hilfreicher, sich mit seinen eigenen Kränkungen auseinanderzusetzen und zu überlegen, wie man mit diesen zurechtkommen kann – sowohl als gekränktes als auch als kränkendes Wesen.

Dazu ist eine Sensibilisierung für das Kränkungsthema – wodurch wurde ich gekränkt und wen könnte ich wie gekränkt haben? – erforderlich. Allein das Wissen über die oft dramatischen Auswirkungen von Kränkungen, über menschliche Kränkbarkeit und Kränkungsbedürfnisse, über die Gefahren des Kränkens sowie eigene kränkende Verhaltensweisen fördert die Sensibilität und schärft den Blick für die Macht der Kränkung, bei sich und den Mitmenschen.

Um Kränkungen konstruktiv zu bewältigen, sind bestimmte Schritte im Bereich der Einstellung, der Reflexion und der Wertung bezüglich Kränkung und Kränkbarkeit hilfreich. Diese sollen der Einstellungsänderung dienen und sind als Möglichkeiten der Selbsthilfe gedacht. Immer beruhen sie auf dem Grundsatz der Sensibilisierung für Kränkungen:

1. Schritt: Lufthoheit über das Kränkungsgeschehen übernehmen
2. Schritt: Transparenz schaffen (Ansprechen)
3. Schritt: Kränkungsbotschaft analysieren
4. Schritt: In die Haut des Kränkenden schlüpfen
5. Schritt: Eigene Kränkungsmuster reflektieren und durchbrechen
6. Schritt: Loslassen
7. Schritt: Perspektivenwechsel
8. Schritt: Verzeihen

1. Lufthoheit über das Kränkungsgeschehen übernehmen

Am wichtigsten ist es für jeden Betroffenen, die Einstellung zu Kränkungen zu überprüfen, die Bedeutung der kränkenden Person in seinem Leben zu klären, die Botschaft der Kränkung richtig zu analysieren sowie die eigene Position innerhalb des Kränkungsgeschehens zu hinterfragen. Wenn Kränkungen sehr selektiv wahrgenommen und individuell gewertet werden, von der Wichtigkeit der kränkenden Person in der Übertragung durch den Gekränkten sowie der eigenen Vulnerabilität abhängen, kann nur eine einzige Person entscheiden, was überhaupt kränken kann und als Kränkung erlebt wird: ich.

Weder wissenschaftliche Modelle noch psychologische Erklärungen können Kränkungen spezifizieren, gewichten oder hierarchisch ordnen. Ob etwas als Kränkung überhaupt zugelassen wird und welche Wertung man destruktiven Botschaften gibt, kann, ja muss individuell bestimmt werden. Allein der Kränkungsempfänger kann festlegen, welche Bedeutung der Absender in seinen sozialen Beziehungen hat und ob er der Kränkungsbotschaft überhaupt die Chance gibt, bei sich anzudocken. Gleichzeitig kann nur er einer mit Bosheiten versehenen Kränkungsbotschaft das Gift entziehen, sie entschärfen und degradieren, also die Kränkung entmachten. Man muss bezüglich seiner Einstellung und seinen Möglichkeiten die »Lufthoheit« über das Kränkungsgeschehen übernehmen und sich gleichsam über die Prozesse zwischen Kränkungsabsender, -botschaft und -empfänger stellen. Dies ist eine Sache der eigenen Einstellung. Man eröffnet damit die große Chance, sich ein Stück weit aus dem Kränkungsgeschehen herauszunehmen, den Kränkungsabläufen mit einer gewissen Souveränität zu begegnen und letztlich »Herr im Ring« zu bleiben. Das Wissen darum gibt dem Betroffenen zudem einen entscheidenden Vorteil im Machtspiel, welches ein Kränkungsprozess immer ist. Die bösartigste Beleidigung und die hinterhältigste Entwertung verlieren jegliche Sprengkraft, wenn sie der Empfänger relativiert, neutralisiert oder ihnen keine Bedeutung beimisst.

2. Transparenz schaffen (Ansprechen)

In einem zweiten Schritt soll Transparenz geschaffen werden. Kränkungen laufen oft unbemerkt ab. Nicht selten ist es dem Kränkungsabsender gar nicht bewusst, dass er durch sein Verhalten, sein Wort oder seine Geste verletzend gewirkt hat. Die Transparenz beginnt dort, wo die Kränkung angesprochen und der Kränkende damit konfrontiert wird. Sie setzt sich fort, indem die kränkenden und verletzenden Inhalte nicht verdrängt und tabuisiert, sondern zur Sprache gebracht werden. Dadurch verlieren sie wie jede Emotion, die in Worte gekleidet wird, teilweise an Schärfe und Brisanz. Identifizierte Feinde sind immer viel leichter zu bekämpfen als Untergrundterroristen. Zum Wesen der Kränkung gehört, dass sie sich ein Stück weit im Verborgenen, teilweise im Unbewussten, jedenfalls im nicht transparenten Bereich entfaltet. Psychische Gärungsprozesse, wie man das nennen kann, entwickeln sich im luftdichten, abgeschotteten Raum. Durch Transparenz wird ihnen das Wasser abgegraben.

Erst der klare Blick auf das, was mich kränkt, und jenes, was von meinen Verhaltensweisen und Empfindungen auf Kränkungen zurückzuführen ist, ermöglicht überhaupt einen konstruktiven und – wenn man so will – heilenden Zugang.

Eine weitere Hürde liegt im nüchternen Beschreiben von Kränkungen. Für eine genaue Analyse und Bearbeitung ist dies aber unerlässlich. Meist macht man dabei den Fehler, dass scheinbar unwichtige Dinge verschwiegen werden. Wenn man unsere wunden Punkte berührt, auch die seelischen, tritt oft eine geradezu reflexhafte Abwehrreaktion in Form von Verdrängen und Schweigen ein. Nicht zuletzt wegen dieser psychologisch erklärbaren Sprachlosigkeit ist die häufigste Reaktion auf Kränkungen überhaupt das gekränkte Schweigen. Die Dinge zur Sprache zu bringen, das Unaussprechliche in Worte zu kleiden und die Unsäglichkeiten auszusprechen, bilden aber das Grundprinzip jeglicher Psychotherapie, auch jenes der Kränkungen.

3. Kränkungsbotschaft analysieren

Ist es gelungen, eine Kränkung zu erkennen und die eigene Kränkungsreaktion anzusprechen, wird es viel leichterfallen, die Kränkungsbotschaft nüchtern zu analysieren. Jede mich treffende Kränkung hat einen Inhalt und enthält, so ungerecht sie auch sein mag, ein Stück Wahrheit. Was will mir der Absender mitteilen, welches sind seine Motive, was will er bei mir bewirken? Diesem nur Gemeinheit, Ungerechtigkeit oder hinterhältige Absicht zu unterstellen, ist viel zu wenig. Nehmen wir die Kränkung hingegen auf, vielleicht sogar mit einer gewissen Neugier, betrachten wir diese neutral und bearbeiten sie zunächst möglichst nüchtern, bewahren wir den klaren Blick und treffen zwei Fliegen auf einen Schlag: Wir erkennen eine mögliche Schwachstelle bei uns selbst, genauso aber jene des nunmehr deklarierten Gegners. Er offenbart dadurch einen anderen Zug seiner Persönlichkeit, eine nicht bekannte Seite seines Empfindens und ein ihm bisher nicht zugetrautes Verhalten. Hier zeigt die Kränkung ihre doppelte Wirkung als Psychogramm des Kränkenden und des Gekränkten.

Bei einem emotional belastenden Thema, wie es Kränkungen für jedermann darstellen, hilft die Verschiebung auf eine kognitive Ebene. Wenn die Kränkungen als Wegweiser zu meinen sensiblen Stellen und Werten gesehen werden, wenn die zu erwartenden Gefühlsreaktionen antizipiert werden können und man Kränkungen als destruktive Energien gleichsam versachlicht, gewinnt man die nötige Distanz. Die Wissenschaftspsychologin Dorothee Döring hat den treffenden Ausdruck des »Sicherheitsabstands« eingebracht. Ärger soll abgebaut werden, ohne andere zu entwürdigen und die Bindung zu Menschen zu zerstören. Emotionaler Sicherheitsabstand ist viel besser als totaler Beziehungsabbruch und verstärkt zudem das Gefühl der Gelassenheit. Oft gelingt eine nüchterne Analyse besser, wenn man das, was einen kränkt, mit sich selbst im inneren Dialog bespricht oder aufschreibt. Noch wirksamer ist die Erörterung mit einer außenstehenden Person.

4. In die Haut des Kränkenden schlüpfen

Will man sich als Kränkungsopfer dem Spiel der mit dem Kränkungsgeschehen verbundenen psychischen Kräfte und Energien ein Stück weit entziehen und die »Lufthoheit« im Kränkungsgeschehen übernehmen, kann es sehr hilfreich sein, in die Haut des Kränkenden zu schlüpfen. Nur wenn ich mich in ihn hineinfühle, also empathisch bin, werde ich einen Zugang zu seinen möglichen Beweggründen finden. Dazu muss eine psychologische Barriere überwunden werden, da es ja nicht einfach ist, für den Feind Verständnis zu entwickeln, ja sich mit diesem sogar teilweise zu identifizieren. Die Zuhilfenahme der Empathie eröffnet aber die zusätzliche Chance, den anderen besser kennenzulernen, hinter seine Fassaden zu blicken, sein Fühlen und Denken nachzuvollziehen und einiges von dem zu erfassen, was sich hinter der abweisenden, aggressiven, auf jeden Fall kränkenden Fassade verbirgt. Was hat ihn zu dieser Kränkung bewogen, war sie ihm überhaupt bewusst, warum hat er sie gerade auf mich gerichtet? Wie ist sein Verhältnis zu mir, welche Probleme hat er im Hintergrund, was will er mir sagen, was bei mir erreichen?

Eine Zeit lang in den Schuhen des anderen zu gehen, selbst wenn es sich bei ihm um einen kränkenden Menschen handelt, ist der beste Weg zur Menschenkenntnis. Gleichzeitig wird durch eine solche Haltung meine eigene Empathiefähigkeit gefördert. Emotionstraining ist nichts anderes als das genaue Hineinhören in sich selbst und der Versuch, so zu fühlen, wie der andere fühlt.

5. Eigene Kränkungsmuster reflektieren und durchbrechen

Um weitere Souveränität über den Kränkungsprozess zu gewinnen, ist es sodann erforderlich, seine eigenen Kränkungsreaktionen zu durchbrechen. Instinktiv reagieren wir auf Kränkungen mit zum Teil generell verbreiteten Mustern wie Schweigen, Zorn, Wut oder Rachegefühlen. Dies bedeutet, dass wir ausgeliefert sind, uns in unserer Selbstbestimmung einengen lassen und auf Alternativen verzichten.

Darüber hinaus hat jeder Mensch seine eigenen Kränkungsmuster, die in der Regel ähnlich gestaltet, aber viel besser modifizierbar sind. Diese wurden im Laufe der Entwicklung ja gelernt, sind während des Lebens als Reaktionen aufgetreten und haben somit keinen so tief gehenden Charakter.

Die größte Schwierigkeit im Umgang mit Kränkungen liegt in der richtigen emotionalen Resonanz. Einerseits ist die Empfindsamkeit ein wichtiges psychisches Kapital, das nicht betäubt oder unterbunden werden darf. Andererseits müssen emotionale Überreaktionen vermieden werden, da sonst der Sprengkraft von Kränkungen ein ideales Angriffsziel geboten wird. Die Wirkung von Kränkungen hängt ganz wesentlich von der emotionalen Reaktion des Betroffenen ab.

Vergessen Sie jedoch beim Reagieren auf Kränkungen nicht auf ein einfaches, aber im Umgang mit unangenehmen Zeitgenossen und ernsthaften Lebenssituationen umso wirksameres Mittel, auf den Humor. Gerade die Meister der Kränkung, die Narzissten, fürchten jede Form von Fröhlichkeit wie der sprichwörtliche Teufel das Weihwasser. Sie leiden ja ständig unter der unbewussten Angst, selbst in ihrer Großartigkeit verlacht zu werden. Ist Ihnen schon einmal ein Narzisst begegnet, der lachen kann?

Ironie und Fröhlichkeit entschärfen manch bösartiges Wort und zahllose Unfreundlichkeiten. Bereits in den Ausführungen über die Rache wurde festgestellt, dass diese von der Bevölkerung u.a. dann als besonders gerecht empfunden wird, wenn sie ein ironisches Element, etwas Witziges, also etwas Prosoziales enthält. So ist es auch im Umgang mit Kränkungen. Sie sind viel zu ernst, als sich dabei den Verzicht auf den Humor leisten zu können.

Wie die Gefahr, andere zu kränken vermieden werden kann, zeigt eine tragisch-ironische Geschichte aus dem Ende der Habsburgerzeit:

Einer der Architekten der Wiener Staatsoper, Eduard van der Nüll, verkraftete die harte Kritik an dem Bau, der seine Monumentalität nicht so recht entfalten konnte, nicht mehr. Die Öffentlichkeit war enttäuscht, die Medien bezeichneten die Oper als »versunkene Kiste« und – in Anspielung auf die militärische Niederlage von 1866 – als »Königgrätz der Baukunst«. Auch Kaiser Franz Joseph I. hielt sich mit Kritik nicht zurück. Dies belastete van der Nüll so schwer, dass er sich im April 1868 erhängte, obwohl seine Gattin im achten Monat schwanger war. Der Kaiser war entsetzt, fühlte sich mitschuldig und war derart schockiert, dass er von da an zeit seines Lebens zu allen Kunstwerken und Aufführungen nur noch einen einzigen Kommentar gab: »Es war sehr schön, es hat mich sehr gefreut.« Mit dieser Phrase lief er keinerlei Gefahr mehr, jemanden zu Tode zu kränken.

6. Loslassen

Kränkungen stellen vieles infrage, sie stürzen in Selbstzweifel und lösen Schuldgefühle aus, sie reißen alte Wunden auf und reaktivieren frühere Konflikte. Es ist unausweichlich, dass man bei Kränkungen zu grübeln beginnt. Das dient der Aufarbeitung und Bewältigung. In dieser Phase wird ein Stück »Trauerarbeit« geleistet. Deren Ziel muss aber immer darin liegen, die offene Wunde zu schließen und sich neu zu orientieren. Es geht nicht darum, die Dinge zu verdrängen, sondern vielmehr soll das von bitteren Erfahrungen vollgeschriebene Buch ins Regal zurückgestellt werden. »Ich will nicht immer darin lesen müssen, ich will das Buch dann holen, wenn mir danach ist«, hat ein Patient einmal gesagt.

Solange man sich aus den Düsternissen der Vergangenheit nicht befreien kann, wird man nicht offen für Neues sein. Werden die inneren Kräfte durch nicht mehr zu ändernde Verletzungen der Vergangenheit blockiert, stehen sie mir für einen Neuanfang nicht zur Verfügung. Das zwanghafte und manchmal nahezu süchtige Denken an die Vergangenheit bedeutet Bindung, ja Fesselung, jedenfalls fehlende Freiheit und Souveränität. »Die Schatten der Vergangenheit trüben den Blick für die Gegenwart, und das mögliche Glück des Augenblicks geht ungesehen vorüber. Stück für Stück verlieren wir innere Leichtigkeit, Lebensfreude und Liebesfähigkeit«, schreibt die Philosophin und Theologin Melanie Wolfers.

Wenn wir nur unsere Wunden lecken und uns vor Selbstmitleid verzehren, halten wir die Kränkungsspirale aufrecht. Unser Selbstwert wird so lange angeknabbert, wie wir die Verletzungen der Vergangenheit nicht ausheilen lassen. Gefühle der Ohnmacht und Hilflosigkeit unterbinden jeden konstruktiven Lösungsansatz und fachen Hass und Rachegedanken aufs Neue an. Frühere Kränkungen werden reaktiviert und wirken sich durch den Langzeiteffekt schwerwiegender aus als durch die ursprüngliche Verletzung. Nicht verarbeitete und überwundene Kränkungen führen zu Blockaden, zur Einengung des Denkens. Nicht selten nimmt das kränkungsbedingte Brüten einen zwanghaften, ja süchtigen Charakter an. »Es köchelt dahin«, beschrieb mir einmal eine Patientin diesen Zustand. Wenn es nicht gelingt, die früher erlittenen Tiefschläge zu überwinden, den Müll der Vergangenheit hinter sich zu lassen und den Blick wieder vorwärts zu richten, führt dies unweigerlich zu immerwährender Bitternis und letztlich zur nur mehr schwer behebbaren Verbitterung.

Will man mit Kränkungen konstruktiv umgehen, ist es unerlässlich, sich selbst aus der destruktiven Grübelei zu befreien, den alten Ballast abzuwerfen, einen lehr- und erfahrungsreichen Strich unter die Vergangenheit zu ziehen und die Scheinwerfer nach vorwärts zu drehen.

Das Allerwichtigste aber ist, den durch Kränkungen angegriffenen Selbstwert zu stabilisieren und eine Schwächung des Ich-Gefühls zu verhindern. Blicken Sie auf Ihre vielen gesunden Anteile, vertrauen Sie den schon bisher bewährten Eigenkräften, spüren Sie Ihre psychischen Muskeln und sparen Sie nicht mit Eigenlob, mit innerem Schulterklopfen, mit Bestärkung Ihrer selbst.

7. Perspektivenwechsel

Wir können nicht die Geschichte umschreiben, wohl aber unsere Bewertungen modifizieren, die emotionalen Reaktionen ändern und die noch nachwirkenden Verletzungsfolgen behandeln. Ein Perspektivenwechsel kann örtlich, zeitlich und emotional vorgenommen werden. In zeitlicher Distanz werden viele Dinge ganz anders beurteilt. Katastrophen können zu Abenteuern werden, Nöte zu Lebensschulungen und Kränkungen zu Späßen. Der berühmte Erinnerungsoptimismus ist nichts anderes als Einstellungsänderung durch zeitliche Distanzierung. Eugen Roth hat dies in einem Vers komprimiert: »Ein Mensch schaut in der Zeit zurück und sieht: Sein Unglück war sein Glück.«

Der örtliche Perspektivenwechsel wird am besten bewusst, wenn man in fremde Länder und Kulturen reist. Die Sorgen und Nöte anderer Menschen relativieren die eigenen Kränkungsprobleme. Steigen Sie auf einen Berg und betrachten aus der dortigen Perspektive die Ameisenmenschen und die Spielzeughäuser, in denen Kränkungen so überdimensional gewesen sind! Manchmal kommen Kränkungen einem dann so lächerlich vor.

Der wirksamste Perspektivenwechsel ist aber jener im emotionalen Bereich. Gelingt es, eine andere psychische Gestimmtheit einzunehmen als im ersten Kränkungsschock, gewinnt man Distanz und Sicherheit. Oberstes Ziel in der Behandlung von Kränkungen ist das jeglicher Psychotherapie, nämlich das Erarbeiten von Gelassenheit. Gelassenheit bedeutet nicht Gleichgültigkeit, sondern eine andere emotionale Position. Aus dieser sieht man alles sehr genau, man lässt sich aber nicht mehr in den Kampf der Emotionen hineinziehen, nicht mehr von Zorn und Wut treffen, nicht mehr von Kränkungen krank machen. Ganz nach dem Bild des Geistes, der über den Wassern schwebt.

8. Verzeihen

Die reifste, edelste, aber auch am schwersten erreichbare Form des Umgangs mit Kränkungen sind (oder sagen wir vielleicht besser »wären«) Vergebung und Verzeihung. Der Prozess des Vergebens fordert viel konstruktive Energie und Geduld und wird nicht immer gelingen. Vergebung verlangt Mut, Verzicht und Demut. Etwas bombastisch ausgedrückt könnte man auch sagen: An die Stelle der Demütigung muss Demut treten. Erst dann werde ich fähig für den großen Akt sein, für die neue innere Dimension des Verzeihens. Albert Schweitzer, der große Arzt, Theologe und Kulturphilosoph, Friedensnobelpreisträger von 1952, hat gesagt: »Verzeihen ist die schwerste Liebe.«

Solange wir unversöhnlich sind, bleiben wir gefangen und geben den Verletzenden einiges an Macht über uns, zu viel an Bedeutung und Einfluss. Wir halten uns selbst in der Opferrolle gefangen, in die uns andere durch die Kränkung gebracht haben. Ein chinesisches Wort sagt: »Verzeihen ist keine Narrheit, nur ein Narr kann nicht verzeihen.«

Die Sterbebegleiterin Dorothee Döring bringt es auf den Punkt: »Der Weg zur Versöhnung und Heilung ist kein bequemer Weg. Unser Gerechtigkeitsempfinden macht es uns schwer zu verzeihen. Wir fordern Genugtuung für erlittene Verletzungen«, und weiter: »Wer wirklich vergeben hat, kann auch mit der Erinnerung leben, weil diese durch das Verzeihen ihre schmerzhafte Wirkung verloren hat. Wer von Herzen ehrlich vergeben hat, wird die erlittene Verletzung nie vergessen, aber die Erinnerung daran wird nicht mehr von destruktiven Gefühlen begleitet sein.«

Neben religiösen und humanen Gründen gibt es aber inzwischen auch eine ganze Reihe von medizinisch-psychologischen Argumenten für das Verzeihen. Eine Forschergruppe um den Psychologen Frederic Luskin von der Stanford University hat dies nachgewiesen. Bei Personen, welche verzeihen konnten, gingen die Stresssymptome wie Bluthochdruck, Pulsbeschleunigung, Kopfschmerzen, Schwindel und Muskelverspannungen zurück. Die Teilnehmer fühlten sich optimistischer, vitaler, weniger müde, einfach befreit.

Da das Verzeihen als enorme persönliche Leistung und als religiöse Tugend oft nicht ganz gelingen wird und sich die Lust nach Vergeltung auch beim besten Willen nicht ganz wird ausschalten lassen, mag vielleicht ein Sprichwort hilfreich sein: »Verzeihen ist die beste Rache«, oder ein abgewandeltes Wort von Oscar Wilde: »Vergib den Kränkenden, nichts kränkt sie mehr.«

Resilienz oder Kränkungsresistenz?

In den letzten Jahren ist in der psychologischen Ratgeberliteratur der Begriff Resilienz in den Mittelpunkt gestellt worden. Mit dem Resilienzbegriff meint man in der Psychologie die seelische Widerstandsfähigkeit und die Kraft, Krisen positiv zu bewältigen und mit Niederlagen fertigzuwerden. Wissenschaftlich wird Resilienz knapp und klar als »die Fähigkeit eines Systems, mit Veränderungen umgehen zu können« oder als »die psychische Widerstandsfähigkeit gegenüber biologischen, psychologischen und psychosozialen Entwicklungsrisiken« beschrieben. Eine weitverbreitete Definition von Rosmarie Welter-Enderlin (2006) lautet: »Unter Resilienz wird die Fähigkeit von Menschen verstanden, Krisen im Lebenszyklus unter Rückgriff auf persönliche und sozial vermittelte Ressourcen zu meistern und als Anlass für Entwicklung zu nutzen.«

Die seit circa 30 Jahren intensiver gewordene Resilienzforschung nennt eine Reihe von Faktoren, welche – wie es schlagwortartig heißt – »die Seele stärker und die Person zum Stehaufmännchen« machen. Im Schutzfaktorenkonzept der Resilienz werden positives Temperament, gutes Selbstwertgefühl, optimistische Selbstwirksamkeitsüberzeugung, stabile emotionale Beziehungen, schützende Lebensumstände, gut ausgestattete Ressourcen und Coping-Mechanismen, möglichst niedrige Risikofaktoren und viele andere genannt. Ein ganz wichtiger Teil der Resilienz liegt jedenfalls im Umgang mit und in der Bewältigung von Kränkungen. Resilienz darf aber niemals zu Gefühllosigkeit führen und nicht mit Gleichgültigkeit verwechselt werden.

Die Resilienzforschung geht heute aber davon aus, dass die Widerstandsfähigkeit nicht angeboren und nicht ausschließlich in der Persönlichkeit verankert ist, sondern sich aus einem Interaktionsprozess zwischen Umwelt und Individuum entwickelt. Dies heißt mit anderen Worten, dass man sich Schutzfaktoren aufbauen und Ressourcen erlangen kann. Entscheidend ist also nicht nur die angeborene oder früh erworbene Verletzlichkeit, sondern genauso die durch Erziehung, Erfahrung und nötigenfalls auch Therapie verbesserte Fähigkeit zum Umgang mit Kränkungen – vielleicht auch durch das Lesen dieses Buches.

Nachwort

Kränkungen sind universell und zeitlos. Nichts außer der Liebe, des großen Gegenspielers, ist so menschlich. Nichts anderes ist so tief verankert, nichts so belastend, nichts so unvermeidbar, nichts so schicksalsbestimmend. Wie kein anderes Gefühl formen sie die Persönlichkeit des Menschen, beeinflussen das Verhalten und prägen sein Wesen. Nie werden wir Kränkungen verhindern und ihre Wirkkraft unterbinden können, mögen wir sie noch so sehr ignorieren, abwehren oder verdrängen. Auch wenn sie zum Bild des neuen Menschen nicht passen und er ihnen in der modernen Lebensführung keinen Platz geben will, werden sie hier sein. Jederzeit und überall, wo Menschen kommunizieren. Heute mehr denn je. Noch nie war eine nur scheinbar coole Gesellschaft so empfindlich und verletzlich.

Neue Kränkungen werden uns treffen, individuell, kollektiv und global. Zu den drei großen Kränkungen der Menschheit kommen durch den technischen Fortschritt und den enormen Wissenszuwachs weitere hinzu. Politische, wirtschaftliche, soziale und religiöse Änderungen werden immer mit kollektiven Kränkungen verbunden sein. In Migrationsbewegungen und Flüchtlingsströmen zeigen sich die Folgen aktueller Massenkränkungen. Wir müssen uns neuen Kränkungsarten stellen, von den Beschämungen am Internetpranger über die neue Art partnerschaftlicher Konfliktaustragungen bis hin zu den großen Verunsicherungen durch modernen Terror und Krieg. Kränkungen werden nie verschwinden, sie bekommen ein anderes Gesicht und eine neue Wertigkeit. Nie können wir uns ihnen entziehen, wohl aber anders mit ihnen umgehen – sensibler, achtsamer, offener.

Wissenschaftliche Publikationen junger Forscher enden meist mit der Feststellung, dass weitere Untersuchungen zum jeweiligen Problem dringend erforderlich seien. Wenn Ihnen dieses Buch vermitteln konnte, welch enorme Bedeutung Kränkungen im menschlichen Leben haben, dass Kränkungen Krankheiten und Konflikte auslösen können und die Wurzel so vieler menschlicher Übel sind, auf der anderen Seite aber keine wissenschaftliche Kränkungskonzeption, geschweige denn ein anerkanntes Vorgehen zum Vermeiden und Lösen von Kränkungen existiert, so kommt der Autor nicht umhin, sich der Forderung nach mehr Forschung und Therapie im Bereich der Kränkungen anzuschließen.

Könnten wir auf Kränkungen aber überhaupt verzichten? Ich behaupte: Nein, weil sie Hauptbestandteil unserer Wesensart sind, ja sein müssen. Kränken und Gekränktsein zählen zu jenen wenigen Eigenschaften, die den Menschen von Computern und humanoiden Robotern unterscheiden. Sie wahren und fördern seine Empathie. Jene menschliche Eigenschaft, von der Stephen Hawking kürzlich in einem Interview gemeint hat, dass von ihr das Überleben der Menschheit abhängt. So soll das Buch über Kränkungen mit seinem hoffnungsvollen, tröstlichen Wort geschlossen werden: »Die Empathie bringt uns zusammen, und zwar in einen ruhigen und friedlichen Zustand.«

Danksagung

Danksagungen verursachen oft Kränkungen. Manchmal finden sich nicht die richtigen Worte, manchmal werden nicht alle gewürdigt, die es verdient hätten. Dies ist nur durch einen umfassenden, allgemeinen Dank an die vielen, die direkt und indirekt an diesem Werk beteiligt waren, zu vermeiden. Dennoch wäre es kränkend, jene Personen nicht namentlich zu erwähnen, welche mir durch konkrete Hilfestellungen, durch Gedanken, Hinweise und Ermutigungen beigestanden sind.

Zu danken habe ich meiner Familie, meinen Mitarbeitern am Krankenhaus Maria Ebene und dem Team des Ecowin Verlages. Zu großem Dank bin ich folgenden Persönlichkeiten verpflichtet (alphabetische Reihenfolge, ohne Titel und Funktion): Benno Elbs, Franz Grundtner, Christof Jenner, Arnold Klaffenböck, Franz Köb, Michael Köhlmeier, Albert Lingg, Eckart Ratz, Eugen Russ, Heinrich Schmidinger, Roman Siebenrock, Hannes Steiner, Annemarie Sturm, Werner Wittwer. Besonderer Dank gebührt all jenen, die mich für das Kränkungsthema sensibilisiert haben.

Weiterführende Literatur

Agel, C.: (Ehren-)Mord in Deutschland: Eine empirische Untersuchung zu Phänomenologie und Ursachen von »Ehrenmorden« sowie deren Erledigung durch die Justiz, Papst Science Publishers, Langerich, 2014

American Psychiatric Association: Diagnostisches und Statistisches Manual Psychischer Störungen – DSM-5®: Deutsche Ausgabe, hrsg. v. Peter Falkai/Hans-Ulrich Wittchen/Winfried Rief/Henning Saß/Michael Zaudig. Hogrefe, Göttingen/Bern/Toronto/Seattle, 2014

Bannenberg, B.: Amok: Ursachen erkennen – Warnsignale verstehen – Katastrophen verhindern, Gütersloher Verlagshaus, Gütersloh, 2010

Bauer, J.: Das Gedächtnis des Körpers: Wie Beziehungen und Lebensstile unsere Gene steuern, Piper, München/Zürich, 2004

Berndt, C.: Resilienz, Deutscher Taschenbuch Verlag, München, 2013

Baumann, K./Linden, M.: Weisheitskompetenzen und Weisheitstherapie: Die Bewältigung von Lebensbelastungen und Anpassungsstörungen, Pabst, Langerich, 2008

Ciompi, L./Endert, E.: Gefühle machen Geschichte: Die Wirkung kollektiver Emotionen – von Hitler bis Obama, Vandenhoeck & Ruprecht, Göttingen, 2011

Döring, D.: Erste Hilfe bei Kränkungen: Seelischen Verletzungen in der Familie aktiv begegnen, Ennsthaler, Steyr, 2007

Eifert, G. H./McKay, M./Forsyth, J. P.: Mit Ärger und Wut umgehen: Der achtsame Weg in ein friedliches Leben, Huber, Bern, 2010

Faust, V.: Psychiatrie heute. www. psychosoziale-gesundheit.net, 2015

Fiedler, P.: Persönlichkeitsstörungen, Beltz PVU, Weinheim, 2007

Freud, S.: Zur Einführung des Narzissmus. Gesammelte Werke X, S. Fischer, Frankfurt am Main, 1973

Fuchs, T./Berger, M.: Affektive Störungen: Klinik – Therapie – Perspektiven, Schattauer, Stuttgart, 2013

Haller, R.: Die Narzissmusfalle, Ecowin, Salzburg, 2013

Linden M./Maercker A. (Hrsg.): Embitterment: Societal, psychological and clinical perspectives, Springer, Wien, 2010

Linden M./Weig W. (Hrsg.): Salutotherapie in Prävention und Rehabilitation, Deutscher Ärzte-Verlag, Köln, 2009

Lindner, E. G.: Die Psychologie der Demütigung. In: Punktum, Fach- und Verbandszeitschrift des Schweizerischen Berufsverbandes für Angewandte Psychologie, März 2005
Margalit, A.: Politik der Würde: Über Achtung und Verachtung, Suhrkamp, Berlin, 2012
Peseschkian, N.: Steter Tropfen höhlt den Stein, Mikrotraumen – Das Drama der kleinen Verletzungen, Pattloch, München, 2000
Sachsse, U.: Traumazentrierte Psychotherapie, Schattauer, Stuttgart, 2004
Schopenhauer, A./Volpi, F. (Hrsg.): Die Kunst zu beleidigen, C. H. Beck, München, 2002
Schreiber, H.: Im Namen der Ordnung: Heimerziehung in Tirol, Studienverlag, Innsbruck/Wien/Bozen, 2010
Teuschel, P.: Mobbing, Schattauer, Stuttgart, 2010
Wardetzki, B.: Ohrfeige für die Seele: Wie wir mit Kränkung und Zurückweisung besser umgehen können, Deutscher Taschenbuchverlag, München, 2004
Wardetzki, B.: Mich kränkt so schnell keiner! Wie wir lernen, nicht alles persönlich zu nehmen, Deutscher Taschenbuchverlag, 2005
Wardetzki, B.: Kränkung am Arbeitsplatz: Strategien gegen Missachtung, Gerede und Mobbing, Deutscher Taschenbuchverlag, München, 2013
Watzlawick, P.: Anleitung zum Unglücklichsein, Piper, München/Zürich, 1998
Weltgesundheitsorganisation: Internationale Klassifikation psychischer Störungen. ICD-10 Kapitel V (F), H. Dilling/W. Mombour/M. H. Schmidt (Hrsg.), Huber, Bern/Göttingen/Toronto/Seattle, 2010
Wolf, D.: Ab heute kränkt mich niemand mehr: 101 Power-Strategien, um Zurückweisung und Kritik nicht mehr persönlich zu nehmen, PAL Verlagsgesellschaft, Mannheim, 2003
Wolf, D.: Ängste verstehen und überwinden: Wie Sie sich von Angst, Panik und Phobien befreien, PAL Verlagsgesellschaft, Mannheim, 2011